信息化与工业化两化融合研究与应用

橡胶轮胎行业信息化与技术创新
——"两化融合"实践应用

高彦臣　杨殿才　王海清　著

科学出版社

北　京

内 容 简 介

本书结合轮胎生产过程的特点和轮胎企业信息化现状,提出了轮胎企业 MES 总体框架及应用过程中的关键技术。针对轮胎企业混合制造过程的特点,提出了一种轮胎生产过程实时数据采集方案和在线建模方法,并通过其在智能密炼系统中的应用结果验证了其可行性与有效性。提出了基于约束理论和遗传算法的混合启发式算法,对轮胎生产的成型和半制品各工序进行有效调度。还提出了基于条码技术和 RFID 技术的轮胎生产过程追溯体系,设计了追溯映射模型,从质检、硫化、成型、半制品直到密炼工序的全生产过程和从轮胎成品、胎胚、半成品、混炼胶直到原材料的全部物料的追溯方法。最后,将这些技术有效集成,在企业中加以实践应用。

本书内容对轮胎生产企业的各级管理人员、制造业信息化行业的技术人员、管理者以及关注两化融合发展的各个群体都具有很高的实用价值。

图书在版编目(CIP)数据

橡胶轮胎行业信息化与技术创新:"两化融合"实践应用/高彦臣,杨殿才,王海清著. —北京:科学出版社,2014.8

(信息化与工业化两化融合研究与应用)

ISBN 978-7-03-041479-3

Ⅰ.①橡… Ⅱ.①高… ②杨… ③王… Ⅲ.①橡胶制品-轮胎工业-信息化-研究-中国 Ⅳ.①F426.7

中国版本图书馆 CIP 数据核字(2014)第 171730 号

责任编辑:姚庆爽 / 责任校对:郭瑞芝
责任印制:肖 兴 / 封面设计:黄华斌

科 学 出 版 社出版

北京东黄城根北街 16 号
邮政编码:100717
http://www.sciencep.com

骏 杰 印 刷 厂 印刷
科学出版社发行 各地新华书店经销

*

2014 年 8 月第 一 版　　开本:720×1000 1/16
2014 年 8 月第一次印刷　　印张:15 1/4
字数:302 000

定价:80.00 元
(如有印装质量问题,我社负责调换)

《信息化与工业化两化融合研究与应用》序

传统的工业化道路,在发展生产力的同时付出了过量消耗资源的代价:产业革命200多年以来,占全球人口不到15%的英国、德国、美国等40多个国家相继完成了工业化,在此进程中消耗了全球已探明能源的70%和其他矿产资源的60%。

发达国家是在完成工业化以后实行信息化的,而我国则是在工业化过程中就出现了信息化问题。回顾我国工业化和信息化的发展历程,从中国共产党的十五大提出"改造和提高传统产业,发展新兴产业和高技术产业,推进国民经济信息化",到党的十六大提出"以信息化带动工业化,以工业化促进信息化",再到党的十七大明确提出"坚持走中国特色新型工业化道路,大力推进信息化与工业化融合",充分体现了我国对信息化与工业化关系的认识在不断深化。

工业信息化是"两化融合"的主要内容,它主要包括生产设备、过程、装置、企业的信息化,产品的信息化和产品设计、制造、管理、销售等过程的信息化。其目的是建立起资源节约型产业技术和生产体系,大幅度降低资源消耗;在保持经济高速增长和社会发展过程中,有效地解决发展与生态环境之间的矛盾,积极发展循环经济。这对我国科学技术的发展提出了十分迫切的战略需求,特别是对控制科学与工程学科提出了十分急需的殷切期望。

"两化融合"将是今后一个历史时期里,实现经济发展方式转变和产业结构优化升级的必由之路,也是中国特色新型工业化道路的一个基本特征。为此,中国自动化学会与科学出版社共同策划出版《信息化与工业化两化融合研究与应用》,旨在展示两化融合领域的最新研究成果,促进多学科多领域的交叉融合,推动国际间的学术交流与合作,提升控制科学与工程学科的学术水平。丛书内容既可以是新的研究方向,也可以是至今仍然活跃的传统方向;既注意横向的共性技术的应用研究,又注意纵向的行业技术的应用研究;既重视"两化融合"的软件技术,也关注相关的硬件技术;特别强调那些有助于将科学技术转化为生产力以及对国民经济建设有重大作用和应用前景的著作。

　　我们相信,有广大专家、学者的积极参与和大力支持,以及编委的共同努力,本丛书将为繁荣我国"两化融合"的科学技术事业、增强自主创新能力、建设创新型国家做出应有的贡献。

　　最后,衷心感谢所有关心本丛书并为丛书出版提供帮助的专家,感谢科学出版社及有关学术机构的大力支持和资助,感谢广大读者对本丛书的厚爱。

中国工程院院士

2010 年 11 月

前　言

　　轮胎制造业是劳动密集型的传统制造行业,信息化技术在轮胎行业的推广与应用对于提升轮胎制造企业的生产效率和产品质量都有重要作用。经过过去十几年的信息化建设,我国轮胎制造企业信息化水平已经有了长足的进步,在自动化设备应用方面,从胶料混炼到胎体成型,大多数工序实现了自动生产线联动生产,在企业管理方面,通过企业资源计划(Enterprise Resources Planning,ERP)、产品数据管理(Product Data Management,PDM)、供应链管理(Supply Chain Management,SCM)等管理软件的实施与应用,轮胎企业基本可以完成企业资源的有效管理和使用。但随着信息化应用的进一步深入,企业上层的管理系统与生产现场的自动化设备无法形成有效连接,数据孤岛、信息断层等新的问题暴露出来,这从一定程度上削弱了轮胎企业信息化应用的成效。制造执行系统(Manufacturing Execution System,MES)是计划管理层和底层控制层之间的桥梁,可以有效填补两者间的鸿沟,是实现制造业信息化的关键。它主要解决车间生产任务的执行问题,通过对物流和设备状态等进行实时监测与协调优化控制,达到快速响应制造及降低能耗的目的。近几年,国内外对 MES 的研究和应用已经取得一定成果,尤其在钢铁、化工等行业,MES 的应用已经对整个行业的生产过程产生了重要影响。但在轮胎行业,MES 的研究仍然处在探索阶段,本书通过对轮胎生产流程数据采集技术、轮胎生产过程计划调度技术、轮胎生产全过程追溯体系和轮胎生产过程的 MES 集成等 MES 关键技术的研究,探讨了 MES 在轮胎企业的应用。

　　对作者来说,本书的撰写过程是一次深入学习总结的过程,也是一次提高自我学术研究水平的难得机会。衷心感谢浙江大学的孙优贤院士和李平教授给予作者很多启发和帮助,提出了许多建设性意见。还有很多业界的专家和学者参与了本书内容的讨论和交流,在这里向他们致以最衷心的感谢!

　　感谢软控股份有限公司和赛轮股份有限公司的相关领导,感谢他们在工作上对本书撰写的支持、理解和信任,感谢企业为本书作者提供了珍贵的学习与实践平台,从而使本书作者能够把所学到的理论知识与企业实践相结合,在工作中进一步提升认识,总结经验,指导实践。本书的撰写也得益于作者平时的工作,著作中的素材大都来自于实际工作过程中的积累、学习和分析总结。

　　感谢对本书给予帮助的朋友们,感谢他们给予的鼓励、支持以及提供的大量文献和技术资料。

　　本书是对于 MES 及在实践中应用的一些粗浅认识,不足之处敬请各位读者和业内专家批评指正!

作　者

2013 年 10 月

目　　录

第1章 绪 论

2008年经济危机之后,美国经济从低迷中开始探索复苏的道路,德国实体经济的发达和稳定以及在2008年金融风暴中的表现,让美国看到实体经济对于经济金融危机的抵御能力。随后,美国《先进制造伙伴计划》、《国家先进制造战略计划》等政府发展计划的出台,表明美国已经把"再工业化"作为经济复苏的重要手段。在当前全球经济危机不断深化的形势下,制造业的发展势必成为世界各个主要经济实体必争的核心产业。

我国自改革开放以来,宽松的投资环境、充沛的资源条件和富足的人力资源状况吸引了大量的海外投资者在中国投资建厂,带动了中国制造行业的迅猛发展,使得中国在二十多年内发展成为"世界工厂"。过去的二十多年来,中国充分地发挥了廉价的人力成本优势。但近些年来,中国劳动力成本不断提升,与二十年前相比,中国的劳动力成本提升了近10倍,再加上人民币的不断升值,使得中国制造业的成本优势不断下降。随着信息化技术应用水平的提高和实施成本的降低,自动化设备和机器人在制造业得到越来越普遍的应用,企业内许多生产岗位和制造过程逐渐由原来的人工劳动向自动化流水线生产转变,再加上自动物流系统的推广,"无人工厂"已不再是电影里面的场景。现如今在中国某些发达的制造厂区,机器装载手臂、自动联产设备和AGV物流运输设备随处可见,很多工序甚至车间都可以实现无人值守,这都是信息化技术与工业化相互融合的表现,而且随着工业化和信息化技术不断发展,信息化与工业化势必会进一步融合。

随着知识经济时代的到来,我国对信息化与工业化关系的认识进一步深化,党和政府高度重视企业信息化建设。从党的十五大提出"大力推进国民经济和社会信息化"到十六大"以信息化带动工业化,以工业化促进信息化",再到十七大"大力推进信息化与工业化融合",从中央到地方都吹响了"科技兴国"的战略号角,号召我们从现代化全局高度看信息化与工业化融合趋势,从人类社会活动特征看融合本质,从工业化发展角度看融合需求。大力推进信息化与工业化融合,是我国加快推进现代化的战略选择。"两化融合"强调"信息化"对于"工业化"质的提升,传统产业可以借助信息化实现产业的升级。橡胶轮胎行业作为传统的制造行业,通过两化融合技术的应用,在生产制造技术方面已有很多改善,在较短的时间内提升了企业工业化水平。在不远的将来,"两化融合"的深化应用势必会促进包括橡胶轮胎行业在内的传统行业进一步转型升级,带动现代化工业蓬勃发展。

第2章　橡胶轮胎行业的工业化与信息化

　　由于技术进步和全球化竞争,制造业的竞争环境和发展模式在迅速发生变化。轮胎行业是传统的制造行业,有着悠久的历史,但随着时代的进步,一些传统的管理方法和技术手段已经不能满足当前的需求。日益复杂的市场环境、变化多样的客户需求、不断缩短的产品周期都对轮胎制造业提出了严峻挑战。20 世纪 80 年代以来,信息技术的发展不断帮助轮胎制造行业提升生产效率和管理水平,但随着企业信息化的发展,一些新的问题涌现出来,如信息孤立、系统间数据不一致、系统指令无法反馈等。本书主要从执行层的角度,论述信息化技术在轮胎行业应用的关键技术和实施案例。

2.1　橡胶轮胎行业发展现状

　　轮胎是国家重要的战略储备物资,是汽车工业、交通运输业不可缺少的配套产品,也是各类工程机械和军事装备不可或缺的物资。轮胎工业作为我国国民经济的重要组成部分,伴随着国民经济的发展,特别是汽车工业和交通运输业的飞速发展而进入高速发展期。2002 年,我国成为世界第一耗胶大国,2005 年开始成为世界第一轮胎产量大国。2007 年我国轮胎产量为 3.3 亿条,占世界轮胎总产量的23%,2010 年这个数字上升到 40%。随着轮胎产量的大幅上升,我国轮胎行业存在的一些问题也暴露了出来。我国橡胶轮胎制造业的特点是劳动力、技术、资金密集,多工序间歇式生产,人为因素影响多,目前仍停留在量大质低且能耗高的技术落后阶段,轮胎产品的同质化现象非常严重,橡胶轮胎产业结构优化与技术水平升级势在必行。信息化生产一直是我国轮胎制造业追求的目标,随着新技术、新工艺的不断应用,尤其是在信息控制技术飞速发展的推动下,世界轮胎工业发生了前所未有的技术革命。面对日益激烈的市场竞争和国家节能减排的要求,我国众多轮胎企业对信息化技术的需求也越来越强烈。国内一批轮胎生产制造企业利用信息化手段在保障产品质量的前提下提高企业的生产效率并降低成本,在业内保持着领先的市场地位。

　　近些年来,通过对国外先进技术消化吸收,我国橡胶轮胎行业已取得了长足进步,不但具备自主创新的能力,而且性价比已处于世界领先地位。同时我国橡胶机械的控制水平已基本与世界同步,世界上新兴起的控制技术都能够很快在我国橡胶机械上运用。例如,密炼系统在大力推进自动化、智能化、群控化的同时,还特别注重安全防护系统的完善。随着世界轮胎中心向我国转移,世界橡胶机械的中心也正向我国转移。日本神户制钢公司、荷兰 VMI 公司、捷克 MATADOR 公司及美国法雷尔公司等都已在我国建立合资或独资厂,台资企业精元公司在我国大陆的销售收入已大大超过其台湾总部。我国较发达的装备业、廉价的劳动力、与轮胎的"群居"效应以及巨大的市场需求将吸引越来越多的世界橡胶机械供应商来华投资。与此同时,我国橡胶机械制造商将售后服务作为产品最后一道工序,开始在全球布局服务网络。尤其是随着出口产品的增加,在全球建立自己的服务体系非常必要。预计未来几年我国橡胶机械的服务体系将遍布全球,进一步提升产品的市场竞争力。

2.2　橡胶轮胎行业信息化发展

先进制造技术(Advanced Manufacturing Technology,AMT)是在制造全过程以及制造理念上融入信息科学、电子科学、计算机科学、材料科学、环境科学等新的知识和技术,产生出与传统的面向制造的生产技术有本质区别的、面向市场、面向用户的涵盖从设计、制造、生产管理、产品维护乃至报废的整个生产周期的集成制造技术,以实现快速、灵活、高效、清洁的生产模式。两化融合的理念为先进制造技术的发展提供了重要的指导思想,为轮胎橡胶机械生产制造企业的发展提供了充分的技术支持,使得轮胎橡胶企业提高信息化、自动化技术和工业化水平成为可能,而全球化橡胶市场的蓬勃发展也为两化融合技术提供了广阔的应用空间。下面主要从先进制造技术的发展方向来分析在两化融合的带动下橡胶轮胎行业信息化未来几年的发展趋势。

1) 数字化

数字化技术已经成为自动控制系统技术发展的主要推动力。数字应用技术具有抗干扰强、精度高、传输速度快、传输距离远等特点,极大地提高了信号转换的精度和可靠性,减少了模拟信号传输过程中的信号衰减和信号干扰等问题。网络通信技术、嵌入式系统技术的发展,以及大规模集成电路的普遍应用,加之用户对先进控制功能与管理功能需求的提升,为构建统一的自动化系统网络平台创造了必要的条件。近几年来,数字化的传感器、仪表、控制器开始应用于橡胶轮胎行业,新型的数字式称重传感器的开发将使配料系统中的传统称重方式产生新的变革,而在除氧系统中采用的各种数字式过程控制仪表和传感器的应用也将提升除氧装置的控制与管理功能。

2) 节能化

《中华人民共和国国民经济和社会发展第十一个五年规划纲要》提出了"十一五"期间单位国内生产总值能耗降低 20% 左右,主要污染物排放总量减少 10% 的约束性指标。这一约束性指标的提出意义重大、影响深远，它"是贯彻落实科学发展观，构建社会主义和谐社会的重大举措；是建设资源节约型、环境友好型社会的必然选择；是推进经济结构调整，转变增长方式的必由之路；是提高人民生活质量，维护中华民族长远利益的必然要求"。所以，节能减排也是未来几年信息化技术的重要发展趋势。在橡胶轮胎行业生产过程中通过信息化系统的有效控制，可以减少废次品率，节约生产能源，可以通过信息系统的追溯管理对问题胎、废旧轮胎进行个性化翻新和再加工处理，实现从原材料到产品，再到轮胎翻新、废旧轮胎制造胶料、胶料再利用的产业循环，对推动橡胶轮胎行业节能降耗意义重大。橡胶轮胎行业是一个高能耗的生产行业，无论是从创建节约型社会的要求，还是从企业自身的经济效益来讲，节能降耗都会给企业带来巨大的收益。

　　3）集成化

　　信息化技术包括的范围非常广泛，如信息化软件、控制系统、RFID 技术、光电技术、电磁技术、条形码技术等，很多信息功能的实现需要两种或多种信息技术的集成使用，这就对各种信息技术的标准化和模块化提出了更高的要求。各种信息化技术在橡胶轮胎行业的集成应用在未来几年内会有较大的发展空间。例如，将轮胎企业生产过程控制系统 PCS（Process Control System）、制造执行系统（Manufacturing Execution System，MES）和企业资源计划系统（Enterprise Resource Planning，ERP）三者有机地整合起来，由完成单一设备控制功能向整体解决方案转化，可以获得标准化的可扩展设计，精简的文档资料和接口，从而降低项目费用，减少设备开发、调试的工作量，实现统一高效的工程开发，还可以获得更优越的操控性，更低的培训成本和系统维护成本，更方便的使用维护条件，更少的系统升级费用，在生产自动化的基础上，全面提升企业的综合竞争力。

　　4）智能化

　　早期的实时系统通常应用于相对简单的理想环境，其作用是调度任务，以确保任务在规定期限内完成。而人工智能则试图用计算模型实现人类的各种智能行为，来更好地完成工作任务。实时系统正朝着具有智能行为的、更加复杂的应用方向发展，由此产生了实时智能控制这一新的领域。智能化是信息化在橡胶轮胎行业发展的另一个趋势，现代控制理论的先进控制软件开发技术，如预估控制技术、模糊控制、模式识别技术在密炼工序的成功应用将使炼胶技术发生巨大变化，对门尼黏度在线检测等技术的实现都能起到重要的支撑作用。人工智能化技术的发展应用将为橡胶轮胎行业生产技术的发展做出突出的贡献。

　　5）网络化

　　在橡胶轮胎行业信息化建设过程中，信息的传递和共享是一个至关重要的问题。各种信息网络、自动化设备之间的信息数据集成，不但可以使轮胎企业摆脱"信息孤岛"的困扰，还能保证不同系统之间数据的一致性和完整性。一方面，通过标准的现场总线通信接口,可以将现场的 I/O 设备、变频器、传感器和变送器直接连接到总线上,应用网络透明技术,很大程度上提高现场信息的采集和传输能力。通过网络冗余技术,增强系统的可靠性,性能上取得非常大的进步,设备的运行状态可以及时准确地采集并处理后传输到管理层网络,使设备控制和生产管理融为一体。另一方面,通过因特网,企业将与客户和其他厂商直接联系,利用因特网上信息传递的快捷性,充分调动企业内外的资源以应对日益变化的市场环境,帮助企业向市场全球化和制造全球化快速稳健发展。

2.3　MES 对于橡胶轮胎行业"两化融合"的重要性

2000 年,国家经贸委提出了"企业信息化"行动,并专门成立了"全国企业信息化工作领导小组",省、市各级地方政府也对企业信息化建设相继出台了一系列的支持、鼓励措施,国家 863 计划 CIMS 主题对于我国信息化技术研究、产品开发与应用实施给予了长期支持。特别是进入"十五"期间(2001 年以来),863 计划 CIMS 主题进一步明确把国产化 ERP 软件产品的研发及应用作为重点工作来抓,带动和掀起了我国企业开展信息化建设的高潮,我国企业信息化发展步伐明显加快。地方各级政府也相继出台了一系列的支持、鼓励措施,推进企业信息化建设。以杭州市政府为例,自 2002 年以来,根据企业信息化建设的应用状况,市政府先后确定了 7 批共 300 多家信息化应用示范试点企业,按企业信息化总投资额的 20%予以奖励,积极支持、鼓励企业走信息化之路。

企业信息化已经成为一种管理发展的趋势和潮流,是参与国际竞争与合作的重要条件,也是应对加入世界贸易组织挑战的迫切需要。大多数轮胎企业已经意识到进行信息化建设的必要性,认为信息化对于提高企业管理水平、促进管理现代化、转换经营机制、建立现代企业制度、有效降低成本、加快技术进步、增强市场竞争力、提高经济效益等方面都有着现实和深远的意义,是带动企业各项工作创新和升级的重要突破口。信息化生产一直是轮胎制造业追求的目标。随着新技术、新工艺的不断应用,尤其是在信息控制技术飞速发展的推动下,世界轮胎工业发生了前所未有的技术革命。面对日益激烈的市场竞争和国家节能减排的要求,轮胎企业对信息化技术的需求也越来越强烈。信息化控制技术在企业生产管理中的作用愈来愈重要,不仅能够大大提高生产效率,而且也能够保证轮胎的均一性和稳定性,减少生产过程中的资源浪费,降低产品退赔率。

而制造执行系统作为生产企业执行层的管理工具,在轮胎生产过程中可以有效地把上层的管理系统跟下层的控制系统连接起来,下达任务并及时做出反馈,集成上层管理系统和底层控制系统的信息,辅助实现轮胎制造过程的实时监控、动态调度和质量追溯,不仅能够提高轮胎的生产效率,而且能够减少生产过程中的资源浪费,保证轮胎产品的均一性和稳定性,这对于轮胎生产效率和产品品质的提升都有重要的意义。因此 MES 关键技术在轮胎企业的应用研究,对于利用信息技术提升企业竞争力,提升产品价值,打破国外市场垄断,促进民族轮胎行业的发展,实现从"制造大国"向"创造强国"转化迈进,都具有极其重要的意义。

参 考 文 献

蔡为民. 2011. 我国轮胎行业 2010 年经济运行状况及 2011 年展望[J]. 橡胶科技市场,9(2):4-6.

高彦臣. 2010. 两化融合技术在橡胶轮胎行业的应用实践[J]. 橡塑技术与装备,36(11):15-20.

高彦臣,赵瑾峰. 2008. 国内外橡胶机械自控技术发展[J]. 橡塑技术与装备,34(1):25-31.

高彦臣,杨殿才,焦清国. 2009. 轮胎全生命数据追溯的企业信息化管理[J]. 轮胎工业,29(4):244-247.

高彦臣,冷荣华. 2006. 信息化——轮胎企业稳定与变革的平衡器[J]. 橡塑技术与装备,32(6):19-23.

欧阳洪利. 2011. 2011 年我国轮胎行业面临成本推进型的新挑战[J]. 轮胎工业,31(5):259-261.

钱伯章. 2009. 世界金融危机影响下的中国橡胶和轮胎行业[J]. 轮胎工业,29(3):184-186.

吴澄. 2010. 两化融合助推转型升级[J]. 装备制造,(08):43-44.

吴澄. 2010. "两化融合"与自动化学科的发展——积极实践"两化融合",促进自动化学科的发展[J]. 自动化博览,27(1):38-41.

吴澄. 2011. "两化融合"和"深度融合"——我国工业信息化的现状、问题及未来展望[J]. 自动化与信息工程,32(3):1-8.

杨海成. 2010. 工业化与信息化融合促进工业经济转型升级[J]. 西安邮电学院学报,15(6):1-4.

周宏仁. 2008. 两化融合促进软件产业调整升级[J]. 信息系统工程,(7):4-7.

第3章 MES技术概述

3.1 MES的发展及研究综述

3.1.1 MES的产生发展

自20世纪60年代物料需求计划（Material Requirements Planning，MRP）产生以来，生产管理系统从MRP系统，闭环MRP系统，制造资源计划（Manufacturing Resources Planning，MRPII）系统，发展到今天的ERP系统。系统功能模块越来越多，涵盖的范围越来越广，但归根结底，都是为了解决生产计划制订、执行、监测和反馈的问题。

MRP系统是一种生产管理系统，它要求在满足生产需求的前提下，合理安排生产、运输和采购，尽量减少库存，以便能够准时地将产品交付给客户。物料清单（Bill of Materials，BOM）是MRP系统的核心，主要用来对产品结构进行分解，MRP系统中的生产计划都是围绕BOM来制订的，因而其在MRP系统中的地位非常重要。MRP系统基本没有考虑资源的约束，因而MRP系统制订的生产计划往往与实际的设备产能有较大的误差，计划人员需要对排产结果进行调整使其变得切实可行。因为这个原因，20世纪70年代，软件供应商将生产能力需求计划和采购作业计划也划入MRP系统，形成闭环MRP系统。同开环MRP系统相比，闭环MRP改善了生产排产的功能，系统排出来的生产计划变得更加容易执行。到80年代末，软件供应商又将生产活动中的销售、财务、成本、工程技术等环节集成到闭环MRP系统，成为管理整个企业的一种综合性的制订计划的工具，这就是MRPII系统。在MRPII中，包括了人员、资源、物料、财务、能源等信息。它能够有效地利用各种制造资源，降低生产成本，实现企业资源的整体优化。90年代以来，MRPII经过进一步发展完善，形成了企业资源计划系统。与MRP和MRPII相比，ERP包含的功能更多，适应范围更广，成为了一个企业级的解决方案。

在生产管理系统发展的同时，制造设备的自动化程度也在不断提高，从数控（Numerical Control，NC）发展到计算机数控（Computer Numerical Control，CNC）、分布式数控（Distributed Numerical Control，DNC），再到柔性制造系统（Flexible Manufacturing System，FMS）。自动化程度的提高使得车间控制层的数据采集和监控得以实现，可编程逻辑控制器（Programmable Logic Controller，PLC）、集散控制系统（Distributed Control System，DCS）和现场总线控制系统（Fieldbus Control System，FCS）等控制技术的广泛采用使得过程控制系统

(Process Control System,PCS)系统得到较快的发展,在车间现场信息数据量日益庞大的情况下,能够有效地对控制层的实时数据进行监控。

生产管理系统和设备自动化技术的发展对提高生产效率、降低生产成本、缩短生产周期、提高产品质量起到了重要作用。但在制造业信息化发展过程中,一些问题并不能通过单一生产管理系统或制造设备自动化技术的改进来解决。上层生产管理系统主要进行企业资源的管理和生产计划的制订。底层的控制系统则根据作业计划进行生产加工和结果反馈。由于上层生产管理系统和底层控制系统缺乏有效连接,管理层系统无法及时得到的生产实时信息,无法掌握生产过程的实时数据,导致制订生产计划越来越困难,并且制订的计划也难以保证可行性和准确性。同时,由于控制层系统得不到切实可行的生产计划和任务分配,生产过程经常处于无序的混乱状态。这样一方面会造成在制品库存量过多,生产工序脱节现象严重,造成资源和资金占用;另一方面会造成设备空闲,加工周期延长,不能按时交货。因此制造企业对于生产现场关注越来越多,而生产管理信息系统正是在这种背景下发展起来。底层的设备控制系统和上层的企业计划系统彼此连接,形成最初的MES。美国 AMR 于 1990 年首次正式提出 MES 的概念,将 MRP 系统与 PCS 系统之间的制造过程执行层定义为 MES。

MES 从诞生至今的发展大体也可以划分为三个阶段:专用 MES、集成 MES 和标准化 MES,如图 3.1 所示。

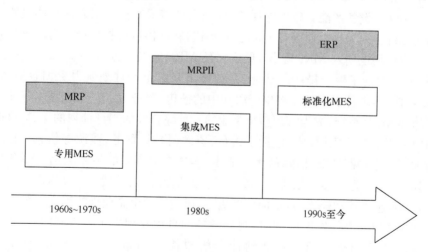

图 3.1　MES 发展阶段

1) 专用 MES

专用 MES(Point MES)或叫单一功能 MES,是指 20 世纪 70 年代制造业信息化早期,企业为解决某个特定领域问题,如设备维护、生产监控、生产计划调度等而开发的单独应用系统。其特点是功能针对性强、实施周期短、资金投入少,但可扩展能力差,不同功能的 MES 间的集成困难等缺点也为早期的 MES 推广带来了困难。

2) 集成 MES

集成 MES(Integrated MES)是把专用 MES 集成在一起的 MES。集成 MES 大多是针对一个特定的行业设计的,如装备制造业、半导体和食品等行业。集成 MES 具有统一数据模型,各功能模块间可以良好集成,具有较强的行业通用性,这比专用的 MES 有了很大提高,但集成 MES 却比专用 MES 需要更长的实施时间和更高的实施成本。

3) 标准化 MES

自从 AMR 在 1990 年正式提出 MES 概念以来,MES 得到了前所未有的广泛关注。1992 年,以宣传 MES 思想和产品为宗旨的 MESA(国际制造执行系统联合会)成立。1995 年,AMR 研究小组对 MES 应用前景做出分析,并提出了可集成的 MES(Integratable MES),该系统具有模块化、可扩展性强等特性,可实现不同软件之间的相互兼容。1995～1997 年,MESA 发布了一系列 MES 白皮书,给出了 MES 的定义,描述了 MES 与管理层和控制层之间的数据模型、功能模型等一系列相关的模型。美国仪表协会(Instrument Society of America,ISA)于 1995 年整合普度参考模型(Perdue Reference Model for CIM,PRM)、ISA-88 标准和 MESA 的 MES 功能模型,制定了 ANSI/ISA-95 标准,HP、IBM、Siemens、Honeywell、SAP、Rockwell、GE、Microsoft 等许多国际知名厂商都参与了 ISA-95 标准的制定,该标准很快成为业界较为认可的国际标准,此后软件厂商提供的 MES 解决方案从设计到应用架构上大都参照 ISA-95 标准的要求。此外,一些团体、政府机构和国际组织也试图进一步规范 MES 的标准。NIST 资助美国国家工业信息框架协议协会(National Industrial Information Infrastructure Protocols,NIIIP)开展了一个项目,名为 SMART(Solution for MES-Adaptable Replicable Technology),目的是开发一个 MES 信息框架,可以使 MES 与其他管理系统和控制系统相互集成;美国半导体制造技术协会(Semiconductor Manufacturing Technology,SEMA-TECH)发表了 SEMATECHISEMI CIM 平台标准,将 MES 与半导体行业特点进行集成形成行业标准;日本标准化与制造科技中心发布了 Open MES,用以规范 MES 的开放式网络连接。这一时期的 MES 逐渐向规范化和标准化方向发展,并且涌现出一批开放式通用技术平台,如 PABADIS、SMART、Open MES 等,但真正在制造企业的应用情况并没有得到验证,从其通用性程度来看,系统的复杂程度要远远高于行业性 MES,所以软件的实施难度也要大于行业性 MES,运行效率也需要在企业中实际应用后才能得到客观的评价。

3.1.2　MES 的定位和功能分析

AMR 于 20 世纪 90 年代提出的企业信息集成模型将企业中的信息系统分为三层,其中 MES 属于中间的执行层,如图 3.2 所示,起到承上启下的作用。

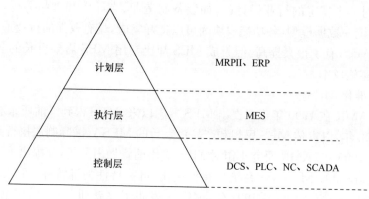

图 3.2　AMR 三层企业集成模型

ISA95 标准对企业信息集成模型做了更加细致的划分,将 AMR 的三层结构扩展为五层,如图 3.3 所示,其中 Level0 是物理层,Level1、Level2 组成了三层结构中的控制层,Level3 是执行层,Level4 是计划层,并且将控制层又划分为批控

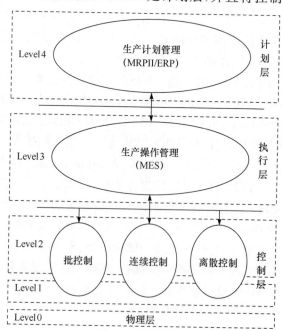

图 3.3　ISA95 五层企业集成模型

制、连续控制和离散控制三种类型。

可以看出，不管是 AMR 的三层模型还是 ISA-95 的五层模型，MES 都是连接企业上层生产管理系统和底层控制系统的枢纽，MES 对上下层数据的获取、执行、监控、反馈对于信息化生产管理是至关重要的。

随着多年来 MES 行业的发展，各种各样的 MES 层出不穷，但大多数 MES 都遵循 MESA 为 MES 制定的功能模型，这个功能模型由操作/详细调度模块、资源分配和状态模块、分派生产单元模块、文档控制模块、生产追溯和谱系、性能分析、劳动力管理模块、维护管理、过程管理模块、质量管理模块、数据采集和获取模块等 11 个模块组成，如图 3.4 所示。

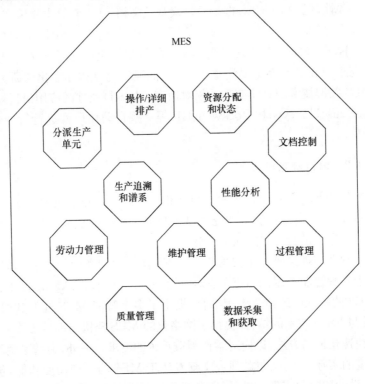

图 3.4　MES 功能模型

3.1.3　MES 研究现状和发展趋势

MES 可以有效地解决上层计划管理与底层生产过程之间脱节的矛盾，能连接计划管理层和生产控制层，通过共享数据来提高生产计划的实时性和灵活性，并且能及时反馈计划执行的情况，保证资源的最优利用。因此对 MES 的研究在最近一些年已经成为一个重要课题。

3.1.3.1　国外研究现状

美国是最早提出 MES 概念的国家,对 MES 的研究也最多。在 MES 技术发展过程中,美国的 MES 协会 MESA 发布的 MES 白皮书,美国仪表协会组织制定的 ISA-95 标准对于推动 MES 技术规范的发展起到了极其重要的作用。在这之后,美国 OMG 组织的 MES/MC 工作组一直致力于建立 MES 体系。该工作组发布了一份征求意见书,针对一些具体项目征求工业界企业的经验。日本和一些欧洲国家也对 MES 进行了大量研究,日本制造科学与技术中心提出了 OpenMES 框架规范。该框架规范由电子元件制造过程抽象而来,采用了 CORBA 技术实现框架的平台无关性,但 OpenMES 框架只是宏观性文档,并没有给出具体实现细节。

在学术界,国外许多研究者在围绕 MES 的技术规范性、MES 的架构和模块、MES 的数据处理、MES 的集成方式、MES 在具体行业适应性等方面进行研究。而一些研究组织和实业界主要注重于 MES 框架的规范和标准化的研究,还有一少部分 MES 关键技术的具体实现。相对而言,MES 行业性的应用研究还比较少,主要由 Siemens、Honeywell、Rockwell、GE 等一些自动化厂商进行行业性的拓展和技术研发。

3.1.3.2　国内研究现状

随着国外 MES 的发展,国内企业界和相关研究组织开始认识到 MES 对于企业生产的重要性,而与之相关的研究也越来越多。研究的成果大致分为基础性的理论研究和应用性的行业研究两大部分。

对于基础性的理论研究主要着重于 MES 体系架构和模块功能的研究,提出了许多基于各种智能技术的 MES 基础应用平台。首先,将 Agent 技术、CORBA 标准与 MES 的基本理论和架构相结合,提出了多个智能 MES 框架和通用平台。其次,通过与 WEB 技术的结合,提出了网络化的 MES 架构与部署方案。再次,提出了多种快速建模的方法,以应对柔性制造系统的要求。另外,为满足生产制造企业生产调度的实际需求,大量的研究文献专注于 MES 的生产调度功能,包括调度算法、系统设计和应用实现。最后,还有部分学者研究了 MES 与生产企业内的其他信息系统的集成。

对于行业性应用研究多以流程型工业为主,其中石化、钢铁的 MES 研究在国内最为普遍。烟草、矿山等行业的 MES 应用也比较成熟。相对于流程工业,离散制造业在 MES 的应用方面开展比较晚,技术也相对没有那么成熟,但也已经有许多研究者在从事这方面的研究,例如机械制造业。而胡春等对连续工业生产与离散工业生产的特点进行了对比分析,并通过对比分析对 MES 各模块功能需求及模块间关系存在的差异进行了阐述,这对于把流程工业 MES 技术的应用经验带到离散工业具有极其重要的意义。

　　在实际应用方面,石化和钢铁两个典型流程制造行业对于 MES 的应用最为成功。目前,国内多家软件供应商面向这两个行业开发了 MES,如上海宝信 MES、石化盈科 MES 等。但迄今为止,国内对 MES 的研究大多还停留在体系结构和模块功能等方面,在应用系统的开发方面一般局限于专用 MES,且大多只实现了 MES 的部分功能,而对控制层的研究一般都偏重于控制理论和控制模型。虽然能够解决某一特定问题,却难以与其他系统集成,而且在系统的智能性、敏捷性和决策方法科学性等方面的研究也跟国外有一定的差距。

3.1.3.3　发展趋势

　　MES 在技术架构方面经历了从专用 MES 到标准化 MES,在应用方面经历了从个性向通用、从局部到整体的发展历程。最近几年随着应用企业和科研机构对 MES 的研究和改进,MES 的技术发展趋势主要表现在以下几个方面。

　　1) 物联网技术在数据采集中开始应用

　　MES 是一个依赖于数据的执行系统,因此数据传递的实时性和准确性必须得到精确的控制。传统的 MES 通过与底层的 PCS 系统进行通信,获得实时数据可以使计划的执行情况得到反馈,但在某些离散加工的行业,设备自动化水平不高,某些工序依然需要人工参与,MES 在这种制造环境下实施的时候,数据采集的问题就会凸显出来。近年来物联网的兴起,使得射频技术(Radio Frequency Identification,RFID)得到广泛的推广,生产车间也开始逐步采用 RFID 技术。通过 RFID 技术获得各种数据信息并进行实时交换,可以结合产品工艺对车间实际生产情况进行监控和统计,准确地掌握生产实时动态,减少脱料时间,降低在制品库存和资金占用,保证生产过程和产品质量的可靠性。随着 RFID 技术的日趋成熟,其自动对象标识与信息载体功能,还能够满足 MES 对生产现场物流的跟踪需求。目前已经有大量的 RFID 产品包括读写器、天线和标签能够适应制造业应用环境,这也为 RFID 技术在 MES 中的集成应用奠定了基础。

　　2) 多样化的系统架构与标准化的集成技术

　　由于 MES 实施的主体是制造企业,而各个行业生产现场的环境差异很大,现场的硬件条件也存在巨大差距,因此现阶段我国 MES 仍然保留了各种各样的架构形式,包括单机运行、C/S(Client/Server)结构、B/S(Browser/Server)结构、单服务器架构、多服务器架构等,而且随着新兴技术的发展,更多的架构方式补充了进来,如面向服务架构(Service-Oriented Architecture,SOA)等,致使我国的 MES 呈现多样化的发展态势。中国制造企业历经多年信息化建设,这过程中可能实施过各种各样的信息系统,而 MES 只是企业信息化众多系统中的一个,这些系统的开发厂商不同、上线时间不同、基础架构不同、开发协议不同、数据模型不同,系统运行的环境也不相同。往往在实施过程中,由于各种问题造成数据信息不一致,给企业 MES 的实施带来很多问题。因此 MES 与其他系统的连接和数据传递成为 MES 架构设计非常重要的因素。接口中间件等新型集成方式的发展使 MES 集成有了更多选择,这也使 MES 架构向更加多样化的方向发展。但就 MES 集成技术而言,需要通过接口设计的标准化,使不同软件供应商的 MES 构件与其他异构的信息化系统可以实现标准化互联与互操作,因此尽管 MES 架构的多样化发展势头不减,但接口的标准化程度已经成为决定一个 MES 产品实施成败的重要因素。

3) MES 向柔性和智能化方向发展

MES 面对的客户来自各行各业,不同的制造过程和管理方式必然对 MES 有不同的要求,即使相同行业,不同企业的技术水平也存在较大差距,所以可定制是客户对 MES 一致的要求。在这种情况下,MES 的开放式、客户化、可配置、可伸缩性等特性成为架构设计的进一步要求。而智能化 MES 是软件厂商对当前 MES 解决方案的重要改进,智能化的 MES 拥有更加有效的优化算法对生产计划进行编制,在保证订单交期的前提下尽可能地减少资源的消耗。一些 MES 厂商和研究人员已经开始将高级生产与排程(Advanced Planning and Scheduling,APS)系统集成到 MES 里面,这为智能化 MES 的进一步发展奠定了良好的基础。

4) 支持网络化协同制造

随着网络技术的发展及其对制造业的重大影响,支持生产同步性,支持网络化协同制造是未来 MES 的一个发展方向。以 MES 为核心,对协同企业进行实时生产过程管理,并把对分布在不同地点的工厂进行互联,通过网络化、过程化和敏捷化,使企业生产经营达到同步化是未来 MES 要实现的目标。

总之,在激烈的市场竞争中制造业不断提出新的需求,它促使 MES 的研究不断深入,MES 呈现出复杂多样的架构形式,并且随着新的数据采集技术和网络同步技术的发展,未来 MES 向更加柔性化、智能化、协同化方向发展。

3.2　MES 在国内外的应用现状

3.2.1　MES 国外应用现状

工业发达国家普遍比较重视 MES 技术的研究与系统开发,已形成 MES 软件产业。国际制造执行系统协会(MESA)的建立,为推动 MES 的研究和 MES 在制造企业的应用推广起到了重要作用。MES 软件 1993 年全世界市场份额只有 1.5 亿美元,但在随后的十年里 MES 软件的市场份额以平均每年 30% 或更高的速度增长。由于 MES 软件在车间生产管理中的重要作用和巨大市场空间,国际上著名的软件厂商和企业界纷纷推出自己的 MES 产品。目前国际上比较知名的 MES 产品包括 AspenTech 公司的 aspenONE@ V7、GE Fanuc 公司的 GE Intelligent

Platforms、Rockwell Automation 公司的 FactoryTalk、Camstar 公司的 Camstar Manufacturing™ 和 SIEMENS 公司的 SIMATIC IT Products 等，所涉及的行业包括石油、化工、钢铁、烟草等流程行业和汽车、航空、机械、电子等离散制造业等多个行业，为制造企业带来了巨大的经济效益。MESA 分别于 1993 年和 1996 年对实施 MES 的企业进行了两次问卷调查，主要研究实施 MES 给企业带来的效益。调查结果(表 3.1)表明：应用 MES 后的企业，其制造周期缩短 45％左右，数据输入时间缩短 75％左右，在制品数量降低 25％或更多。美国的咨询机构 AMR 完成的另外一项市场调查显示：2004 年，全球 MES 市场营业收入为 10.6 亿美元，与 2001 年相比，增长超过 50％。2006 年全球制造业在管理软件方面的投资，MES 居第二位，仅次于 ERP。在国外很多行业应用中 MES 已和 ERP 相提并论，而且 MES 已经成为目前世界工业自动化领域的重点研究内容之一。

表 3.1 MES 在国外企业产生的经济效益

序号	项目	效益
1	制造周期	缩短 45％
2	数据输入时间	缩短 75％
3	在制品数量	减少 25％
4	交班时纸面工作量	减少 61％
5	引导时间	缩短 27％
6	因纸面工作和设计图纸带来的损失	减少 56％
7	产品缺陷	降低 18％

但在欧美发达国家，对于 MES 的研究与应用也存在不平衡。2004 年 6 月，德国《Computer and Automation》杂志刊登了一份针对德国企业 MES 应用情况的数据调查，被调查的企业达到 670 家。结果显示，有约 55％的被调查企业对 MES“一无所知”，而只有约 7％的被调查企业对 MES“有深刻的了解”。这说明，即使在西方发达国家，MES 的概念和功能也还没有被所有人接受，还有很多工作要做。

3.2.2 MES 国内应用现状

我国对 MES 的研究起步较晚，但由于制造企业面对的全球竞争日益激烈，传统的生产现场管理已无法满足当前复杂多变的竞争需要，所以各大研究院所对于 MES 的研究已经广泛开展，并且随着应用范围的扩大和程度的加深，MES 的发展已与我国制造业的发展息息相关。但我国在 MES 的应用方面与发达国家还有不小的差距，这与我国制造业发展现状是密不可分的。西方发达国家的 MES 通常是建立在生产设备自动化的基础上，较少考虑人机交互。而我国制造业设备自动化水平远远落后于发达国家,实际上,对于我国大多数制造企业来说,生产现场大部分的工作仍需要作业人员的广泛参与,这主要有三方面原因:一是因为我国制造业有充足的廉价劳动力资源,这导致设备自动化改进的成本远高于增加劳动力的成本,企业从投入产出角度考虑不愿意花高价改进设备;二是由于自动化系统适用于高附加值和生命周期较长的产品,而我国多数制造企业,产品附加值低,生命周期短,自动化系统成本昂贵,难以在有效时间内收回投资;三是我国国内设备自动化水平发展缓慢,很多制造企业的自动化设备需要从国外引进,不仅引入时价格高昂,后期的维护和升级费用也是很大一笔开销,这使得国内制造企业在自动化改造的时候更加谨慎。

由于自动化水平的差距,我国大多制造企业在实施 MES 时,除了要考虑 MES 与上层业务系统和底层控制系统之间的信息交互,还要考虑与车间生产现场的人机交互,以方便车间现场作业人员采集实时生产信息。这就给 MES 的实施造成很大的困难。一方面现场人工采集的数据准确率普遍较低,而且时效性也很难得到保证;另一方面手工采集数据给现场操作人员增添了额外的工作量,有时甚至影响了正常的生产进度。所以现场人员对于采集数据的工作一般都比较反感,而采集到数据的误差和滞后性也给生产信息的反馈和管理决策的制定造成了不利的影响,这又使管理人员对 MES 的实施丧失信心,从而导致整个 MES 项目陷于困境。

2007 年,国内知名信息化网站"e 制造"进行了一项关于企业信息化的一系列调查,其中关于 MES 的调查收回样本数量通常是展开的各项调查中最少的,这表明 MES 产品在我国的用户还比较少,各个企业对于 MES 还处于观望当中。该项调查中的数据显示 2007 年中国 MES 市场份额最多的厂商是西门子,其市场占有率只有 3.6%,其他的品牌更低,如图 3.5 所示,这说明目前国内 MES 市场仍然处于市场开拓阶段,没有哪个品牌拥有绝对的市场优势。

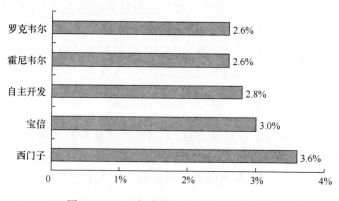

图 3.5　2007 年中国 MES 市场厂商份额

到 2008 年下半年,计世资讯(CCW Research)也做了类似的调查,调查结果显示,2008 年中国 MES 的市场规模达到 7.2 亿元,同比增长 15.6%。2008 年中国 MES 市场品牌结构中,按照销售额份额统计,排名前七位的厂商依次是西门子、宝信、石化盈科、浙大中控、明基逐鹿、Apriso、和利时,其中西门子以 13.3% 的市场份额排名第一,宝信以 9.7% 的市场份额排名第二,石化盈科以 9.0% 的市场份额排名第三,浙大中控以 6.9% 的市场份额排名第四,明基逐鹿以 4.7% 的市场份额排名第五,如图 3.6 所示。第一名的西门子公司由前一年的 3.6% 增长到 13.3%,增幅非常明显,并且其他排名靠前的软件公司市场占有率增幅也有了很大的提高。

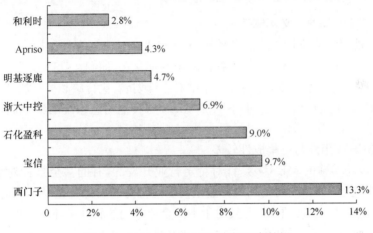

图 3.6　2008 年中国 MES 市场厂商份额

　　进入 2008 年后,随着两化融合的推动、物联网技术的成熟和以往企业用户对 MES 的认可,MES 在我国的推广和应用上了一个更高的台阶。MES 市场由群雄逐鹿的战国时代逐渐走向整合,这种市场整合的路径与 MES 在企业信息化所处的位置息息相关。MES 的使命是为了衔接上层 ERP 和下层控制系统,于是,ERP 厂商向下逐渐渗透,自动化企业向上扩充实力。目前,MES 厂商的背景逐渐趋于三类:自动化背景、ERP 背景以及独立 MES 提供商。在国内整体市场,国外企业仍然占据优势地位,但国内企业已经迎头赶上。

　　目前国内推广 MES 的企业用户一般是大中型企业,行业多以流程工业居多,并且 MES 产品的行业界限比较明显,如西门子在制药和食品行业、宝信在钢铁行业、石化盈科在石油化工行业等。并且随着 MES 在企业应用的典型案例逐渐增多,越来越多的制造企业都会着手推进自己的 MES,而众多 MES 软件提供商在巩固了自己行业领域的前提下,也会不断向其他的行业进行渗透,例如,宝信已经成功地将 MES 应用到造船行业。由于各个行业对制造过程的管理重视程度越来越高,而国家政策极大地鼓励制造业信息化的发展,未来国内的 MES 市场将会更加快速地发展。

3.2.3　MES 应用存在的问题

MES 的研究与开发已经有 20 多年的历史,但相对于其他的制造业信息化系统,如 CAD(Computer Aided Design,计算机辅助设计)、CAPP(Computer Aided Process Planning,计算机辅助工艺过程设计)、MRPII、ERP 等,MES 发展的时间还比较短。目前我国对 MES 应用的成功案例多是在流程制造企业,而在离散或混合流程企业,MES 的研究和应用还有很大的差距,有许多问题还需要进一步研究。

1) MES 的范围定义不够清晰

MES 被定义为执行层的信息系统,介于企业的计划层和控制层之间。但现实中制造企业的情况非常复杂,各种各样的企业都存在,他们在管理方式、组织架构、业务模式都有着天壤之别,这导致企业中对于计划层、执行层和控制层的划分并不是那么明显,功能模块的定义也不明确,MES 与其他信息系统的集成问题也难以解决。

2) MES 通用性与可集成性较差

现在成功实施的 MES 多是针对特定行业开发的,有的甚至是针对个别企业开发的,当这些 MES 应用到别的行业上甚至同行业的其他企业身上,其流程定义与功能设定基本上无法重用,并且由于不同企业采用的软硬件环境的也不同,异构的软硬件环境中,使得 MES 与其他信息化软件集成时需要定制,这更加提高了集成的难度。

3) MES 缺乏柔性和可扩展性

现实中的企业形式多种多样,每个企业都有自己的管理方式和组织架构,而且业务模式更是千差万别。因此想从中提炼出通用性的模块和业务模式比较困难。同时,即使是同一企业,在不同的历史时期针对不同环境状况也会有不同的需求。因此,这就要求 MES 要有具有良好的柔性和可扩展性,以适应企业不断变化的需求,而现在的 MES 不具有随业务过程的变化进行功能配置和动态变化的能力。

4) MES 调度优化能力有限

车间作业调度通常围绕着如何在闲置机器资源上安排加工任务,以使某些生产性能指标得以优化。目前国内外在这方面已取得众多研究成果,但研究大多针对强假设条件和有限空间。而现实中,制造企业的 MES 多以静态分解生产任务为主,辅以人工经验调度,这种调度方式不能满足现实制造企业快速响应用户需求,大规模定制的要求,已经为制约制造业发展的瓶颈问题。

3.3　MES 在轮胎行业的应用现状

3.3.1　轮胎企业信息化发展现状

　　西方发达国家在制造业的信息化方面发展较快,汽车工业是制造业当中实现信息化较早的行业之一,随着汽车工业发展,作为汽车重要配件的轮胎行业产生了信息化管理需求。世界主要轮胎生产厂商如米其林、固特异、普利司通等,很早就开始利用先进的条形码、RFID 等自动识别技术进行数据管理。2002 年,美国AIAG(Automotive Industry Action Group)组织公布了轮胎轮辋可追溯性记录标准,建立起轮胎轮辋的"身份证"制度。在标准中,要求轮胎制造厂商将可追溯性的RFID 植入轮胎胎侧内,记录轮胎生产日期等基本信息。2004 年,固特异与沃尔玛公司合作,将 RFID 技术应用于轮胎供应链环节。

　　相对于发达国家,我国轮胎行业信息技术应用水平,尤其是自动识别技术的应用水平还比较落后。虽然 20 世纪 90 年代以来,许多轮胎企业都实施了管理信息系统,但这些系统结构各异,相互脱节,信息不能共享,这导致大量信息无法被及时准确地提取与分析,多数设备处于单机作业状态。这严重限制了信息化技术对于轮胎企业能发挥的作用,使企业难以适应不断全球化的市场竞争。

　　目前,国内大多轮胎企业仍沿用传统方法来录入轮胎产品信息。在轮胎生产过程中应用金属牌记录轮胎产品的相关信息,在硫化时,将这些信息印在胎体上,作为轮胎的永久身份标志。虽然一些大型轮胎生产企业已经开始进行信息化改造,但在生产过程中仍沿用人工的方法进行录入数据,从而不可避免地产生误差和错漏,这导致大多轮胎企业数据保存不准,无法进行准确追溯。

　　近年来国外轮胎巨头纷纷强势登陆,我国的轮胎行业受到很大的冲击,2009年,输美轮胎特保案的发生更是让国内轮胎企业认识到产品的廉价低质带来的危害,为了生存发展,企业纷纷进行轮胎生产过程管理的信息化改造。佳通轮胎等一些大型企业,开始在其 ERP 系统中推进条码管理,来解决信息自动录入的问题。但条码管理本身也有很多缺点,由于在半制品各工序,条码在使用过程中不但经常破损,而且扫码工作给操作工带来的附加工作量已经影响了正常的生产过程,因此需要更加简便易用的技术取代条码实现生产过程的数据提取与监控。

3.3.2　轮胎行业 MES 应用现状

　　近些年,大部分轮胎制造企业在现场控制层面都拥有比较完善的过程控制系统,使得现场数据反馈,生产过程优化成为可能;另一方面,具有规模的轮胎企业基本都实施了 ERP 系统或者其他类型的企业管理信息化系统,企业在资源计划方面得到了控制和优化,从而促进了的"业务流、信息流、资金流、物流"四流合一,给企业带来一定收益。然而,在 ERP 与 PCS 之间存在的数字鸿沟,影响了管理同生产的紧密结合,使得 ERP 与 PCS 的应用效果达不到预期的目标,主要问题在于单纯依靠 ERP 并不能帮助和指导工厂分析其生产的瓶颈,改进和控制产品的质量,并对具体的产品生产进行计划、管理和跟踪,因此轮胎企业 MES 与 ERP 的有效集成成为应用的关键。

目前,国外的跨国轮胎企业基本都已经实施了 MES,包括国外轮胎巨头在中国建立的轮胎工程都已经依靠 MES 实现了数字化的生产管控,对于大型的跨国企业来说,MES 已经是进行精益化管理的必要工具盒技术手段。而国内,也已经有一些信息技术和管理意识比较领先的轮胎企业正在实施(或准备实施)MES,如杭州中策、河南风神等。国内领先的轮胎巨头在历经了多年的信息化应用和改造,都从信息化的改革中收获了可喜的成效。但与此同时,这些企业也认识到,信息化的价值必须有完整的、准确的、前后一致的数据作保障,仅依靠现有的彼此孤立的单点数据,企业很难对生产提出系统的、科学的决策建议。因此,MES 的实施是整个轮胎行业发展到现阶段必要的信息化变革,是企业向数字工厂、智慧工厂发展的必经之路。

参 考 文 献

柴天佑,郑秉霖,胡毅,等. 2005. 制造执行系统的研究现状和发展趋势[J]. 控制工程,12(6):505-510.

陈杰,吴怀宇. 2008. MES 在韶钢炼钢轧钢生产线的应用[J]. 南方金属,(1):44-48.

丛力群,毕英杰. 2010. 打造数字化协同制造企业——MES 未来发展的新方向[J]. 自动化仪表,31(10):1-4.

崔玉华,李俊杰. 2010. 利用 MES 实现炼化企业管控一体化[J]. 油气田地面工程,29(6):92.

E 制造. 2007. MES 品牌支持率调研(报告摘录)[J]. 微型机与应用,26(12):51.

冯毅萍,荣冈. 2006. 流程工业 MES 体系结构及模型设计[J]. 化工自动化与仪表,33(1):1-5.

高世一,赵明扬,邹媛媛,等. 2007. 基于多智能体的制造系统生产控制建模研究[J]. 计算机集成制造系统 CIMS,13(6):1066-1070.

宫俊涛,孙林岩,徐智勇. 2008. 面向敏捷制造的可视化资源计划系统[J]. 计算机应用研究,25(1):197-199.

何永刚,黄丽华. 2007. 我国钢铁企业信息系统应用研究[J]. 情报杂志,26(7):52-54.

洪鸿,张维,何卫平,等. 2009. 制造执行系统中可配置自动采集技术的研究[J]. 现代制造工程,(8):14-18,26.

胡春,李平. 2003. 连续工业生产与离散工业生产 MES 的比较[J]. 化工自动化与仪表,30(5):1-4.

胡春,李平,宋执环. 2002.制造执行系统体系结构中功能模型的研究[J].信息与控制,31(6):561-566.

黄学文. 2003. 制造执行系统(MES)的研究与应用[D]. 大连:大连理工大学.

计世资讯. 2010. 金融危机加速中国 MES 市场整合的步伐[EB/OL]. http://www. ccwre-search. com. cn/store/detail/200831117403711content. asp? ColumnId ＝ 1472 & ArticleId ＝ 35752[2010-3-2].

李德芳,蒋白桦,王宏安. 2004. 炼化企业 MES 体系结构的分析与设计[J]. 现代化工,24(z2): 48-52.

李铁克,孙林,杜景红,等. 2003. 炼钢车间 MES 中的生产调度系统[J]. 冶金自动化,27(5): 22-25.

刘飞. 2007. 离散制造业 MES 需要实现与设备层的集成[J]. 西部制造业信息化季报,(18):14.

刘泉,吕琳,冯甜甜. 2007. 基于多代理的制造资源可重构研究[J]. 武汉理工大学学报,29(12): 119-122.

刘卫宁,黄文雷,孙棣华,等. 2007. 基于射频识别的离散制造业制造执行系统设计与实现[J]. 计算机集成制造系统 CIMS,13(10):1886-1890.

牟景林,沈硕,曲照伟,等. 2009. 可重构生产管理控制系统研究[J]. 机床与液压,37(10):9-11,45.

刘亮,齐二石. 2006. 基于 APS 与 MES 集成的车间生产计划[J]. 制造技术与机床,(9):24-28.

饶运清,刘世平,李淑霞,等. 2002. 敏捷化车间制造执行系统研究[J]. 中国机械工程,13(8): 654-656.

宋海生,王家海,张曙. 2001. 网络联盟企业中基于 Web 的制造执行系统[J]. 制造业自动化, 23(2):20-23.

汪定伟,徐昌国. 1993. 物料需求计划与准时生产制的对比分析[J]. 自动化学报,19(3): 370-378.

吴刚,史海波. 2006. 基于中间件的 MES 与 ERP 系统信息集成技术研究[J]. 微计算机信息, 22(27):46-49.

武力,张炳泉,张海盛. 2002. MES 在批流程制造业的应用与发展[J]. 计算机应用,22(10): 79-81.

徐晓飞. 2003. ERP 发展的现状、趋势及思考[J]. 中国制造业信息化,32(3):19-29.

于海斌,朱云龙. 2000. 可集成的制造执行系统[J]. 计算机集成制造系统 CIMS,6(6):1-6.

张凌云,黄刚,左革成,等. 2006. 支持网络化制造的车间 MES 与 CAPP 集成研究[J]. 机械科学 与技术,25(10):1241-1245.

张毅坤,邓晶晶,杨凯峰,等. 2007. 基于组件的柔性制造执行系统软件集成测试研究[J]. 计算 机集成制造系统,13(10):1958-1963.

朱传军,饶运清,张超勇,等. 2004. 基于 CORBA 的可重构制造执行系统研究[J]. 中国机械工 程,15(23):2097-2101.

朱群雄,顾祥柏. 2005. 基于物元的流程工业 MES 信息表示与信息维模型应用[J]. 计算机与应 用化学,22(8):671-677.

AMR Consulting. Integratable MES:the challenge and the opportunity[EB/OL]. http://www. armconsulting. com.

AMR Consulting. 2005. Next generation plant systems:the key to competitive plant operation

［EB/OL］. http://www. amrconsulting. com/PlantSystems. pdf［2005-4-16］.

ASPENTECH. 2010. Introducing aspenONE V7［EB/OL］. http://www. aspentech. com/v7/
　　［2010-3-3］.

Barry J,Aparicio M,Durniak T,et al. 1998. NIIIP-SMART:An investigation of distributed object
　　approaches to support mes development and deployment in a virtual enterprise［C］. 2nd IEEE
　　Int Enterp Distrib Comput Workshop,La Jolla.

Cheng F T,Shen E,Deng J Y,et al. 1999. Develop of a system framework for the computer-inte-
　　grated manufacturing execution system:A distributed object- oriented approach［J］. Interna-
　　tional Journal of Computer Integrated Manufacturing,12(5):384-402.

Hori M,Kawamura T,Okano A. 1999. OpenMES:Scalable Manufacturing Execution Framework
　　Based Distributed Object Computing［C］. 1999 IEEE International Conference on systems,Man
　　and Cybernetics,Tokyo.

Hwa G P,Jong M B,Sang B P,et al. 1999. A development of object-oriented simulator for manu-
　　facturing execution systems［J］. Computers & Industrial Engineering,37(1-2):239-242.

ISA. 2000. ANSI/ISA-95. 00. 01-2000 enterprise-control system integration part I:models and
　　terminology［S］.

JAPAN OPEN SYSTEMS PROMOTION GROUP. 2000. Specifications of the OpenMES frame-
　　work［R］. Manufacturing Science&Technology Center.

Lin F,Norrie H. Schema-based conversation modeling for agent-oriented manufacturing systems
　　［J］. Computers in Industry,46(3):259-274.

MESA International. MES explained:A high level vision［EB/OL］. http://www. mesa. org/
　　whitepapers/pap6. pdf［2003-9-7］.

MESA International. MES functionalities & MRP to MES data flow possibilities［EB/OL］. ht-
　　tp://www. mesa. org/whitepapers/pap2. pdf［2003-9-7］.

MESA International. The benefits of MES:A report from the field［EB/OL］. http://www. me-
　　sa. org/whitepapers/pap1. pdf［2003-9-7］.

MESA International. The controls layer:Controls definition & MES to controls data flow possi-
　　bilities［EB/OL］. http://www. mesa. org/whitepapers/pap3. pdf［2003-9-7］.

Molina A,Santaella A R. Achieving e-manufacturing:multihead control and web technology for
　　the implementation of a manufacturing execution system［J］. Journal of Intelligent Manufac-
　　turing,17(6):715-724.

OBJECT MANAGEMENT GROUP. Manufacturing domain task force RFI-3 manufacturing ex-
　　ecutions systems［EB/OL］. OMG Document mfg/97-11-01［2005-4-16］.

PABADIS Group. PABADIS White Paper:Revolutionising Plant Automation—The PABADIS
　　Approach［EB/OL］. http://www. pabadis. org/download/pabadis_white_paper. pdf［2005-4-
　　18］.

Rolon M,Canavesio M,Martinez E. 2009. Generative modeling of holonic manufacturing execu-
　　tion systems for batch plants［J］. Computer Aided Chemical Engineering,27:795-800.

Scott D. 1996. Comparative advantage through manufacturing execution systems[C]. Proceedings of IEEE/SEMI Advanced Semiconductor Manufacturing Conference.

Saenz D U,Artiba A,Pellerin R. 2009. Manufacturing execution system:A literature review[J]. Production Planning & Control:The Management of Operations,20(6):525-539.

SEMATECH. CIM framework architecture guide 1.0[EB/OL]. http://www.sematech.org/docubase/document/3379aeng.pdf.

Simao M,Stadzisz C,Morel G. 2006. Manufacturing execution systems for customized production [J]. Journal of Materials Processing Technology,179(1-3):268-275.

Solte D. 1999. The OPAL platform—A CIMOSA compliant execution environment[J]. Computers in Industry,40(2-3):293-303.

Soplop J,Wright J,Kammer K,et al. 2009. Manufacturing execution systems for sustainability: Extending the scope of mes to achieve energy efficiency and sustainability goals:Industrial electronics and applications[C]. ICIEA 2009. 4th IEEE Conference,Xi'an.

Swanton B. 1995. MES five years later:Prelude to phase III[R]. USA:AMR Report 13725.

Valckenaers P,Van B H. 2005. Holonic manufacturing execution systems[J]. CIRP Annals-Manufacturing Technology,54(1):427-432.

Wallace K E,Barkmeyer E,Peter D. NIST response to MES request for information[EB/OL]. http://www.mel.nist.gov/msidlibrary/doc/rspdist2.pdf.

Wang L C,Lin S K. 2009. A multi-agent based agile manufacturing planning and control system [J]. Computers & Industrial Engineering,57(2):620-640.

Wight W. O. 1981. Manufacturing Resource Planning:MRP II,Unlocking America's Productivity Potential[M]. New London:Oliver Wight Ltd. Publication Inc.

WIKIPEDIA. Material Requirements Planning[EB/OL]. http://en.wikipedia.org/wiki/Material_Requirements_Planning[2009-10-22]

第4章 轮胎企业 MES 框架

4.1 轮胎企业典型流程与行业特征

我国轮胎工业经过几十年的发展,形成了比较完整的工业体系。近几年,随着我国汽车行业的迅猛发展和人民生活水平的日益提高,尤其是中国加入 WTO 以来与世界商业的关系日益密切,轮胎工业的增长速度更是令世人瞩目。但我国轮胎工业在产品结构方面仍有不足,仍需提高轮胎的子午化率,提高轮胎产品的科技含量,提高新材料应用、新工艺设计和新产品研发能力,提高轮胎在安全、节能和环保等方面的特性。

4.1.1 轮胎企业生产流程组成与范围划分

轮胎按照结构可以划分为斜交线轮胎和子午线轮胎,其主要区别在于胎体。与斜交线轮胎相比,子午线轮胎具有耐磨、节油、乘坐舒适,以及牵引性、稳定性和高速性能好的特点。目前,国际上子午线轮胎占市场份额的 80%。下面就以子午线轮胎的生产过程为例,介绍轮胎生产的主要工序及典型流程。

4.1.1.1 配料工序

轮胎生产的第一步,就是先将各种原材料进行调配,这有些像做馒头过程中的和面。轮胎的主要原材料包括天然橡胶、合成橡胶、炭黑以及各种油料和小料等。根据不同轮胎的不同性能需求(主要包括驾驶性能、牵引力、路面适应性等需求),各种原材料的配比也各有不同。在配料的过程中,根据自动化程度的不同,可以分为自动配料和人工配料。

1)自动配料

20 世纪 90 年代中期之前,我国轮胎企业的原材料调配全部采用人工配料的方式。由于轮胎生产所需的原材料种类很多,而且大部分原材料以粉尘形式存在,还具有一定的腐蚀性,这就造成配料车间粉尘浓度非常大、工作现场管理混乱、环境污染严重,对配料岗位工作人员的个人身体健康有较大影响,而且由于人工参与程度高,原材料重量称量精度较差,可能会对后续炼胶工序的产品质量产生较大的影响。而全自动物料输送配比称量系统可确保每种原材料称量准确,消除人为因素的影响,还可以减少环境污染、提高劳动效率、减轻劳动强度。

密炼机上辅机系统主要由气力输送系统、配料投料系统和中心控制系统等组成(图 4.1),能够对胶料、炭黑、油料等原材料进行自动称量,并通过气力输送等方式将炭黑等原材料直接输送到密炼机上。密炼机上辅机系统配料速度快、精度高、投料迅速、安全可靠,大大改善了密炼车间工作环境,提高了工作效率。

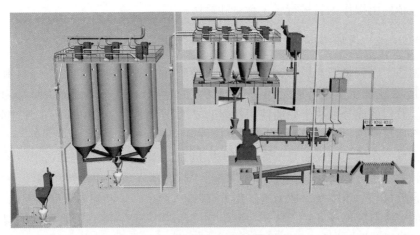

图 4.1　密炼机上辅机系统模型

　　自动小料称量系统主要针对防老剂、增塑剂等小料的称量,对多秤同时群控配料,可以按配方任意选择工位自动配料、逐个收集、自动校核,采用计算机网络控制管理系统,可实现配方管理、配方运行、参数设定、系统状态监视、数据报表、计划管理、物料统计、报警记录、动作连锁等功能。该系统适应性强、效率高、称量精度高,如图 4.2 所示。

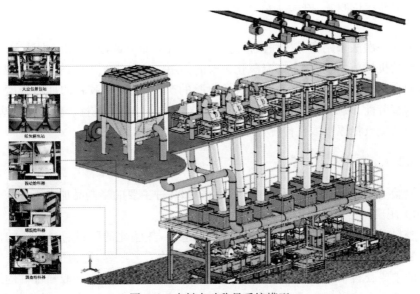

图 4.2　小料自动称量系统模型

2）人工配料

有些原材料,如硫黄、氧化锌等小料,由于其碰撞易爆、配比剂量小等原因,对这些小料的自动称量技术研发尚不成熟,一般不能在自动配料系统中进行配比,多数企业依然由操作人员进行手工称量和输送。

4.1.1.2　密炼工序

密炼工序就是把炭黑、天然橡胶、合成橡胶、油、添加剂、促进剂等原材料混合到一起,在密炼机里进行加工,生产出"胶料"的过程,有些类似做馒头时"揉面"的过程。胶料的成分取决于轮胎使用性能的要求,所有胶料在进入下一工序之前,都要进行质量测试,只有质量检测合格之后方可用于加工半制品。

密炼工序的关键设备是密炼机。密炼机在工作时,密炼室内的两个转子以一定的转数比相对回转,加入生胶和粉状配合剂,先落入两个相对转动的转子上部,在上顶栓(压砣)压力及摩擦力的作用下,被带入两个转子间隙中而受到捏炼,由卸料门的突棱将胶料分开进入转子与密炼室壁间隙中,受到强烈的机械剪切裂解作用,而后被捏碎捏软的两股胶料再相汇于两个转子的上部又进入两个转子的间隙中,如此往复循环进行,产生氧化断链,降低黏度,从而使生胶和粉状配合剂均匀地混合在一起。

密炼工序主要有两种工艺加工方法:传统炼胶工艺和低温一次法。

传统炼胶工艺采用密炼机多段混炼,这种加工方法目的是实现橡胶分子链的断裂,主要采用高温氧化裂解,机械剪切为辅。这种工艺方法的缺点主要体现在:分子链分布范围较宽,容易生成大量的炭黑凝胶,影响各种配合剂的分散和物理性能。

低温一次法采用密炼机一段混炼,在开炼机上加硫黄,这种加工方法大大加强了胶料的机械剪切,弱化了高温氧化裂解的作用。这种工艺方法的优点体现在:炭黑及配合剂的分散更加均匀,避免炭黑凝胶的产生,提高了胶料的扯断强度、耐磨性和耐疲劳性,减少了黏合胶料的喷霜,提高了黏合胶料的黏性。低温一次法凭借其突出的优点将逐步取代传统炼胶工艺成为主流的炼胶工艺。

4.1.1.3　半制品工序

轮胎生产过程中的半制品较多,下面介绍几种主要的半制品加工工序。

1）压出

胶料喂入挤出机内,在螺杆旋转挤压推进下,热塑化的胶料通过机头的口型,连续制成符合技术规定的具有几何形状半成品的工艺过程,称为压出工序。压出工序的主要胶料半成品是胎冠、胎侧、垫胶、填充胶等。压出以上胶料部件的尺寸、重量等参数直接影响到成型后胎胚的质量和轮胎的使用质量性能,因此要严格进行质量控制。

2）压延

多根帘线通过专门的压延设备，实现两面覆胶，制成为胶帘布的加工工艺，称为压延工序。该工序在子午线轮胎制造的整个生产工艺中，属于质量要求高、设备精密程度要求高的一个重要工序。

全钢子午线轮胎成品的使用质量与其骨架材料的胎体、带束层的制造质量直接密切相关。胎体帘线排列不匀或帘线重叠，易造成轮胎在使用中爆破，钢丝帘线覆胶质量不好，会使轮胎早期脱层，失去使用和翻新价值。

该工序生产的半成品部件包括胎体帘布大卷、带束层帘布大卷、钢丝子口包布帘布大卷。

3）0°带束层生产

钢丝帘线经过安装在冷喂料挤出机机头的口型（代斯板）两面覆胶，同时制成两条宽度和厚度符合技术要求的窄钢丝胶帘布条的加工工艺，称为 0°带束层压延覆胶工序。

4）内衬层生产

胶料由挤出机挤压出热胶，通过机头的压延辊筒连续压延制成具有断面几何形状尺寸符合技术标准的内衬层，这个过程就是内衬层的生产过程。

型胶压延机是由销钉式冷喂料挤出为主的生产联动线。多数轮胎公司采用配置一台销钉式冷喂料挤出机的型胶压延生产线，先压延过渡层，再和后压延的气密层进行贴合制成内衬层。也有采用配置两台冷喂料挤出机的，过渡层和气密层同时由两台挤出机压延进行热覆贴，此种生产线制成的内衬层质量要好，且生产效率高。

5）裁断

将钢丝帘布在专用的裁断设备上裁成一定宽度和角度的钢丝帘布，对接接头并贴胶片和包边，卷取在法兰卷轴上供成型工序使用的加工工艺过程，称为裁断工序。

裁断工序又分胎体帘布直裁工序和小角度带束层裁断工序。

6）胎圈生产

胎圈生产是通过专用设备将单根钢丝或多根钢丝的表面覆胶并连续缠绕数圈制成具有一定断面形状的圆环形钢丝圈。

胎圈可以在汽车运行过程中，保证汽车功率的传递和无内胎轮胎的气密性，以及汽车操纵的稳定性，同时胎圈还是承受汽车载荷的重要轮胎部件。

钢丝缠绕包布是通过螺旋缠绕包布机将窄的胶帘布条完全缠绕包裹钢丝圈，有内胎的钢丝圈胶帘条布缠绕一次，无内胎的胎圈通常胶帘布条缠绕两次。胎圈缠绕胶帘布条的作用是更好地固定钢丝圈的形状，避免胎圈在成型或硫化过程中发生变形。

4.1.1.4　成型工序

将符合技术设计尺寸标准的胎侧、内衬层、钢丝子口包布、胎体帘布、垫胶、胎圈、带束层和胎面等,按照组合顺序及定位要求精确对称地紧密组合成一体的待硫化胎胚的加工工艺过程,称为成型工序。

子午线轮胎成型机有一次法成型机和二次法成型机。在一次法成型机上完成外胎全部部件组合制成胎胚的成型工艺称为一次成型法。

采用一段成型机和二段成型机完成外胎全部部件组合制成胎胚的成型工艺方法,称为二次成型法。

4.1.1.5　硫化工序

把轮胎胎胚装入模型内,经过温度、压力和时间三个相互有关的硫化要素,使各部件密实地成为一体达到设计技术预期要求的物理机械性能和轮廓尺寸,成为有使有价值的产品的加工工艺过程,称为外胎硫化工序。

子午线轮胎硫化采用的是定型硫化机。定型硫化机是指胎胚在同一机台上同时完成装胎—定型—硫化—卸胎全过程且自动化较高的硫化设备。定型硫化机有硫化大规格轮胎的单模定型硫化机和硫化中小规格轮胎的双模定型硫化机。定型硫化机使用胶囊而不使用水胎,胶囊呈筒状装在硫化机的中心机构上,外胎胎胚不必预先定型,硫化过程中对装胎、定型、硫化、卸胎、后充气处理全部自动控制。

4.1.1.6　检测工序

1) 人工外观检测

人工滚动外胎检查,采用眼看、手摸、测量的方式,检查胎冠、胎肩,胎侧、胎圈、胎里等各部位的表观质量。

2) 动平衡检测

轮胎是一个筒状断面的圆环型挠性旋转体,是由多层带有钢丝帘线的橡胶预制材料、复合橡胶预制材料经贴合、成型、硫化定型而成。这样就可能产生材料的不均、质量偏心或尺寸偏差。根据力学原理,质量偏心的轮胎在高速旋转情况下必定会产生垂直于轮轴的力及力矩,从而引起汽车的振动、噪声,影响汽车运行的速度、舒适度或平稳度。严重的会损坏汽车零部件,甚至引发交通事故。

动平衡试验的目的是测定轮胎的不平衡度及其位置。轮胎的不平衡有静不平衡和偶不平衡两种。静不平衡指轮胎径向对称部位的质量不相等,即通过轮胎重心的主惯性轴与它的旋转轴平行而不重合,由于静不平衡量的存在,轮胎在旋转时必然会产生失衡,使轮胎上下颠动;偶平衡指轮胎直径方向和断面方向上对称部位的质量不相等,即轮胎的主惯性轴和旋轴交错,且相交于轮胎的重心上,由于偶不平衡量的存在,轮胎在旋转时同样产生失衡,使轮胎左右摇动。

3) 均匀性检测

轮胎是汽车的重要部件。根据力学原理,均匀性不好的轮胎在高速旋转情况下必定会产生交变的径向力,从而引起汽车的振动、噪声,影响汽车运行的速度、舒适度或平稳度。严重的会损坏汽车零部件,甚至会引发交通事故。因此,各轮胎厂家在生产过程中将均匀性作为重要指标加以检测。

均匀性试验机是检测轮胎均匀性的专用设备。该设备测量出的参数不仅能科学地定标轮胎的不均匀性,而且能用来指导对轮胎的不均匀性校正,使轮胎的不均匀性达到最小值,从而达到改善、提高轮胎质量的目的。另外,均匀性试验机检测出的数据,经过归纳、技术处理可以为技术人员研究分析轮胎不均匀性的原因、规律提供依据,进而指导轮胎的结构设计、制造工艺的改进,促进轮胎质量的提高。

4) X 射线检测

X 射线检测是将轮胎通过专用的轮胎 X 射线透视检查机,检查轮胎内部的带束层、胎体帘线、胎圈补强层各部位材料的质量。轮胎通过输送装置自动送入 X 射线透视室,进行轮胎的内部质量检查,通过接收成像的屏幕,显示轮胎内部质量状态并依据质量标准判断轮胎的质量等级。X 射线透视检查完毕后,轮胎被自动传送出 X 射线透视室。

5) 气泡检测

由于轮胎内部气泡缺陷的存在,当车辆行驶时尤其是在高速行驶的情况下,一旦发生爆胎驾驶者将无法控制汽车方向,极有可能发生车毁人亡的重大事故。激光散斑无损检测在检测中通过高分辨率的 CCD 摄像系统和精确的相移技术以及相位同步算法,将轮胎受力变化过程中的应变信息以相位图的形式实时记录下来,再应用光电转换技术将光信号转换为数字信号,然后通过图像处理软件和图像分析软件进行计算和分析,从而得到描述轮胎形变一阶导数的相位图,利用计算机的高速数据处理能力自动计算畸变部位的面积,使得轮胎内部气泡缺陷被准确地检测并清晰显示。

4.1.2 轮胎企业生产过程的特点

一般子午线轮胎生产的主要工序包括密炼、半制品(钢丝压延、复合挤出、内衬层压延、裁断、钢圈成型、钢圈敷贴等)、胎胚成型、硫化和质检,如图 4.3 所示。由于轮胎整个生产流程比较复杂,兼具流程制造和离散制造的特点,再加上轮胎本身独特的产品特性,轮胎的生产流程具有以下特点。

1) 设备自动化水平参差不齐

由于历史和工艺的原因,轮胎企业生产过程中各个工序的自动化水平参差不齐,当前轮胎生产的大部分工序都可以实现自动生产线批量生产(如密炼、钢丝压延、复合挤出、裁断等),但还有某些工序依然需要较多的人工参与(如胎胚成型工序),这就造成了整个轮胎生产过程存在全自动化的计算机过程控制系统与手工操作共存、不同厂商不同标准的设备共存的情形,从而决定加工过程的监控水平不统一,数据采集效率低下、准确率低。而各自动控制系统之间又缺乏统一的网络连接,形成了所谓的"自动化孤岛",这种单机自动化监控缺乏信息资源的共享和生产过程的统一管理,难以适应现代生产的要求。

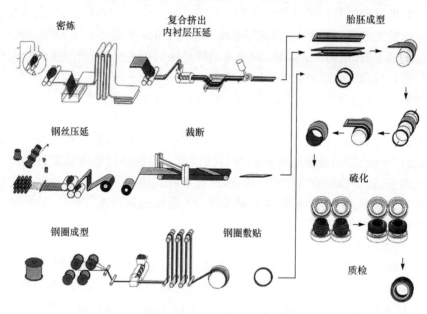

图 4.3　轮胎生产工艺流程

2) 生产计划调度难度大

由于轮胎生产过程是一个离散制造和流程制造混合过程,生产调度要考虑不同的制造过程的特点,而且轮胎产品的半制品在存放时间和环境上都有特殊的要求,必须在技术规定的时间内使用,半制品的用料原则要保证先入先出,而且要做到无污染、无变形,这对工序间衔接提出较高要求。轮胎生产工艺的复杂性,导致了生产过程中产品结构复杂,产品生产过程管理方式复杂,计划排产难度较大,进而使得在制品数量难以控制,半制品库存水平居高不下。

3) 质量控制要求高

由于轮胎是安全性产品,对质量控制的要求非常高。各种胶料质量要符合技术要求的物理机械性能和工艺技术操作性能,且始终均匀;各种半制品的尺寸要符合技术规定的标准;骨架材料与胶料覆合的厚度要求均一,帘线密度也要均匀;各种复合材料半制品的成型覆贴要定位准确且均匀对称,轮胎产出后要进行一系列的检测包括外观检测、X 射线检测、动平衡、均匀性、耐久性等。从轮胎的原料到产品的入库中间任何环节出现问题都会给轮胎质量带来非常大的影响,建立生产全流程的追溯是轮胎产品质量控制的最佳解决方案。

轮胎企业的生产过程特点鲜明,需解决的关键问题也比较清晰,面向轮胎企业 MES 在轮胎行业的推广应用有利于解决轮胎企业现存问题,对推动轮胎企业的两化融合有积极的作用。

4.1.3　轮胎企业流程标准与规范

企业生产的基础和发展的源泉是产品质量,而产品质量管理的依据和基础是企业标准化。在企业的各个生产和管理环节实行严格的产品标准化管理,将产品标准中的质量指标实现具体化和数字化,可以使各个生产和管理环节的资源协调一致,进而保证产品质量的稳定和提升。

轮胎企业可以通过直接实行轮胎行业、国家和国际的相关标准进行标准化的实施和运行,也可以根据自身的生产和管理状况,借鉴轮胎行业、国家和国际的相关标准,制订和实施自身的企业标准,使得企业的经济效益和社会效益最大化。在目前国内和国际轮胎市场竞争日趋激烈的情况下,企业自身的标准化工作没有开展或者开展的不够完善,将会导致企业自身的市场竞争能力逐渐下降,并被市场自然淘汰和抛弃。轮胎企业只有将标准化工作贯彻到企业生产和管理的每个环节,实现全面化、系统化和科学化的标准化管理,才能在当前市场生存下来,并逐步获得发展的机会和资源。

我国现行的轮胎相关标准有 300 多个,主要涉及农业轮胎、航空轮胎、轮胎检测、轮胎生产机械设备等多个方面。我国轮胎标准的国家标准和行业标准分为两种:强制性标准和推荐性标准。我国轮胎标准的管理体系如图 4.4 所示。

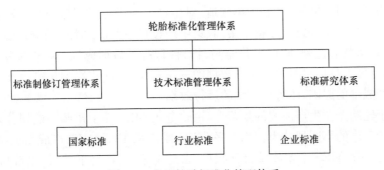

图 4.4　我国轮胎标准化管理体系

从当前的国际国内市场的发展来看,我国目前的这些标准已远远赶不上轮胎行业发展的速度,更达不到引导企业发展的目的。行业和国家标准的制订与修订需要一个逐步完善的过程,相对于轮胎市场的发展和变化,行业和国家标准的实现总是存在一定滞后的。所以,轮胎企业在日常的生产和管理过程中,需要及时响应市场的需求,制订符合企业自身发展的企业标准,保证轮胎产品质量的提升,争取更多的市场份额。轮胎企业在参与制订企业标准或推行实施标准的时候,应积极向以下几个方面发展。

(1) 加强企业标准化队伍的建设,建立企业自身的标准化管理部门,树立其权威性和统一性,系统地培养标准化管理人员和执行人员,使得标准化工作能够在轮胎企业有效地进行。

(2) 积极参与国家标准或行业标准的制订和修订工作。

(3) 由标准修订向标准创新推进。通过直接参与国际标准的修订可以及时了解国际上相关产业的发展动向,有利于将我国的标准纳入国际标准。虽然我国轮胎行业企业在近几年已经迈出了可喜一步,但距离标准国际化还非常遥远。全国轮胎轮辋标准化技术委员会自2003年开始组织的轮胎标准年鉴,已经得到了有关国家轮胎标准化组织的认可,取得了长足发展。

(4) 把握我国轮胎行业在市场规模上的优势,标准推广立足于国内市场,着眼于国际市场,尽快采用适合我国国情的国际先进技术标准,同时把我国具有优势的独特技术纳入国家标准并推向国际市场。

4.2 面向轮胎企业的 MES 总体框架与关键技术

4.2.1 轮胎企业 MES 总体框架与功能设计

轮胎企业的 MES 作为 ERP 系统的执行系统,将传统的轮胎生产现场管理实行透明化,强调整个生产过程的优化。如图4.5所示,MES 从 ERP 系统接收订单计划之后,要进行详细排产和工单派遣,对生产设备进行生产指令的下达和控制,同时还要对生产现场进行数据采集,收集生产过程中大量的实时数据,从而实现生产监测、设备状态监测、质量工艺监测、物料跟踪,最后形成生产报告发送给 ERP 系统,由管理人员通过对这些生产数据的分析和统计,找出影响生产进度、产品品质和生产成本的原因,改善生产线的运行效率。

由于轮胎企业生产流程的复杂性,轮胎企业 MES 除了按照功能划分外,还可根据生产工序的不同划分为密炼工序 MES、半制品工序 MES、产成品工序 MES。其中密炼工序 MES 主要涉及自动配料、密炼上辅机、密炼下辅机、原料和半制品库的管理;半制品工序 MES 主要涉及复合挤出、钢丝压延、轮胎钢圈、裁断、成型等工序和半制品库存的管理;产成品工序 MES 主要涉及硫化、质检、成品库的管理。

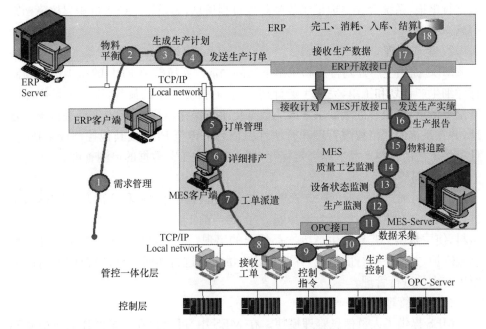

图 4.5　轮胎企业 MES 总体框架图

轮胎企业 MES 的主体功能包括围绕车间现场生产过程中的生产管理、工艺管理、设备管理、质量管理、库存管理、售后管理和轮胎全生命周期追溯等七大方面,如图 4.6 所示,及时收集车间生产的数据信息,控制生产流程,管理施工标准和工艺配方参数,可以规范现场人员操作,防止不良产品的出现。

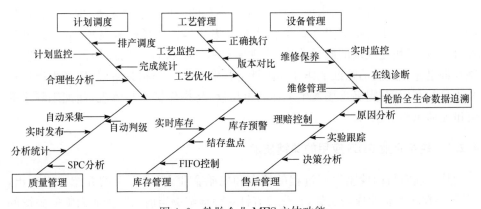

图 4.6　轮胎企业 MES 主体功能

1) 设备管理

MES 提供了设备管理模块。通过设备自身的传感器和控制机构,MES 可读取并记录设备运行的状态参数;如设备发生故障,操作人员可快速地使用系统对故障进行申报,系统会详尽地记录故障处置过程信息,为设备维护人员积累故障档案信息。

2) 生产管理

MES 提供生产计划排产和工单下达的功能。系统按照 ERP 的粗生产计划制订详细生产计划和工单,完成生产计划下达,并按照规定的流程,准确记录产品的质量点信息,将原有的纸面书写改为数据化永久保存,对工艺配方数据进行统一管理,并在系统的严格权限管理和合法性验证后下传至 PLC 或其他控制设备执行,且可将工艺信息与产品数据绑定保存,便于对历史工艺数据的追溯查询。

3) 物料管理

MES 可通过条码或 RFID 管理的方法对机台耗用物料和产出品的数据信息进行记录,并在生产时智能判断原料、产品与当前工艺、施工标准是否一致,防止用错料、使用错误工艺导致生产废次品情况的出现。同时,MES 还可对生产计划信息进维护,并记录执行的情况,并对产品产量数据进行实时准确的统计和保存,方便生产人员进行管理。

4) 人员管理

MES 提供了人员信息管理模块。在 MES 中,可保存和维护操作人员的基础信息,通过方便的交接班操作功能,准确地获取人员到岗离岗的信息;通过严格的权限分级控制管理,有效避免操作人对设备和生产运行关键参数的无意识改动,避免错误的发生;通过详细的操作日志记录功能,详细地记录对系统进行操作的人员、时间、内容等信息,方便对问题原因的查找。

通过实施 MES,轮胎企业可以在企业局域网内任一计算机远程监控工序机台生产运行情况;实现温度、压力、转速等重要参数的模拟量实时采集、保存及自动控制;对生产过程中各报警点参数进行实时采集并具备现场报警显示;数据长期保存,便于进行快捷准确的质量追溯;实现原材料—半制品—成品的标准化管理,追溯查询迅速、准确;消除纸上作业和因纸上作业所产生的相关错误;提高生产设备和人员的利用率;提高现场发生事件的可见度;使操作员有整体观,让加工顺序的资讯流通于整个现场。

4.2.2 轮胎企业 MES 应用的关键技术

从之前对目前轮胎生产过程的特点和轮胎企业 MES 框架的介绍可以看出,MES 要在轮胎企业成功实施,首先要有针对性地解决当前轮胎企业面临的关键问题,其中主要包括生产装备的控制优化、生产过程的计划调度、轮胎产品的安全保障和信息化发展的多系统并存问题。本书探讨的面向轮胎行业的 MES 针对这些问题提出相应的关键技术——生产过程的在线建模与控制、生产计划调度、生产过程追溯和系统集成,如图 4.7 所示。

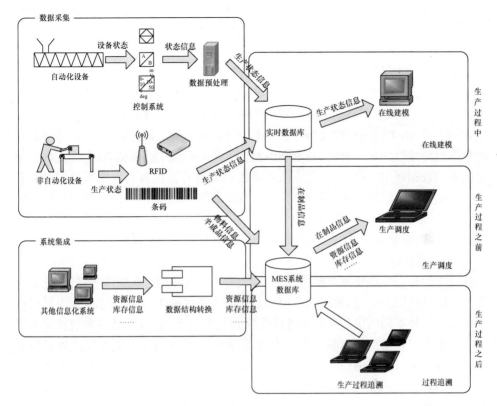

图 4.7　轮胎企业 MES 关键技术

1）在线建模与控制

从轮胎行业装备发展的特点来看,轮胎企业各个工序设备的自动化水平参差不齐,但大多主要工序已经实现自动化生产,如密炼、复合挤出、钢丝压延等,其中密炼工序控制过程相对比较复杂。胶料的混炼质量受原材料质量、压力、温度等参数的影响较大,混炼过程中控制各种参数的设定和调整将对终炼胶质量起决定性的作用。生产过程的实时数据采集与分析是提高控制水平的基础,根据实时数据进行的在线建模与控制对于生产质量的提高和生产效率的提高都有重要作用,所以轮胎企业各个工序实时准确地数据采集和在线建模与控制是轮胎企业 MES 应用的第一个关键技术。

2）生产计划调度

从轮胎行业生产过程的特点来看,生产计划调度历来是轮胎生产管理的核心。由于轮胎生产过程的复杂性和生产过程中众多不确定性因素的存在,目前轮胎企业的生产调度和控制工作完全由车间管理人员简单地依靠生产机台的运行状态和经验来完成,只能实现简单的任务拆分,难以实现企业资源的最优配置,所以设计高效的调度算法,并在此基础上完成具有可操作性的调度功能是 MES 在轮胎行业成功实施的第二个关键技术,也是构建现代化综合集成制造系统的关键。

3)生产过程追溯

从轮胎的产品特性来看,安全性是轮胎产品的最重要的产品属性,因此严格的质量控制是轮胎企业生产过程的又一重要特色。轮胎生产从原料投入到产品产出,每一个环节都有严格的质量标准,严格的质量控制对于轮胎产品是非常必要的,但由于轮胎生产过程的复杂性和各个工序信息系统之间的独立性,轮胎全流程的数据追溯难以实现。首先,各半制品制造工序与成型工序的信息缺失,造成了轮胎的生产数据断层,导致前后工序已经采集的大量有价值数据无法贯通;其次,各个工序生产的半制品批次和数量对应不规则,每两个相邻工序都有特定的对应比例,从而导致前后工序的物料对应关系复杂、容易出错。因此运用先进的数据采集和关联方法,对轮胎生产的全流程进行追溯是轮胎 MES 应用的第三个关键技术。

4)系统集成

从轮胎行业信息化发展的特点来看,经过了十几年信息化的发展,各个轮胎企业都从信息化完全空白,发展到多种信息化系统并存局面,并且在未来的发展过程中还会有各种不同的信息化系统将被应用到轮胎企业当中,所以各种信息化系统的集成是当前轮胎企业面临的另一个重要课题。MES 的一个重要任务就是将上层的管理系统与底层的控制系统连接起来,保持企业内信息流的通畅。但经过多年的积累,企业实施的信息化系统结构各不相同,如何将这些功能各异的信息系统集成起来是 MES 在轮胎企业成功实施的第四个关键技术。

结合轮胎行业装备特点、生产过程复杂性、产品特性和信息化发展历程,轮胎企业的 MES 应用以数据采集和建模优化为基础,以生产调度为核心,以质量追溯为保障,通过与 PCS 层和 ERP 层的有效连接,实现企业从生产现场管理到业务分析决策的全面信息。

参 考 文 献

高彦臣. 2003. ACS -ERP 系统在轮胎企业中的应用[J]. 橡塑技术与装备,29(1):48-53.

宁维巍,雷毅,仲华惟,等. 2009. 无等待排列流水车间提前/延期调度问题研究[J]. 北京邮电大学学报,32(6):72-76.

任德祥. 2008. MES 应用进展述评[J]. 自动化仪表,29(2):1-8.

王方智. 1999. 条码在轮胎工业中的应用[J]. 轮胎工业,19(3):176-177.

吴忠,高伟群,李京川. 2002. 自动识别技术在现代轮胎工业中的应用[J]. 轮胎工业,22(12):760-763.

Blanc P,Demongodin I,Castagna P. 2008. A holonic approach for manufacturing execution system design:An industrial application[J]. Engineering Applications of Artificial Intelligence,21(3):315-330.

Baloğlu A. 2008. A statement analysis on electronic manufacturing execution systems[J]. Journal of Naval Science and Engineering,4(1):43-59.

Monostori L,Erdos G,Kadar B,et al. 2010. Digital enterprise solution for integrated production planning and control [J]. Computers in Industry,61(2):112-126.

Valckenaers P,Van Brussel H,Verstraete P,et al. 2007. Schedule execution in autonomic manufacturing execution systems[J]. Journal of Manufacturing Systems,26(2):75-84.

第5章 轮胎生产流程实时数据监测及在线建模与控制

生产过程中的数据采集及建模与控制是制造企业实施 MES 的基础。本章从生产流程数据采集与生产过程在线建模的角度论述 MES 的关键技术。首先探讨自动化设备实时数据的采集方法与过程监控技术的发展,对目前现场网络通信技术和远程监控软件开发技术等进行介绍;然后论述轮胎生产中物料数据采集技术的应用并提出轮胎生产过程中实时数据的采集方案;最后探讨生产过程在线建模技术发展,提出基于核函数的自适应最小贡献淘汰在线建模方法并论述其在智能密炼系统中的应用。

5.1 生产实时数据监控技术发展

本节主要分析自动化设备的实时数据采集及过程监控技术的发展和在制造业应用的现状,并对远程实时数据监控相关技术进行介绍。

5.1.1 生产实时数据监控技术发展概述

信息化与工业化是人类文明进程中的两个重要发展阶段,是现代化的两个基本标志。信息化是建立在高度的工业化基础之上的,是工业化和科技进步到一定程度的结果。

现代制造业中的生产过程及设备的复杂程度越来越高,要控制其运行状态、设备状况就要综合大量的车间底层信息,利用多种信息处理手段,做出及时、正确的处理。因此,自动化设备的数据采集和过程监控技术成为生产过程管理的关键技术之一。在实际应用中,数据采集常常和工业控制联系在一起,形成一套完整的数据采集与过程监控系统。实时数据监控技术的发展大致经历了以下三个阶段。

1) 传统的数据采集与过程监控

传统的数据采集与过程监控是以纸质档案为主要手段。在加工工位,人员根据工序卡片和工艺图纸的要求进行加工,加工完成后,还要填写工序卡片。以纸质档案为手段的管理方法,存在以下不足:第一,工人操作不方便,填写工序卡片增加了工人的工作量;第二,随着产品数量的增多,纸质档案的保管和查询难度越来越大,并且容易出现记录错误和档案丢失;第三,通过纸质档案进行过程监控,信息明显具有滞后性;第四,对于纸质档案数据和信息的统计分析工作量大且效率低下,不利于管理决策的制定和反馈。

2）本地化的数据采集与过程监控

本地化的数据采集与过程监控系统是由插卡式、模块化或 USB 总线数据采集设备与相应的硬件平台相结合，配上前端的传感设备，在虚拟仪器软件的控制下，完成本地化数据采集的功能，如图 5.1 所示。本地化的数据采集与监控系统与传统的数据采集方法相比，优点是可以避免手工信息录入方式造成数据的滞后、错误和丢失，提高企业的生产效率和管理水平，其功能明确、单一，直接在本地完成数据采集和相应的后期处理，可以满足一定规模需求。但同时本地化的数据采集与过程监控也有其缺点，采集系统对工业现场的要求较高、缺少网络功能、可扩展性较差、日常维护工作繁琐、采集成本高、不易进行大量数据的并行采集。

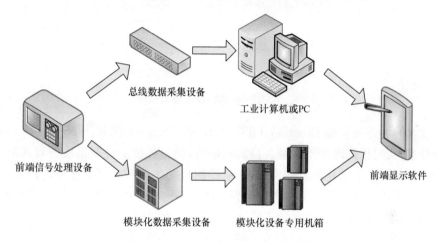

图 5.1   本地化数据采集和过程监控

3）网络化的数据采集与监控系统

计算机与网络技术的进步，极大地促进了工业的发展。各种基于网络技术与分布式概念的系统大量应用于工业实践，带来了许多变化和影响，作为现代工业技术的一个重要支撑技术和组成要素，数据采集技术近几年来越来越受到人们重视，许多新的监控方法不断涌现出来。网络化的数据采集与监控系统，其结构图如图 5.2 所示。利用计算机网络技术、总线技术将分散在不同位置、不同功能的测试设备集成在一起，加上服务器、客户端以及数据库，组成测控局域网系统，实现复杂、相互结合的监控系统。

网络化的数据采集与监控系统不但具有本地化的数据采集与过程监控的优点，而且由于其具有网络连接特性，可以实现设备数据的分布式测量和集中式管理，不但数据采集便利，而且扩展性也比较好，与以往的技术相比，其在大规模的数据采集方面具有非常大的优势。

目前随着网络技术和 Internet 的广泛应用，尤其是现场总线技术和网络技术、

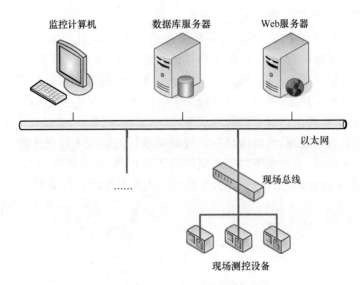

图 5.2　网络化的数据采集与监控

软件技术的大力发展如 Ethernet、OPC、ActiveX、Internet 技术、Web 技术等,网络安全技术、实时数据库等不断融入自动化系统,使得传统的控制系统向着开放性、智能化、网络化、集散化的方向发展,工业控制自动化和信息自动化最终将无缝集成到一起形成企业综合自动化远程监控系统。新的框架体系建立在控制自动化的基础上,通过与企业综合自动化不断融合,使得远程监控的作用和范围得到了极大的拓展,从生产过程运行参数的监督到现场生产过程的远程诊断、调试、控制,到现场测量控制设备功能的远程组态、整定、故障诊断和维护,由单台设备现场监控到全厂、远程实时监控,基于网络环境的远程监控技术得到了广泛应用。

　　计算机集成化生产系统目前按照"两种模式、三层结构、多功能"的方向发展(如图 5.3 所示)。两种模式指系统支持 Client/Server(C/S)、Browser/Server(B/S)两种工作模式,可在本地和远程运行。三层结构即企业管理决策系统层(ERP)、生产执行系统层(MES)、过程控制系统层(PCS)三层结构。基于现场总线的监控和先进控制处于过程控制层,生产调度处于生产执行系统层,生产计划处于管理决策层。这种系统的多功能主要指系统包括实时数据平台、现场总线设备管理、现场总线控制组态、本地/远程过程监控等多项功能。

5.1.2　网络通信技术及应用

　　下面通过分析现场总线技术、以太网技术的优缺点,结合各类技术在轮胎生产现场应用情况和效果对网络通信技术的应用加以分析,希望能为轮胎企业工业现场数据通信网络的选择和方案制订提供参考。

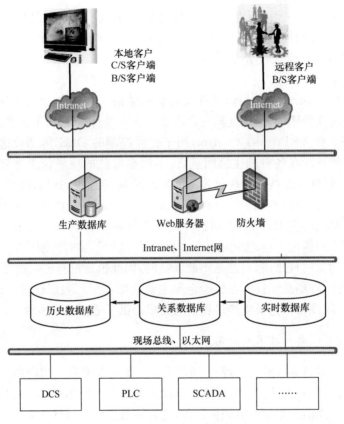

图 5.3　远程监控系统框架图

5.1.2.1　现场总线技术

现场总线(Fieldbus)是 20 世纪 80 年代末、90 年代初国际上发展形成的,用于过程自动化、制造自动化、楼宇自动化等领域的现场智能设备互连通信网络。它作为工厂数字通信网络的基础,沟通了生产过程现场及控制设备之间及其与更高控制管理层次之间的联系。它主要解决工业现场的智能化仪器仪表、控制器、执行机构等现场设备间的数字通信以及这些现场控制设备和高级控制系统之间的信息传递问题,现场总线具有简单、可靠、经济实用、准确及时的传递数据等一系列突出的优点。目前现场总线技术还存在以下问题。

1) 开放性

开放性是现场总线系统的主要特点之一,但各种现场总线本身虽然是开放的,不同种类现场总线之间却是不开放的。

2）国际标准方面

目前现场总线的国际标准已有12种之多，而且还有增加的趋势。至于世界各国，各个大型厂商的标准更多。面对众多的标准，在工程方案设计和实施的时候，往往感到困惑而无所适从，造成系统集成的各种困难。

3）互操作性

互操作性（Interoperability）是现场总线系统的又一特点，但不同种类现场总线之间是不可互操作的，虽然他们可以通过互联网进行相互访问，或者通过各自主机的OPC（OLE for Process Control，用于过程控制的OLE）等协议进行互操作，但这种互操作只能在各自的主机间进行，不能在彼此的现场仪表之间直接进行。也就是说，甲种现场总线的现场仪表不能与乙种现场总线的现场仪表直接进行互操作，而甲种现场总线的现场仪表必须先通过自己的主机，再借助于OPC协议到达乙种现场总线的主机，再下达到乙种现场总线现场仪表的目的地。反之亦然。这种互操作必须通过上述的曲折途径才能实现，这对于实时控制（Real Time Control）所要求的实时性来讲，显然是不能满足的，因此也是没有实际意义的。

综上所述，现场总线技术在轮胎企业主要应用在工厂底层设备之间的通信网络，为车间底层设备信息及生产过程信息集成提供了通信技术平台。

5.1.2.2　以太网技术及应用

以太网（Ethernet）最初出现于1975年，工业以太网总线和局域网是一致的，它采用统一的TCP/IP协议，避免不同协议间通信不了的困扰，它可以直接和局域网的计算机互连而不要额外的硬件设备，它方便数据在局域网的共享，通过它可以用IE浏览器直接访问终端数据，而不要专门的软件，它可以和现有的基于局域网的ERP/MES等管理系统实现无缝连接；并且特别适合远程控制，配合电话交换网和GSM、GPRS无线电话网实现远程数据采集，它采用统一的网线，减少了布线成本和难度，避免多种总线并存。工业以太网总线正因为有诸多的优点，在国内外得到了迅速的普及，现在已经有大量的配套产品在使用。以太网在自动化行业中的应用可划分为两个层次。一是工厂自动化技术与IT技术结合，与互联网Internet技术结合，成为制造业电子商务技术、网络制造技术基础；二是将以太网技术应用于工业过程的底层控制，也就是设备层（或称为现场层）的应用。与现场总线技术相比，以太网技术在满足工业网络通信的实时性和确定性要求方面还须改进和完善。确定性指站点每次得到网络服务间隔和时间是确定的；实时性指网络分配给站点的服务时间和间隔可以保证站点完成它确定的任务。

标准以太网还具有传输不确定性的特点，即任何变量都不能完全确保在合适时间内发送成功。除此之外，为了分辨无效帧，以太网还有可能造成带宽浪费；不符合工业现场环境要求；不具备本质安全性能；不能通过信号线向现场仪表供电等缺陷,因此以太网在工业控制领域方面的应用还有很多需要改进和完善的地方。

以太网在工厂自动化车间监控层及管理层将成为主要应用技术,特别是采用 TCP/IP 协议可与互联网连接,是未来信息化工厂的技术基础。在设备层,在没有严格的时间要求条件下,以太网可以是一项较好的选择。在以太网能够真正解决实时性和确定性问题之前,大部分现场层仍然会首选现场总线技术。

通过上述分析可以看到,以太网具有现场总线所没有的特性,现场总线又具有以太网所缺乏的特性,现场总线和以太网可以互相补充,因此所有的主要总线技术组织大都包括现场总线和以太网。OPC 提供的特性是这两者都不具备的。现场总线用于现场层的仪器仪表;以太网不仅作为自动化系统的控制主干,而且还应用于企业的更高层。OPC 是软件对软件的通信,而现场总线和以太网是硬件对硬件的通信。

5.1.3　OPC 技术的产生及应用

5.1.3.1　OPC 技术的产生

OPC 是一套以 OLE、COM、DCOM 技术为背景,基于 Windows 操作平台,为工业应用程序之间提供高效的信息集成和交互功能的组件对象模型接口标准。OPC 实质上是提供了一种机制,通过这种机制,系统能够以服务器/客户端标准方式从服务器获取数据并将数据传递给任何客户应用程序。它的目的是使过程控制工业中的自动化控制应用程序、现场系统、仪表以及商业办公应用程序之间有更强大的互操作性和兼容性。

5.1.3.2　OPC 技术在监控系统中的作用

OPC 技术对监控系统影响和应用是基础性和革命性的,简单地说,OPC 技术应用于监控系统的作用主要表现在以下几个方面。

首先,OPC 解决了设备驱动程序开发中的异构问题。随着计算机技术的不断发展,用户需求的不断提高,以 DCS(集散控制系统)为主体的工业控制系统功能日趋强大,结构日益复杂,规模也越来越大。一套工业控制系统往往选用了几家甚至十几家不同公司的控制设备或系统集成一个大的系统,但由于缺乏统一的标准,开发商必须对系统的每一种设备都编写相应的驱动程序,而且,当硬件设备升级、修改时,驱动程序也必须跟随修改。有了 OPC 后,由于有了统一的接口标准,硬件厂商只须提供一套符合 OPC 技术的程序,软件开发人员也只须编写一个接口,而用户可以方便地进行设备的选型和功能的扩充,只要它们提供了 OPC 支持,所有的数据交换都通过 OPC 接口进行,而不论连接的控制系统或设备是哪个具体厂商提供。

其次,OPC 解决了现场总线中异构网段之间数据交换的问题。现场总线系统仍然存在多种总线并存的局面,因此系统集成和异构控制网段之间的数据交换面临许多困难。有了OPC作为异构网段集成的中间件,只要每个总线段提供各自的OPC服务器,任一OPC客户端软件都可以通过一致的OPC接口访问这些OPC服务器,从而获取各个总线段的数据,并可以很好地实现异构总线段之间的数据交互。而且,当其中某个总线的协议版本做了升级,也只须对相对应总线的程序作升级修改。

再次,OPC可作为访问专有数据库的中间件。实际应用中,许多控制软件都采用专有的实时数据库或历史数据库,这些数据库由控制软件的开发商自主开发。对这类数据库的访问不像访问通用数据库那么容易,只能通过调用开发商提供的API函数或其他特殊的方式。然而不同开发商提供的API函数是不一样的,这就带来和硬件驱动器开发类似的问题:要访问不同监控软件的专有数据库,必须编写不同的代码,这样显然十分烦琐。采用OPC则能有效解决这个问题,只要专有数据库的开发商在提供数据库的同时也能提供一个访问该数据库的OPC服务器,那么当用户要访问时只须按照OPC规范的要求编写OPC客户端程序而无须了解该专有数据库特定的接口要求。

最后,OPC便于集成不同的数据,为控制系统向管理系统升级提供了方便。当前控制系统的趋势之一就是网络化,控制系统内部采用网络技术,控制系统与控制系统之间有网络连接,组成更大的系统,而且,整个控制系统与企业的管理系统有网络连接,控制系统只是整个企业网的一个子网。在实现这样的企业网络过程中,OPC也能够发挥重要作用。在企业的信息集成,包括现场设备与监控系统之间、监控系统内部各组件之间、监控系统与企业管理系统之间以及监控系统与Internet之间的信息集成,OPC作为连接件,按一套标准的COM对象、方法和属性,提供了方便的信息流通和交换。无论是管理系统还是控制系统,无论是PLC(可编程控制器)还是DCS,或者是FCS(现场总线控制系统),都可以通过OPC快速可靠地彼此交换信息。

5.1.4 数据库技术及在MES中的应用

5.1.4.1 实时数据库技术

对于轮胎生产实时数据(非结构化数据)比较适合采用实时数据库。实时数据库数据采集的源头有现场DCS系统,组态与PLC系统组成的控制系统,以及专用的数据采集系统(SCADA)等。

比较典型的应用场景如:对生产设备状态、故障报警等数据采用实时数据库进行处理,一方面满足设备监控和故障处理实时性要求;另一方面由于该类数据量大,数据具有时间轴特性,可充分利用实时数据库对大数据里压缩存储特性进行优化处理。轮胎企业属于高耗能企业,为了实现对水、电、风、气等能源管理,需要对现场的能源计量设备进行监视和控制,以实现数据采集、设备控制、测量、参数调节以及各类信号报警等各项功能,如图 5.4 所示。通过搭建实时数据库集成平台,促进生产管理从静态化向动态化转变。

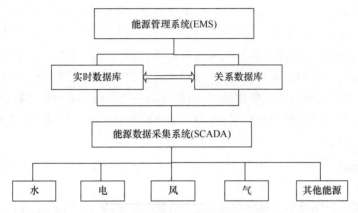

图 5.4　实时数据库在能源管理系统中作用

5.1.4.2　关系型数据库技术

在以实现市场资源有效利用和共享,改善企业经营管理环境,提高经营管理能力为目标的信息化过程中,企业实施了以企业资源计划(ERP)系统、客户关系管理(CRM)系统、办公自动化(OA)系统为代表的信息化系统。随着外部环境的改善,橡胶轮胎企业经营管理重点逐步转移到以内部精益生产、高端制造为目标,通过实施制造执行系统(MES),积极推进"信息化与工业化的深度融合"。在应用上述信息化管理系统过程中,关系型数据库得到了广泛的应用,并起到了关键的促进作用。典型的数据库有:微软 SQL Server 系列数据库、甲骨文 Oracle 数据库、IBM的 DB2 等。通过搭建数据集成平台实现"信息资源从分散化向集成化应用的转变"。

5.1.4.3　数据仓库技术

轮胎企业的 MES 所产生的数据属于典型的强时变性联机事务处理型数据,而且具有数据量大、增长迅速的特点。以某轮胎厂为例,其目前的子午胎年产量接近千万级,由于数字信息管控一体化网络的应用,每条轮胎的生产信息贯穿于多个工艺的控制系统和出入库物流系统,企业每年积累的业务数据也在 TB 量级。系统经过多年积累的业务数据中蕴含了大量未被发掘的极具价值的信息和知识,这些信息和知识可以用于优化生产运作、提高管理效率、改善制造工艺、提高产品质量合格率,其价值对企业来说是巨大的,它能够给企业带来的直接和间接经济效益是难以估量的。

通过建设企业级数据仓库,我们可以对业务数据进行集成、清理和统一管理,将分析型数据从高性能联机事务处理方式中分离出来,使其便于应用联机分析处理技术和数据挖掘操作。在此基础上,对数据进行深层次的计算和分析,可以为管理人员提供来自第一手业务数据的决策支持信息,从数据的角度回答生产管理过程中面临的问题,使管理人员的决策过程更加有据可依。对经过集成的、统一化的数据使用基于人工智能原理的数据挖掘与知识发现方法,通常能够发掘出之前未曾意识到、未曾考虑到的现象和规律,为企业的生产管理和业务决策提供新的启示和依据。因此,数据仓库的建设与应用对于推动企业信息化建设向智能化、科学化方向发展,提高企业的核心竞争力具有极为重要的意义。

作为决策支持系统(Production Decision Support System,PDSS),数据仓库系统包括以下技术。

(1) 数据仓库技术。数据仓库就是面向主题的、集成的、稳定的、不同时间的数据集合,用以支持经营管理中的决策制定过程。

(2) 联机分析处理技术(On-Line Analytical Processing,OLAP),是使分析人员、管理人员或执行人员能够从多个角度对原始数据中转化出来的、能够真正为用户所理解的、并真实反映企业维特性的信息进行快速、一致、交互的提取,从而获得对数据更深入了解的一类软件技术。

(3) 数据挖掘技术(Data Mining,DM),是指从大量的、不完全的、有噪声的、模糊的、随机的数据中,提取隐含在其中的、事先不知道的、但又是潜在有用的信息和知识的过程。

数据仓库弥补了原有的数据库的缺点,将原来的以单一数据库为中心的数据环境发展为一种新环境:体系化环境。通过建设集中的数据中心和数据仓库,利用数据库管理系统强大的分布式数据管理和现在非常热门的数据库 OLAP 技术,进行行业数据的统一标准、统一管理和数据挖掘等工作,并逐步通过对数据的细致分析和挖掘,同时利用其他相关技术形成适合行业的知识管理中心,并为行业的市场发展提供所谓的竞争情报,使得数据库管理系统在行业的生产经营活动中发挥更大的作用,提高行业的生产经营管理水平,提升行业的核心竞争力,促进行业健康持续发展。

根据轮胎企业范围正常运行所需的各类数据采集、存储、用途及应用层次等不同特征,信息化软件系统选择不同的数据库平台进行数据存储、查询,从而搭建衔接管理、生产、控制系统的数据平台体系。

5.1.4.4　数据挖掘技术与 MES 集成应用

1) MES 功能层次划分

根据轮胎企业业务层次特点对现有 MES 的功能层次进行了分析,把 MES 划分为 5 个层次(图 5.5),从底层到上层分别如下。

控制层:直接控制现场的操作设备,实现修改现场生产设备、仪器仪表等装置运行参数等功能,直接控制设备运行。在企业没有应用 MES 之前,对于设备的控制主要通过现场控制系统提供的人机界面(Human Machine Interface,HMI)实现,人员需要到现场才能完成操作;在应用 MES 后,操作指令可通过 MES 在远程实现参数调整,并通过监控层提供的功能实时看到修改后的效果。

监控层:进行现场数据采集,以及设备的监控。如对电机电流参数进行采集、监控,分析电流变化规律,对超出电机电流容许范围外的异常状态进行报警,同时根据电流超出范围等级,可通过控制层来控制电机启停,从而保证电机的稳定运行。

调度层:协调和保证生产有序的进行;根据监控层对轮胎生产制造元素(人、机、料、法、环等)的实时监控数据,调度层根据企业战略和生产目标,动态调整生产计划,实现轮胎制造过程的稳态生产,保证生产和经营目标的达成。

管理层:对整个制造执行系统进行信息管理;通过轮胎企业 MES 串联生产过程各环节,实现的轮胎生产全过程的闭环管理。

生产决策层(Production Decision,PD):提供数据分析和智能预测,为确定轮胎企业的生产方向、生产目标、生产方针及生产方案的过程或职能提供决策支持。

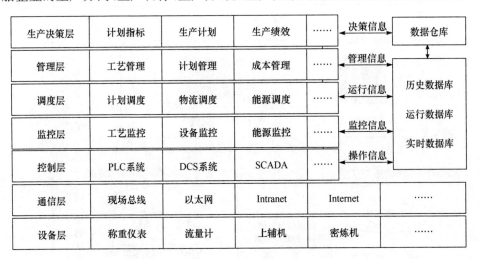

图 5.5　轮胎企业 MES 应用层次模型

在轮胎企业 MES 中，前四个层次主要负责事务性数据的采集和管理。进行即时信息的处理，而决策支持层则须考虑决策支持系统的功能特征：既有历史数据又有即时数据的知识库；能够与用户进行交互提供多种决策的方案；能够获得新的信息；能够进行数据的维护。这四项功能特征恰好是生产决策支持系统（Production Decision Support System，PDSS）的核心功能在决策支持系统中应用的价值所在。

2）MES 与数据挖掘集成方案

MES 与数据挖掘系统集成的体系结构主要由 MES 业务子系统、业务数据库、数据转换工具、数据仓库、OLAP 分析工具、数据挖掘工具和决策支持子系统组成。整个系统基于 Web Services 体系架构，在 MES 各个业务子系统上集成商务智能。子系统中的海量数据经过抽取、清洗、转换、加载等过程，转换为分析型数据，加载到数据仓库。数据仓库中的数据根据不同的实际要求，再经抽取、综合、加载而进入不同的数据集市。成为经营、管理和决策的数据库。利用 OLAP 和数据挖掘技术对数据仓库或数据集市中的数据进行分析和处理。分析和处理的结果，可以直接提供给用户，也可以作为知识进入决策支持系统的知识库，知识库中的知识通过推理机中的推理规则，产生推理结果，提供给管理决策者（图 5.6）。

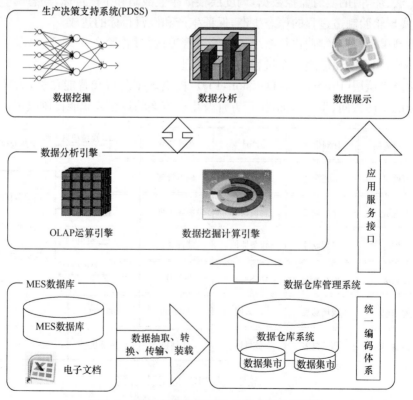

图 5.6　MES 与数据挖掘技术集成的体系架构

3）MES 与数据挖掘集成应用案例

（1）集成体系架构。

ISA95 MES 标准中定义了企业的工厂物理模型,主要包括组成制造企业的单元企业、工厂、车间、工作中心、工作单元等,下面结合国内轮胎企业实际情况,在集团架构下,轮胎企业拥有多个生产工厂,针对系统不同的层次、应用对象搭建多层数据挖掘体系(图 5.7)。

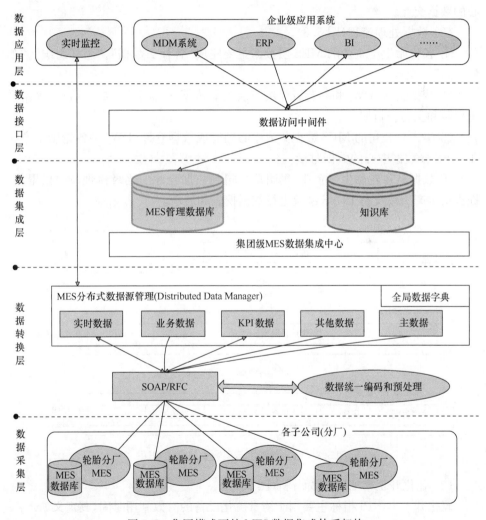

图 5.7　集团模式下的 MES 数据集成体系架构

其中各层次功能说明如下。

① 各企业 MES 数据首先存储在各企业本地数据中心;同时根据集团总公司管控要求把集团总公司所需数据集成到集团总部。

② 集团总公司管控数据通过总部数据中心接口传递给各企业 MES。

③ 由基于总部 MES 数据集成中心的接口系统对外提供数据交互。

④ 通过数据接口平台技术(如 Web Services、SAP 的 XI 等技术),建立与生产决策 PDSS 系统的数据交互通道。

⑤ 将不同企业的所需数据接口建设成为标准的 Web Services 服务或者 RFC 服务双向通道,可按需、实时获取/提交所需信息,实现与集团总公司 MES 数据中心的数据交互。

(2) 数据处理流程(图 5.8)。

① 各轮胎生产企业的 MES 层数据主要完成"有什么数据"、"怎样组织"、"如何分布"等职责。

② 数据仓库(DW)和制造智能决策层主要依据业务需要和数据需求,确定系统界限和主题分析域。

③ 集团总公司的 MES 数据集成中心则完成数据仓库(DW)和各轮胎生产企业 MES 分数据中心的数据对接。

④ 数据从各轮胎生产企业、集团总公司到数据仓库的逐级梳理、汇总、聚集,提供给生产决策支持 PDSS 系统进行数据挖掘和展示。

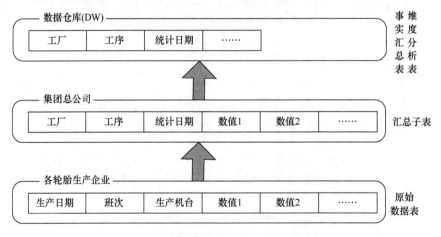

图 5.8　制造智能决策层数据处理流程图

(3) 硫化开工率 KPI 指标分析(图 5.9)。

硫化开工率 KPI 指标主要用于衡量硫化设备的有效利用时间,其定义如下:

硫化开工率=[(正硫化时间+标准工艺间隔时间)×生产数量]/(总时间-计划停机时间)×100%

通过对大量生产数据进行数据挖掘分析,还可以从数据的角度客观地展现其中蕴含的规律和知识,为管理者提供决策支持和启示。针对硫化开工率 KPI 指标

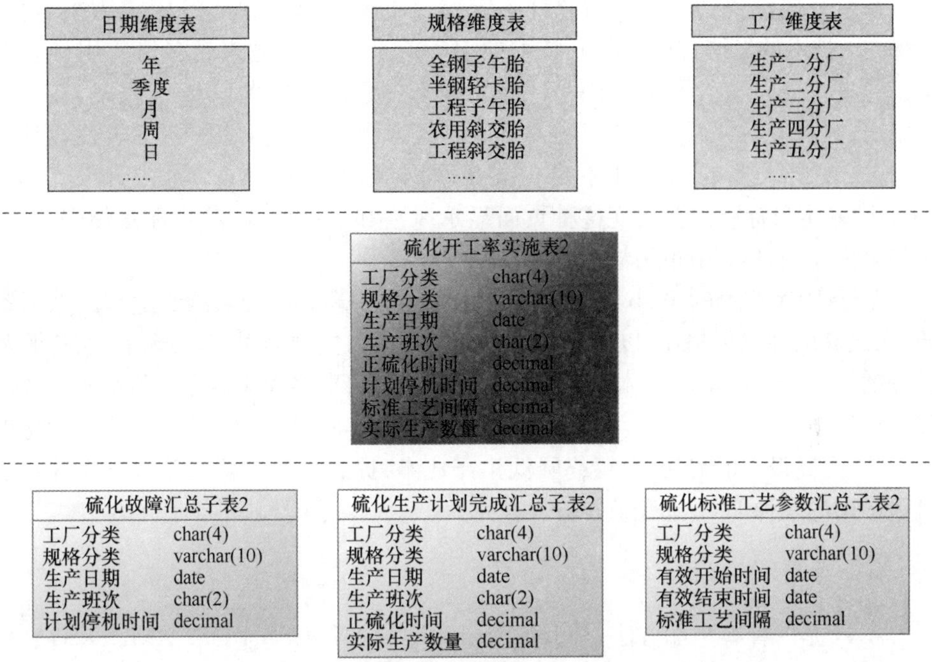

日期维度表
年 季度 月 周 日 ……

规格维度表
全钢子午胎 半钢轻卡胎 工程子午胎 农用斜交胎 工程斜交胎 ……

工厂维度表
生产一分厂 生产二分厂 生产三分厂 生产四分厂 生产五分厂 ……

硫化开工率实施表2	
工厂分类	char(4)
规格分类	varchar(10)
生产日期	date
生产班次	char(2)
正硫化时间	decimal
计划停机时间	decimal
标准工艺间隔	decimal
实际生产数量	decimal

硫化故障汇总子表2	
工厂分类	char(4)
规格分类	varchar(10)
生产日期	date
生产班次	char(2)
计划停机时间	decimal

硫化生产计划完成汇总子表2	
工厂分类	char(4)
规格分类	varchar(10)
生产日期	date
生产班次	char(2)
正硫化时间	decimal
实际生产数量	decimal

硫化标准工艺参数汇总子表2	
工厂分类	char(4)
规格分类	varchar(10)
有效开始时间	date
有效结束时间	date
标准工艺间隔	decimal

图 5.9 硫化开工率 KPI 指标数据模型定义

的分析可以快速发现问题,找出产能瓶颈并快速制定对策,因为轮胎企业生产模式的选择、快速转变以及柔性生产目标等的达成是建立在工厂的快速反应能力基础之上。再比如,利用聚类分析的数据挖掘方法对密炼生产过程中生产的大量历史数据与质检数据进行挖掘,可以分析造成胶料质检不合格的原因。造成母炼胶或终炼胶各项质检结果波动的因素有很多,其中有设备因素、环境因素、工艺参数因素以及人为操作因素等。胶料质检不合格的也分为多种情况,可能是某一项指标不合格,也可能是多项指标同时不合格。负责质量控制的技术主管在检测不良品的过程中,目前只能凭借个人经验进行判断,然后对某些因素进行干预,因此非常希望了解生产变量因素与炼胶质量不合格现象之间的潜在关联规则,或者从数据的角度验证一些人为的经验和猜测。通过使用聚类分析的方法,围绕现有系统中的“车报表”数据建立中心事实表,使用星型模型将密炼过程的质检和其他历史数据进行关联,把每一车的数据作为一个样本点,可以利用聚类算法发掘并展现各个生产变量与质检结果之间的关联关系。通过实施应用 MES 和数据仓库等系统和技术,实现控制和生产过程从经验化向知识化转变。

5.1.5 Web 远程监控程序开发技术及应用

轮胎企业的工业控制设备,大部分具有硬件和软件系统,软件系统能监视控制硬件系统完成设备功能。以前软件系统监控主要以单机和 C/S 模式为主,随着 Internet 技术的发展,基于 Web 技术的 B/S 模式的系统越来越多地应用到企业中。早期主要以文本传输为主的 HTTP 静态页面访问技术和 Web 服务,在界面更新、数据交互、页面布局、多任务页面切换等方面,无论是对用户还是开发设计人员,均表现出太多的局限和不足。富互联网应用(Rich Internet Applications,RIA)的基本目标就是要改变这种页面显示风格和交互模式,其目标是使 Web 应用与桌面应用具有相同的体验效果。

基于 RIA 技术的 Web 实时监控系统充分利用现有的局域网资源和广域网资源,以最高的性能价格比,以信息的实时获取和实时控制为中心,实现信息、资源及任务的综合共享和全局一体化的管理。该类系统将更多地应用在轮胎企业生产过程的管理中,专业技术人员可以通过互联网来管理和维护生产过程、监控和优化生产工艺、提高设备的可用率,最终降低生产成本、提高生产经营效益。下面就介绍目前常用的几种 Web 远程监控开发技术。

5.1.5.1　Ajax 技术

Ajax 是一种客户端方法,是 JavaScript、XHTML、CSS、DOM、XML、XSTL 和 XMLHttpRequest 等多种现有技术的综合,可以与 J2EE、.NET、PHP 等脚本交互。通过调用 HttpRequest 实现与服务器的异步通信,完成客户端网页的动态更新。

随着"两化融合的深入推进",企业管理向"管控一体化"方向发展,"可视化"成为信息化的基本要求,这对生产过程的远程实时监控提出更高要求。随着现场总线、以太网等技术在工业生产现场应用越来越成熟,网络通信的可靠性、实时性得到了保证。原有的 Web 监控刷新以页面为单位,服务器和网络通信负担较重,界面刷新延迟较大;目前用户要求在一个监控画面上同时显示多类监控数据和画面,各监控界面刷新机制和频率要求不同,同时用户要求更多的交互功能;Ajax 技术正好能够解决上述问题。Ajax 的原则是"按需获取数据",同一界面的不同区域可以根据实际需求定义自己的数据获取机制和频率,以更高的效率提升监控的实时性和交互性(图 5.10)。Ajax 采用新的刷新机制,其在刷新时不会出现传统界面刷新时出现的白屏现象,在读取数据的过程中仍显示原有数据,在数据读取后的更新瞬间完成,用户感觉不到数据更新的停顿和延迟,提高了可用性,提升了用户体验。

5.1.5.2　Flex 技术

Flex 技术是目前最流行的 RIA 开发技术之一,它是开发 Web 应用的有效工具。Flex 框架的基本模型如图 5.11 所示。其基本原理是:通过 Flex 编译器将 MXML 文件编译成 SWF 文件,然后由 Flash Player 执行该 SWF 文件。

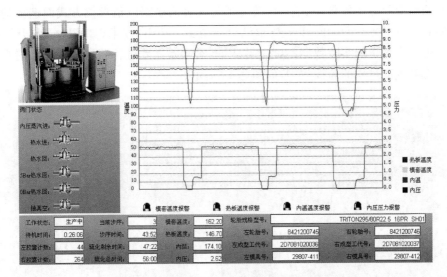

图 5.10　基于 Ajax 技术的远程监控画面

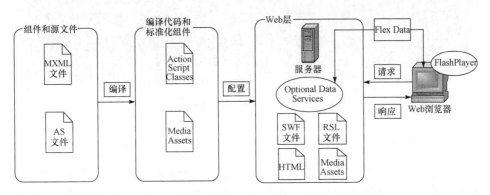

图 5.11　Flex 框架结构图

在企业级应用当中,Flex 采用 N 层架构和面向服务的应用程序体系结构,在使用模型/视图/控制器(MVC)设计模式时,可以将表示逻辑从业务逻辑中分离出来,控制器负责处理用户交互逻辑,服务器端业务逻辑控制器负责业务逻辑的处理;同时 Flex 技术很好地解决了传统 Web 页面同一代码在不同的浏览器或同一浏览器的不同版本下会有不同的外观和不同的动作效果的问题。客户端的开发是 Flex 开发企业级 Web 应用系统的一大强项,其采用模块化的开发模式,使开发的应用功能模块划分更加清晰,提高可用性;基于事件的响应机制,丰富了应用系统与客户交互方式;同时 Flex 技术提供了一种新的数据关联机制——数据绑定,即把数据库中的一个数据对象和另一个组件对象或事件对象关联起来,当数据对象发生变化时,会向 Flex 发出某种事件;Flex 捕捉到这个事件后,会触发"绑定",实现页面对象及数据的自动更新;这改变了传统页面刷新以请求拉方式而造成的事件实时性响应不足问题,Flex 技术结合推方式(Push)技术(如 BlazeDS 开源框架),带来了真正的实时数据系统应用,Web 客户不需要进行前台页面刷新请求就可以得到生产过程的监控数据,如图 5.12 所示。

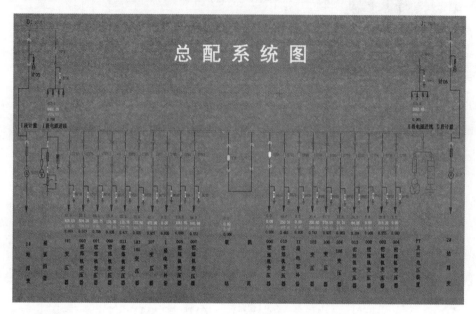

图 5.12　基于 Flex 技术的能源监控画面

5.1.5.3　Silverlight 技术

Microsoft® Silverlight 是 Microsoft 公司在.NET Framework 平台上实现为 Web 和移动设备构建和显示下一代多媒体体验和丰富的交互式应用程序(RIA)的一种跨浏览器、跨平台的插件。Silverlight 技术是一种新的 Web 表现层技术,其跨平台的用户体验和可扩展的编程模型分别起到了统一服务器、Web 和桌面统一托管代码和动态语言、声明性编程和传统编程以及 Windows Presentation Foundation (WPF) 的功能,并通过结合音视频、动画、交互以及炫丽的用户界面为 Web 应用程序提供精彩的多媒体创意和丰富的交互式环境。

Silverlight 在开发企业应用时,主要用于开发实时监控、数据查询和互动式的报表展示等功能,如图 5.13 所示。

5.1.6　实时数据监控技术在制造业的应用现状

随着计算机技术、控制技术、通信技术的发展,工业控制设备发生了巨大的变化,分布式控制系统、可编程控制器、工业控制计算机、智能调节器等逐步取代了传

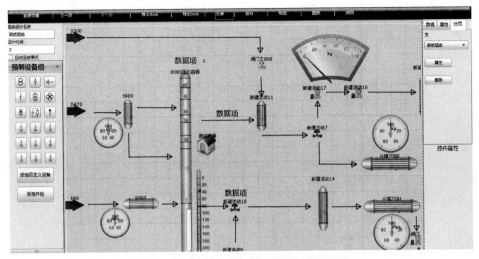

图 5.13　基于 Silverlight 技术的监控配置画面

统的模拟式控制仪表。流程工业自动化控制的发展,使得生产过程的底层自动化监控逐渐完善,这些控制系统具有灵活的配置,模块化、开放式的结构,强大的运算能力和通信功能,极高的可靠性,开发手段十分完善,维护也很方便。由各种监控组态软件组成的监控平台使用底层系统采集的信息,完成对生产状况的监视、报警和日记预测。但是,目前的监控平台大多数还是相互独立的,它们依靠各自的底层控制和数据采集系统,大多针对单个车间或流程,而这些信息的孤岛又由于各自不同的监控平台,难以互相联系、实现数据共享,因此对于整个企业,各自的信息存储于一个个信息孤岛上。

　　根据制造过程的特点,制造业可分为离散制造、流程制造和混合制造三种类型。对连续制造业的生产过程监控研究得比较多,也有了一定的理论基础和应用案例。胡友民等(2002)结合远程监控与诊断技术在现代制造业中的重要作用,分析了远程监控与诊断技术实现的三种模式,提出并分析了运用远程监控与诊断技术进行在线监测与诊断的七个质量评价指标,提出了一种远程监控与诊断系统模型。唐鸿儒等(2003)分析了基于 Internet 技术的远程监控系统的软件体系结构,对远程监控系统开发中涉及的多用户并发、ActiveX 控件开发与发布、现场远程监控代理软件设计等进行了讨论。章兢等(2000)根据企业现场实际情况,设计并实现了一种面向矿厂的基于 C/S 结构的工业生产过程实时监视与信息管理系统。胡晓冬等(2003)研究了基于 CCD 视觉的钢铁成型过程监控,并采用模糊 PID 的控制策略对焊接熔池进行控制,改善成型质量。黎洪生等(2002)对数据挖掘技术在过程监控中的应用进行了探讨。朱全博等(2006)以石油炼制企业为背景,提出了基于智能体的生产过程监控与管理系统的框架结构,开发了一个生产过程监控与管理系统。在离散制造业中生产监控的研究还比较少,姜莉莉等(1999)介绍了一个实用化的单件小批生产条件下车间作业计划与调度监控集成系统,实现了车间物流实时仿真及调度监控,减少了材料和劳动力的消耗。任伟等(2000)提出了一种面向汽车组装过程的新型制造企业工业现场远程监控系统实现思想,同时介绍了系统实现的关键技术。陈春宝等(2003)结合我国离散制造企业的实际情况,建立了生产管理系统的层级模块化结构,并详细阐述了各层模块的主要功能,提出了系统集成化方法,实现生产计划的实时调度以及生产过程的实时控制。李守葆(2001)介绍了一种应用于离散制造业的触摸屏监控的 PLC 网络系统。

总体来讲,我国自动化设备实时数据采集和监控在制造业的应用尚不成熟,虽然在高校研究领域取得了一定成果,但真正在制造企业应用并取得效益的并不多,大多还停留在理论分析与研究阶段。

网络化使远程观测、远程信息反馈、远距控制、复杂市场的多方面跟踪监测成为可能,工业社会时代的流水线生产方式将被设计研制、施工生产、销售一体化的生产方式所取代。计算机网络技术的飞速发展,使远程监控技术的研究进入到一个新的领域——网络远程监控,使远程监控技术发展到一个新的阶段。采用网络进行远程监控是计算机网络技术和远程控制技术发展的必然结果,尤其是因特网技术的发展,研究基于因特网的远程监控更是一个新的课题,有着广阔的发展前景。

计算机远程监控系统是信息技术发展的产物,它是以计算机为核心,结合多媒体技术、网络技术及工业自动化技术的一种监控网络系统。远程监控系统不仅能获得作业现场信息并发送到监控中心,通过计算机网络使其能够到达桌面计算机上,与信息管理系统融合在一起,而且可以充分发挥远程控制的功能,使操作者不必亲临现场就可以控制现场设备的运行。另外远程监控系统是伴随多媒体技术的发展产生的一种自动化、智能化的应用,它使得人们可以在异地看到现场设备的运作状况,同时对控制设备工作进行操纵,并对历史资料进行保存、管理和检索。目前,远程监控系统广泛应用于保安系统、交通系统、工业生产、医学系统、家庭自动化、水利系统、环保系统等各方面。

对工业过程的远程监控是工业自动化发展的一个重要方向,国际控制基金会2002 年在西班牙举行了基于 Internet 控制研究的研讨会。许多学者和开发人员已开始研究设计基于 Internet 的远程监控技术实现对工业过程的监控,如 Sun、Microsoft 和 Cyberonics 的一组发酵器的新一代控制系统。在这个系统中,由西门子 PLC 控制的发酵器,由一个 Sun Java Station 网络计算机监控,由 Java 应用程序控制温度、pH 等。由西安交通大学开发的基于 Internet 的快速成型和快速加工技术,只要用户安装 www 浏览器,就可以通过 HTTP 获得远程服务部 TsB(Tele-Service Bureau)在线技术支持和数据交换,如提供 3DCAD 文件和物理模型,加工测试数据反馈给 TSB 等。

杨双华博士研究了基于 Internet 的远程监控的层次结构,他把整个过程控制分为四个层次:全厂范围优化层、监控层、常规层以及过程控制和保护层。提出实现基于 Internet 控制的方法是在原有的四个层次上增加一个 Internet 层,Internet 层与各层的连接可以进行不同方式的远程监控,每一种方式具有不同的特点。并指出设计和实现 Internet 远程控制的关键问题是解决由于 Internet 的介入带来的时延不确定性、用户的不确定性等问题。

企业信息化的开发架构逐渐从 C/S 架构转向 B/S 架构,虽然 B/S 架构提升了系统部署维护方面的便捷性,然而在可操作性、人机交互能力方面却有所下降。为了提升系统性能和用户体验,一种被称为富互联网应用程序的具有高度互动性和丰富用户体验的网络应用模式应运而生,并在企业信息化中得到广泛应用。

5.2 密炼生产过程实时监测

5.2.1 密炼工序的组成及流程

密炼工序就是把炭黑、天然(合成)橡胶、油、添加剂、促进剂等原材料混合到一起,在密炼机里进行加工,生产出胶料的过程。密炼工序是轮胎生产的首道工序,这一工序炼胶质量的好坏对轮胎质量有决定性的影响。当前国内外密炼工序大都已经实现了自动化生产,主要由上辅机、密炼机、下辅机、气力输送、小料配料和质量检验等具体工序组成(图 5.14)。其中上辅机系统有炭黑称量、粉料称量、胶料称量、油料称量和密炼机控制系统等部分组成;密炼机系统由密炼机、自动控制系统和温控系统组成;下辅机由挤出机、压片机、开炼机、隔离池、晾胶架和摆片机等部分组成。

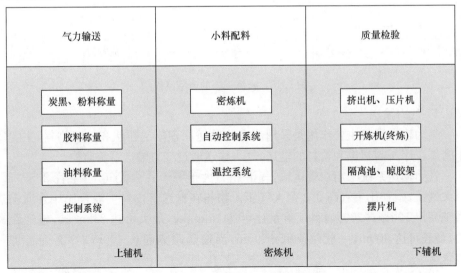

图 5.14 密炼工序的组成

密炼工序的具体流程如图 5.15 所示。其中主要包括气力输送、自动称量、小料称量、混炼与下辅机和质量检验五个相对独立的模块。

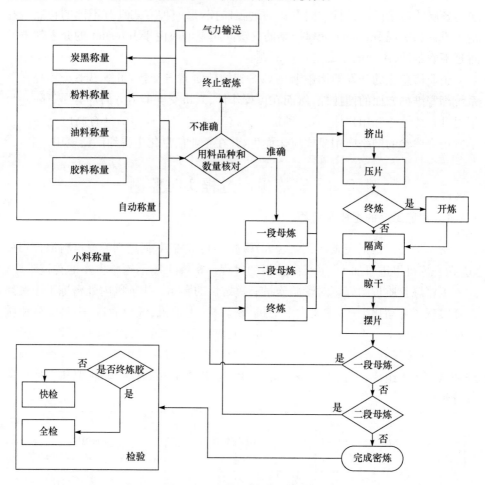

图 5.15　密炼工序的典型流程

1）气力输送

气力输送设备主要作用是采用流态化输送原理输送粉状和粒状物料,主要用于密炼工序所需炭黑和粉料的输送,气力输送通过气力输送系统监控。

气力输送系统采用双管运输,气源压力大于等于 6 个大气压,主管 2.5～3.5个大气压,副管比主管高 0.3 个大气压。物料在输送管内料气混合比比普通输送系统高出 100%～200%,料气重量比可达 15kg/kg,最大可达 25kg/kg,输送距离长,最长可达 300m,一般建议低于 90m,当输送距离超过 100m 时,需配备加气装置。

气力输送还包括除尘回收装置,气体抽离时会将部分炭黑或粉料抽出来,回收到回收罐,由于回收的原料是炭黑和粉料的混合体,在质量要求不是很严格的轮胎生产过程中可以少量掺入使用或者通过卸料口将混合原料卸掉。

2) 自动称量

上辅机自动称量主要分为炭黑称量、粉料称量、油料称量和胶料称量。气力输送设备将炭黑和粉料输送到日罐,每个日罐有三个料位计,当日罐内原料达到高料位,停止输送,日罐内原料不能低于低料位(低料位下称量不准)。

油料经过脱水设备、保温设备后,被注油电机输送到密炼机。

胶料使用叉车等设备由原料仓库运到烘胶房烘胶,然后运到密炼生产现场。现场工作人员对生胶进行称量,然后通过传送带将生胶和其他小料输送到密炼机,在输送之前要通过条码对生胶和小料进行确认。

3) 小料称量

小料称量分为自动称量和人工称量,硫黄等易爆原料和部分用量很小的原料目前仍然采用人工称量,其他原料大部分采用自动称量,小料自动称量过程通过全自动小料配料系统监控。

自动配料设备分为环形和矩形,环形是轨道运输,矩形是小车运输。配料设备的喂料口分为振荡式和螺旋式,通常颗粒状原料用振荡式喂料口喂料,粉末状原料用螺旋式喂料口喂料。由于部分小料用料量比其他料多很多,所以采用单个喂料口配料速度会影响整个配料过程的时间,所以可以采用多个喂料口分批配相同原料的方式平衡各种原料的配料时间。称量好的小料装袋,通过运输车运送到密炼生产现场。

4) 混炼和下辅机

胶料混炼分为母炼(过程可逆)和终炼(加硫黄过程不可逆),一般胶料需经过两段母炼和一段终炼才能形成终炼胶。自动称量系统按照配方对混炼所需要原料进行称量完成后,经过现场人员扫码和控制系统确认,开始胶料混炼。密炼机的控制系统分为本控和遥控,当现场人员将控制系统设为本控时,上辅机控制系统不起作用,密炼系统不但有控制系统,还有专门的温控系统,用来控制密炼机密闭室内温度。密炼机由上顶栓、转子、卸料门、抽尘设备、冷却设备、润滑设备、同步电机、减速阀等部分组成。混炼过程完成后,胶料通过运输带依次经过挤出机、压片机(终炼须经过开炼机)、隔离池、晾胶架和摆片设备(有的是人工摆片)。如果是母炼阶段,胶料进入下一混炼过程,直至终炼完成。

5) 质量检验

胶料混炼完成后需进行质量检验,母炼胶进行快检,一般只检验门尼系数。终炼胶要进行全检,一般要检验门尼系数、流变状态、密度、硬度、抽出力、扯断强度等。

5.2.2　密炼工序的远程实时监测

整个密炼工序涉及设备众多、组成结构复杂(图 5.16),必须采用先进的数据采集和监控技术才能对生产现场的设备运转和物料耗费情况进行合理的监控。

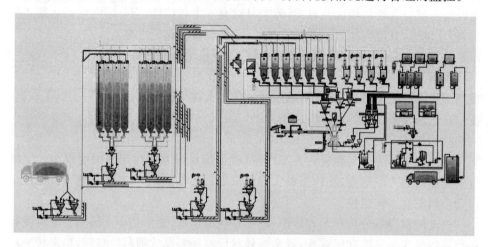

图 5.16　密炼工序设备组成结构图

密炼工序数据采集和监控系统的基本架构如图 5.17 所示。生产现场通过 PLC 与设备相连,OPC 客户端以统一方式访问不同 OPC 服务器获得现场 PLC 的数据,把这些数据存放到实时数据库中,从而进行实时数据的显示和实时报警功能。上一时刻的数据信息则存放到历史数据库中,作为历史报表、历史曲线以及历史报警查询的数据来源。

密炼工序和智能配料生产过程中通过 PLC 控制器、OPC 集成接口采集的实时数据保存到实时数据库的同时,还在远程的监视器上实时展现当前的生产过程,如图 5.18 和图 5.19 所示。

监控画面以现场实际器件为原型,以动态 3D 的形式在电脑上予以体现。称量信息显示炭黑秤、油秤、胶料秤和小料秤所处的控制状态,配方中的设定及实际称量值。混炼基本信息显示密炼机所处的控制状态,当前正在生产的配方及配方的一些主要信息,温度、转速、功率等参数。每一个 3D 组件根据现场元器件的状态都会有不同的状态显示,如运行、停止、报警等。操作员可以根据监控画面的报警通知维修人员到现场维修相应器件。监控画面的下方还配有详细报警信息显示,详细记录报警出现的时间、部位及消失的时间。

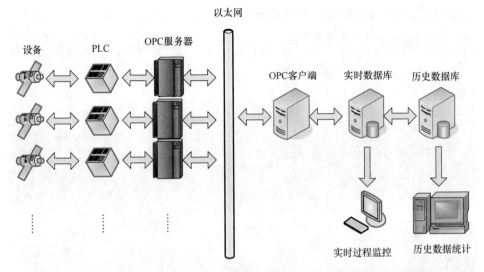

图 5.17　密炼工序数据采集和监控系统架构图

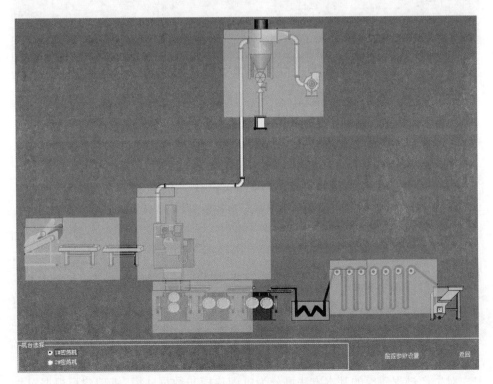

图 5.18　密炼工序监控实例图

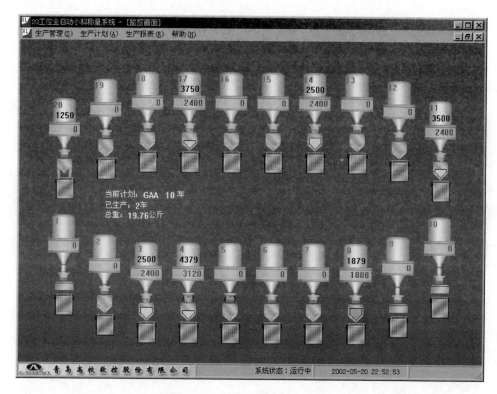

图 5.19　智能配料监控实例图

5.3　生产过程在线建模技术发展

5.3.1　生产过程在线建模技术发展概述

生产过程在线建模是建立在实时数据采集基础上的,在早期现场不具备实施数据采集条件时,无法实现生产过程在线建模,而随着工业自动化程度的提高,如5.2节所述,轮胎生产流程中的混炼过程已具备实现实时数据采集与监控等条件,如何使用实时数据进行在线建模控制成为了当前的研究热点。

现代制造业中的生产过程包括复杂的物理、化学变化,这些变化必须靠多种数据指标的监控与分析,才能使生产的综合效益达到最优。现代企业的集约经营也要以多种数据为基础才能正确决策。这都需要从复杂数据中抽提有用信息,建立反映客观规律的数学模型。

对生产过程建模的基本方法可分为机理建模与数据建模,机理建模根据对物机理的认识,找出反映混炼过程的规律,适用于结构明确、数据完整、机理清楚的系统。数据建模通过对混炼过程量测数据分析,找出与数据拟合最好的模型,此方法适用于结构不明确、数据缺乏、机理模糊的系统。

在轮胎企业生产过程中,橡胶混炼是橡胶加工的第一道主要工序,对后续工艺的加工性能和成品质量有很大影响,混炼过程的控制对橡胶制品整体质量的提高起着重要作用,故本章主要针对混炼过程的建模展开。橡胶混炼过程是一个典型的快速间歇过程,一般在没有稳定工作点的过渡状态下进行,其动态和非线性特征比连续过程更为显著,很多重要变量通常无法在线测量,且没有准确的机理模型可利用。此外,还有诸如:建模所需数据往往维数很大、样本数相对较少、所建立模型复杂度控制困难且计算复杂度较高等问题。更为重要的一点,由于橡胶混炼过程生产过程中发生的设备老化、催化剂钝化等不可控因素较多,模型需在线更新获得稳定的有效模型,而使用传统的离线方法对历史数据分析建模不能获得理想的效果,以上诸多原因使得传统的控制方法无法有效应用。由于以上原因,机理建模方法并不适用,故通常采用数据建模。

为实现对混炼过程进行数据建模,之前已有基于多元回归、人工神经网络等理论的基于数据的建模方法被提出,然而前者是基于大样本假设条件下的,后者则存在结构难确定和过拟合等问题,而且这些方法都有着处理高维数据计算复杂度高、模型不能在线更新等缺点,无法满足工业生产中对实时性要求比较高的在线控制要求。近些年来,统计学习与 Kernel(Statistical Learning and Kernel,SLK)理论与支持向量机(Support Vector Machine,SVM)被提出,SLK 理论在数学基础上解决了小样本学习问题,作为统计学习算法实现的 Kernel 方法,将低维空间不可分的样本点映射到高维空间求得最优分类面进行区分,可用于将处理线性问题的方法推广到非线性领域,并且具有高准确度、可小样本建模、计算复杂度较低、处理高维数据有效等优点,已开始被应用到各种工业领域。特别是作为 Kernel 方法常用的支持向量机方法,由于其相对于传统方法的优越性,在诸多领域都取得了显著的成效。然而,尽管基于支持向量机的混炼过程软测量建模方法有被提出,但传统的离线的支持向量机方法将在线获得的生产过程数据与历史数据合并,然后对其进行重新建模,这种方法计算复杂度非常高,且不能有效的在线跟踪橡胶混炼过程的时变特征。为了应对以上问题,我们提出了基于核函数的自适应递推在线建模方法(Adapative Kernel Learning,AKL),能够利用较低计算量有效追踪橡胶混炼过程的时变特征与状态漂移。然而工业现场环境复杂,偶尔有大幅度状态漂移或者噪声点出现,在此种情况下,此方法建立的模型会受较大影响。针对以上问题,本书提出了基于核函数的自适应最小贡献淘汰在线建模方法。通过现场数据验证,此方法可以在恶劣的工况下有效的建立橡胶混炼生产过程模型。

5.3.2　基于核函数的自适应最小贡献淘汰在线建模方法

针对以上问题,我们提出了基于核函数的自适应最小贡献淘汰在线建模方法,通过现场数据验证,最小贡献淘汰在线建模方法可以有效地追踪混炼生产过程的时变属性与漂移过程。其推导过程如下。

橡胶混炼生产过程的建模问题在数学上可抽象为基于测量序列 $S=\{(x_1, y_1), \cdots, (x_n, y_n)\} \subset \Xi \times \mathbb{R}$,在某种最优化意义下寻求映射 $f: \Xi \rightarrow \mathbb{R}$。不失一般性,设所求泛函 $f \in H$,这里 H 为定义了点积 $\langle \cdot, \cdot \rangle H$ 的 Hilbert 空间。一般地,H 可以看做是一个再生核希尔伯特空间(Reproducing Kernel Hilbert Space, RKHS),即存在唯一的核函数 $k: \Xi \times \Xi \rightarrow \mathbb{R}$,对应于相应的点积 $\langle \cdot, \cdot \rangle H$,成立:

(1) k 具有再生性质,即 $\langle f, k(x, \cdot) \rangle = f(x)$,$\forall f \in H$;

(2) k 张成了空间 H,即 $H = \overline{\text{span}\{k(x, \cdot) | x \in \overline{X}\}}$,其中 $\overline{X}$ 表示集合 Ξ 的闭集。因此橡胶混炼生产过程的建模可以看做是先利用一个"虚拟"映射 $\phi: \Xi \rightarrow H$,将 $x_i \in \Xi$ 投影到 H 上,其中 ϕ 是与核函数 k 有关的非线性算子。然后在特征映射 $\phi(x_i)$,$\forall x_i \in \Xi$ 张成的高维子空间中求解 f。

核函数化的非线性多输入多输出模型的一般形式可描述为

$$y_{t,p} = f(\alpha_{t,p}, x_t) + \varepsilon_{t,p} = \alpha_{t,p}^{\mathrm{T}} \phi(x_t) + \varepsilon_{t,p} \tag{5.1}$$

式中,泛函 f 存在于希尔伯特空间,为待求的模型;$y_{t,p}$ 表示模型在 t 时刻的第 p 个输出值,$p = 1, \cdots, P$,其中 P 为模型的总输出数目;$\alpha_{t,p}$ 和 $\varepsilon_{t,p}$ 分别表示第 p 个子系统的模型参数向量与噪声向量;x_t 为 t 时刻的输入特征。

使用如下的等式优化函数以求解 f,其中采用 Tihonov 形式的正则化:

$$\min J(\alpha_{t,p}) = \frac{1}{2} \| \varepsilon_{t,p} \|^2 + c\Omega[\| f \|]$$

$$\text{s. t.} \quad y_{t,p} - \alpha_{t,p}^{\mathrm{T}} \phi(x_t) - \varepsilon_{t,p} = 0 \tag{5.2}$$

式中,$\varepsilon_{t,p} = [\varepsilon_{1,p}, \varepsilon_{2,p}, \cdots, \varepsilon_{t,p}]^{\mathrm{T}}$;$c > 0$ 为正则化参数,用于控制解的光滑性;$\Omega[\| f \|]$ 为正则化项,一般选择为凸函数即可,如:$\Omega[\| f \|] = \| \alpha_{t,p} \|^2 / 2$。

利用 RKHS 中的表示器定理,式(5.2)的高维解向量 $\alpha_{t,p}$ 可改写为

$$\alpha_{t,p} = \sum_{i=1}^{t} \beta_{t,p} \phi(x_i) = \Phi_t \beta_{t,p} \tag{5.3}$$

式中,$\Phi_t = [\phi(x_1), \cdots, \phi(x_t)]$;$\beta_{t,p} = [\beta_{1,p}, \cdots, \beta_{t,p}]^{\mathrm{T}}$。将式(5.3)代入式(5.2)得到

$$\min J(\beta_{t,p}) = \frac{1}{2} \| \varepsilon_{t,p} \|^2 + \frac{c}{2} \| \beta_{t,p} \|^2$$

$$\text{s. t.} \quad y_{t,p} - f(\beta_{t,p}, x_t) - \varepsilon_{t,p} = 0 \tag{5.4}$$

式中,$y_{t,p} = [y_{1,p}, \cdots, y_{t,p}]^{\mathrm{T}}$ 为至 t 时刻、模型的第 p 个输出向量;函数 $f(\beta_{t,p}, x_t) = K_t \beta_{t,p}$,其中 K_t 即为 Gram Kernel 矩阵:$K_t(i,j) = \langle \varphi(x_i), \varphi(x_j) \rangle (i, j = 1, \cdots, t)$。式(5.4)待求的解向量 $\beta_{t,p}$,其长度可看做模型的阶次,等于当前数据的长度。这意味着在实时建模过程中,随着数据不断增长,模型的复杂度将线性增加。因此本文提出一种增量(incremental)形式的、自适应网络节点控制方法,以获得稀疏

解。具体求解递推方法参见文献。

记第 i 时刻的节点集为：$N_i = \{\phi(\widetilde{x_1}), \cdots, \varphi(\widetilde{x}_{n_i})\}$，$i = 1, \cdots, t$，且 $n_i \leqslant t$；节点集 N_i 中的节点所张成的子空间为 $F_i \subset H$；节点集中的元素所对应的样本为模型的支持向量。建模刚开始运行时，只有一个节点：$N_1 = \{\phi(\widetilde{x_1})\} = \{\phi(x_1)\}$。随后的特征映射 $\phi(x_i)$，$\forall x_i \in \Xi$ 将根据它们与 F_i 的线性相关性，决定是否加入节点集。为实现模型稀疏性、消除特征映射 $\phi(x_i)$，$\forall x_i \in \Xi$ 在 H 中的线性相关性，只剩下线性不相关的映射样本，文献提出了空间角度指标（Space Angle Index，SAI）以判断此线性相关性。其表达式如下：

$$\sin(\theta_t) = \min_{a_t} \left\| \phi(x_t) - \sum_{k=1}^{n_t-1} a_k \phi(\widetilde{x}_k) \right\| \Big/ \| \phi(x_t) \| \tag{5.5}$$

式中，$a_t = [a_1, \cdots, a_{n_t-1}]^{\mathrm{T}}$ 为 N_i 中节点的组合向量。

$0 < v_0 < 1$ 为指定阈值，当 $\sin(\theta_t) > v_0$ 时，当前样本将被加入样本集 N_i，即当前样本被加入模型，否则只修正模型中样本与其具有线性关系项的参数以吸收当前样本的信息此外，当模型样本数 l 大于指定大小 N 时，模型中最旧样本将被删除以维持模型大小稳定。删除最旧样本的策略虽然计算简单但可能会把当前依旧对模型有重要作用的支持向量（Support Vector，SV）删除，针对此问题，我们引入删除模型中"贡献"最小支持向量的策略，将模型中的样本其参数绝对值最小，即对模型影响最小的样本删除，其具体方法如下：

（1）遍历 $\beta_{t,p}$ 找到其最小项，并记录其坐标 m；

（2）删除样本集 N_t 中第 m 项；

（3）删除核函数相似性矩阵 K_t 第 m 行、第 m 列。

此方法的算法复杂度仅为 $O(n)$，满足在线建模方法的算法复杂度要求。通过此方法，模型每次删除样本所带来的信息损失都比之前更小，模型的复杂度得到提高。

此外，空间角度指标在理想的相似输入产生相似输出时可以有效地在不影响模型精度的情况下实现模型的稀疏性，然而，在面对工业现场偶尔出现的强烈的设备状态漂移时无法有效地将相似输入但不相似输出的能反映当前生产过程的样本加入模型，而在当前样本是噪声的情况下，也可能将其错误地加入模型导致模型精度降低，为此，我们提出了一种改进的空间角度指标，其方法如下（图 5.20）。

首先引入预报误差：

$$\Delta y_t = \sum_{p=1}^{P} \| y_{t,p} - y'_{t,p} \| \Big/ \sum_{p=1}^{P} \| y_{t,p} \| \tag{5.6}$$

式中，$y'_{t,p}$ 为 $y_{t,p}$ 预报值。设缓冲数据集 $B_t = \{(x_i, y_i), \cdots, (x_j, y_j)\}$ 初始为空，当 $\sin(\theta_t) > v_0$ 时，此时当前样本输入不能由模型已有样本近似线性组合，当前样本被加入模型，否则，再进一步判断 Δy_t 大小，如果 $\sigma < \Delta y_t < 3\sigma$，则当前样本被认为

是相比于模型中样本相似输入产生不相似输出的数据,为了让模型更好地适应工业生产过程中的状态漂移,当前样本被加入模型,σ 为样本输出方差,一般用工业现场应用中可接受的误差值来代替,同时,当 $\Delta y_t \geqslant 3\sigma$ 时,利用空间角度指标判断其与缓冲区 B_t 中样本的线性相似度,如果满足 $\sin(\theta_t) > v_0$,则将其加入模型,否则,根据 3σ 准则,当前样本在当前时刻被认为是噪声,暂时存入 B_t 以待在接下来的在线建模过程中进一步验证。

通过以上方法,在生产过程状态漂移剧烈时原先不会被加入模型的相似输入导致不相似输出的非噪声数据样本被加入模型,模型的鲁棒性与精确度得到进一步提高。

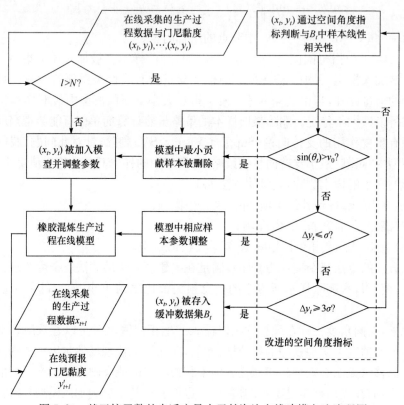

图 5.20 基于核函数的自适应最小贡献淘汰在线建模方法流程图

5.4 橡胶智能密炼系统

5.4.1 橡胶智能密炼系统简介

目前,密炼机上辅机自动控制系统在橡塑制品、轮胎行业中的应用已比较普遍。一般情况下,人为因素对炼胶质量影响基本排除。但物料性质的变化、工艺条件的波动,使传统的简单控制手段(时间、温度、能量等)不能达到预期的控制效果。此外,在密炼机上辅机系统自动控制条件下,工艺是否优良,生产的胶料是否合格仍无法预测、无法在线控制。本书介绍的智能密炼系统正是基于这种现状提出来的。智能密炼上辅机系统,利用统计学理论、人工智能和专家系统技术,旨在解决由于原料、环境和工艺等诸多方面的波动对混炼质量的不利影响,为用户提供智能化、网络化和透明化的混炼质量管理与控制的解决方案。系统的投入使用将可望避免出现配合剂分散不均匀、胶料可塑度过低或过高以及焦烧等现象,使得后续的压延、压出、涂胶和硫化等加工能够正常进行,在较大程度上实现持续的、高效率的炼胶生产、确保用户获得高质量的、有市场竞争力的最终产品。

　　智能密炼系统直接嵌入在上辅机软件中,主要由四部分功能组成:混炼生产过程建模;门尼预报与排胶控制;混炼工艺优化;混炼专家系统。下文主要介绍过程建模与排胶控制功能。

5.4.2　智能密炼软件嵌入式实现方式

　　智能密炼软件嵌入式结构框图如图 5.21 所示。智能密炼软件采取嵌入式软件模式,将软件嵌入集成到上辅机自动控制、MES 软件的基础上,灵活运用自动控

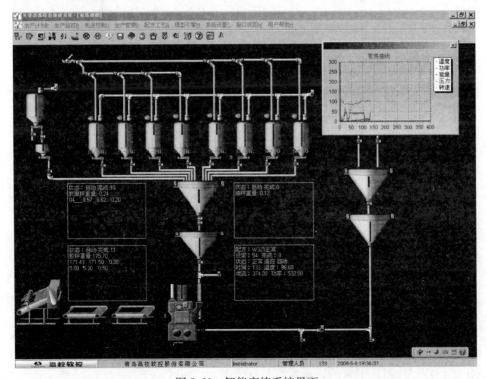

图 5.21　智能密炼系统界面

制、MSE 软件所建立的生产过程数据库与实时采集的生产过程信息,实现炼胶信息充分共享,同时利用自动控制系统的硬件配置,无须增加新硬件配置,极大地降低了成本。

5.4.3 智能密炼软件基于网络化的控制思想

智能密炼软件模型数据库框图如图 5.22 所示,将快检结果通过网络及时传送到智能密炼软件,通过工艺人员辅助选择的半自动方法或者全自动地输入到在线建模算法,及时对模型进行在线修正,并根据不同的客户需求,提供网络版和单机版功能。

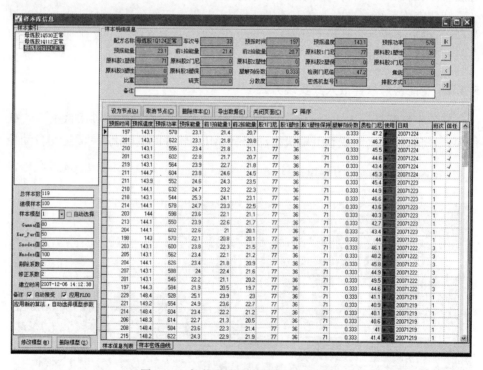

图 5.22　智能密炼系统样本数据库界面

5.4.4 智能密炼软件在线建模与控制方法

如图 5.23 所示,在传统的橡胶混炼过程中,橡胶混炼质量指标的获得要通过现场取样,实验室内裁剪,利用相关实验仪器花费一定的时间实验测定。特别是在终炼胶阶段,每车次混炼胶都要进行测定,以门尼黏度为例,只此一项指标每车次检测光实验时间就需要花去 3min,而之前的现场取样与裁剪过程也是需要花费一定时间与人力,累计下来的企业成本是巨大的。

　　我们将之前提出的基于核函数的自适应最小贡献淘汰在线建模方法用于智能密炼系统的在线建模,并使用在线建立的模型对橡胶混炼过程的重要质量指标之一的门尼黏度进行在线预报,其算法流程图如图 5.20 所示,现场实施流程图如图 5.23 所示。这种预报模型又被称为软测量(Soft-sensing),通过此软测量方法,橡胶混炼相关质量指标可通过预报获得。使用软测量配合实验检测之后可降低许多企业成本,增强企业信息化水平,而且可以在线预测获得当前的质量指标,对 MES 整体优化生产工艺极具意义。

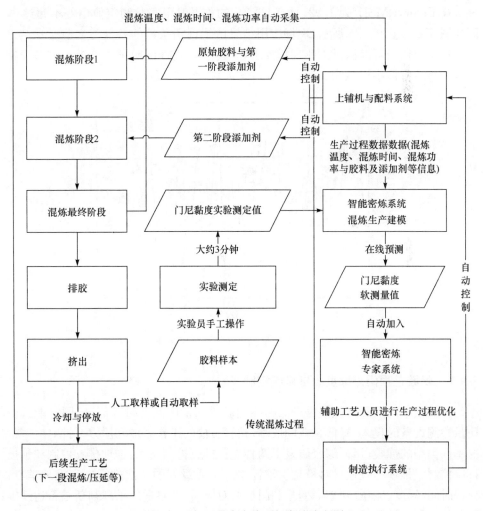

图 5.23　门尼黏度在线预报实施流程图

5.4.5　门尼黏度在线预报实施结果

如图 5.24 所示,在门尼黏度在线预报结果图中,给出了橡胶混炼过程中门尼黏度的预报量值与实验测定值的对比曲线,其中,前 10 车次的数据只用于建模不用于软测量,之后每车次的门尼黏度都被在线预报。在使用现场采集的 102 组数据的仿真实验中,取高斯核函数 $k(x_1,x_2)=\exp[-\parallel x_1-x_2 \parallel 2/(2\sigma^2)]$,这里 σ 表示核宽度,在我们的系统中取 120,阈值 $v_0=0.2$,其均方根误差(Root Mean Square Error,RMSE)为 1.92,且有 89.3% 的预报值跟实验测定值相差不超过 3。而如图 5.25 与图 5.26 所示,现场应用结果由于现场条件的差异与之前所示结果相比稍差但依旧可以满足工业现场要求,上述结果充分证明了本书提出的基于核函数的自适应最小贡献淘汰在线建模方法的可行性与可靠性。

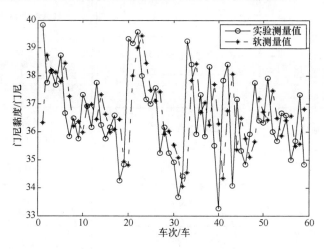

图 5.24　门尼黏度在线预报结果图

5.4.6　炼胶过程门尼黏度先进排胶控制

在线预报门尼黏度能提供产品的终端质量和批次间的过程信息,同时能减少质量检测设备的投入,降低企业的成本,减轻质检的工作强度和压力。针对生产状况不同类型的炼胶过程,综合研发了两种先进排胶控制技术:推理排胶控制和预报排胶控制。推理排胶通过对模型引擎样本库中质量好的车次进行专家推理学习,获得时间、温度、能量、功率等变量和门尼的对应关系,自适应推理判断是否达到排胶条件。预报排胶通过建立准确的自适应递推核学习预报模型,实时预报门尼的变化趋势,实现门尼黏度的直接控制。先进排胶控制工业应用结果表现出比工艺排胶更好的结果,提高了胶料的合格率和均一性,减少炼胶时间,实现节能减排,对橡胶混炼过程具有重要的现实和经济意义。

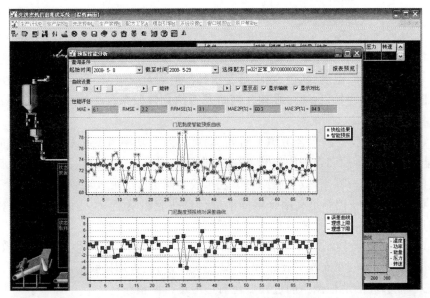

图 5.25　门尼黏度在线预报性能分析图

门尼预报结果分析

| 起始时间: | 2008-05-08 | | 截至时间: | 2008-05-29 | | 配方名称: | w321正常 |

| MAE: | 6.1 | RMSE: | 2.2 | RRMSE(%): 3.1 | MAE2P(%): 60.3 | MAE3P(%): 84.9 |

生产日期	班次	实际门尼值	预报门尼值	预报差值	说明
20080508	中	71.8	73.2	1.4	预报准确!
20080508	中	72.2	73	0.8	预报非常准确!
20080508	中	71.3	73	1.7	预报准确!
20080508	中	75.1	73.1	-2	预报准确!
20080508	中	73	73.3	0.3	预报非常准确!
20080508	中	73.8	72.9	-0.9	预报非常准确!
20080508	中	72.6	72.9	0.3	预报非常准确!
20080508	中	71.4	73.1	1.7	预报准确!
20080508	中	74.8	72.3	-2.5	预报准确!
20080508	中	75.2	73	-2.2	预报准确!
20080508	中	73.7	73.3	-0.4	预报非常准确!

图 5.26　门尼黏度在线预报结果分析图

5.4.6.1　推理排胶控制

推理排胶控制,其主要原理是对模型引擎样本库中质量好的车次进行专家推理学习,获得时间、温度、能量、功率等变量和门尼的对应关系。通过实时采集的温度、能量、功率等变量,自适应推理并判断是否达到排胶条件。推理排胶控制具有3个主要优点。

(1) 推理排胶控制综合考虑了时间、温度、能量、功率等变量和门尼的对应关系,能够做出更全面和合理的判断,因此能保证在原有工艺排胶控制的基础上提高门尼的质量和均一性,有效克服原有工艺排胶不同班次门尼波动较大的缺点。

(2) 推理排胶控制是利用合格样本进行自适应建模学习,具有很好的鲁棒性且适用范围广,避免了工艺排胶需要不断调整配方工艺的缺点。

(3) 推理排胶控制能够缩短炼胶时间,达到节能减排,提高生产效率的效果。这是因为工艺排胶每车次都比较固定,缺乏灵活性;而推理排胶采用推理判断的控制方式,能够灵活地根据当前过程变化自适应进行调整。

5.4.6.2　预报排胶控制

传统的单一排胶方式(温度排胶)或者组合排胶(温度和能量,或者时间和能量)都是通过上一班次或最新得到的质检结果不断调整配方工艺,滞后严重,且无法有效合理的利用以前混炼过程的信息。预报排胶控制的主要原理是通过建立准确的预报模型,实时预报门尼的变化趋势,自适应的判断是否达到排胶条件而排胶。预报排胶控制具有3个主要优点。

(1) 预报排胶控制是一种直接的控制方式;而传统的工艺排胶控制和推理排胶控制等方法是间接的通过其他变量的控制来控制门尼。

(2) 预报排胶控制能够对最后一次压栓后的门尼黏度进行实时预报,揭示了门尼黏度在排胶前的变化规律,首次通过揭示门尼的变化规律来实现排胶的直接控制,给出排胶控制更合理的解释,而且能够实时监测过程的运行。

(3) 预报排胶控制能在保证门尼质量(包括合格率和均一性)的基础上较大的缩短密炼时间,达到节能减排、提高生产效率的效果。

5.4.6.3　排胶控制方式对比及处理流程

图5.27罗列了传统工艺排胶控制、推理排胶控制和预报排胶控制的主要特点和区别。推理排胶控制适用的范围较广,即使质量波动比较大的配方也能够使用。相比于推理排胶控制,预报排胶控制更依赖于模型,需要准确的模型作为基础,因此预报排胶控制需要在生产状况较稳定和学习情况较充分的情况下使用。

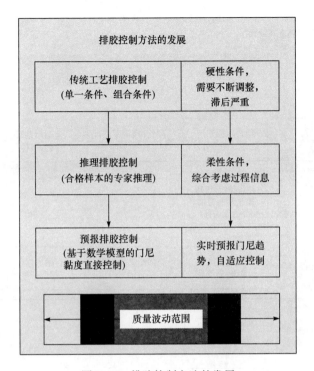

图 5.27　排胶控制方法的发展

图 5.28 给出了门尼黏度在线建模、预报和先进排胶控制的现场执行流程图。SMS 实际应用非常简便,主要包括以下几个步骤:

步骤 1　启动门尼黏度在线建模和预报功能;

步骤 2　通过排胶模拟功能判断是否可应用推理排胶控制;

步骤 3　应用推理排胶控制提高胶料合格率和均一性,同时优化样本库;

步骤 4　通过排胶模拟功能判断是否可应用预报排胶控制;

步骤 5　应用预报排胶控制实现门尼黏度的直接控制。

5.4.6.4　推理排胶应用效果

以 2008 年 3~5 月在轮胎企业选择某配方为例示范推理排胶控制的工业应用。该配方用途是一段母炼胶,门尼合格范围为 71 正负 7,即[64,78]。该配方工艺排胶控制采用温度和能量的组合排胶方式,具有比较好的鲁棒性;且由于胶料稳定性较好,因此总体合格率较高。推理排胶和工艺排胶两种排胶控制方式各进行一班次以进行比较。

表 5.1 和表 5.2 分别列出了配方 A 推理排胶控制和工艺排胶控制结果比较(表 5.1 按班次,表 5.2 为总体性能)。从质检门尼的均一性(用平均值和 1 倍标准

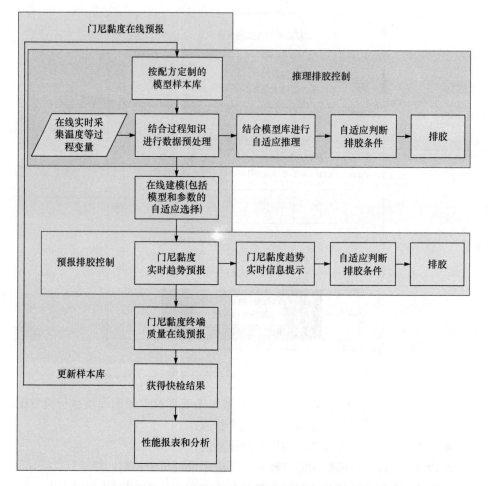

图 5.28　门尼黏度在线预报和控制流程图

差衡量)、合格率、门尼的最大和最小值等性能指标来看,推理排胶均优于工艺排胶。图 5.29 和图 5.30 分别给出了工艺排胶控制和推理排胶控制结果的变化曲线,从中可知工艺排胶由于采用温度和能量综合排胶,且原材料比较好,因此控制效果不错(合格率近 93%,1 倍标准差 2.7)。但工艺排胶时不同班次之间门尼波动仍然较大;推理排胶在每班次进行控制时均一性都比较好,可以预见如果一直使用推理排胶将会得到比较稳定和满意的效果。另一方面,该配方工艺排胶必须要求温度和能量同时满足才能排胶,控制方式较固定,缺乏灵活性;而推理排胶采用自适应判断的控制方式,很灵活。因此能有效地缩短密炼混炼时间,降低了能耗。

　　通过阶段性的实际应用结果表明,推理排胶有效地减少不同班次门尼的波动,确实提高了门尼的合格率和均一性,而且能够缩短密炼时间,达到节能减排。图 5.31 给出当时某一班次实际生产推理排胶控制的实时界面。

表 5.1　配方 A 推理排胶控制和工艺排胶控制质检结果按班次性能比较

排胶方式	平均时间/s	平均门尼	最大门尼	最小门尼	1 倍标准差	合格率/%
推理排胶	250.8	72.0	75.2	68.2	1.99	100
推理排胶	248.3	70.8	73.4	66	2.19	100
推理排胶	250.9	71.1	74.6	68.9	1.38	100
工艺排胶	251.8	73.4	78.7	68.5	2.01	98.2
工艺排胶	251.7	71.6	75.2	65.1	2.36	97.1
工艺排胶	259.1	77.5	79.6	71.4	2.74	37.5

表 5.2　配方 A 推理排胶控制和工艺排胶控制质检结果总体性能比较

排胶方式	平均时间/s	平均门尼	最大门尼	最小门尼	1 倍标准差	合格率/%
推理排胶	250.2	71.4	75.2	66	1.9	100
工艺排胶	252.6	73.1	79.6	65.1	2.7	92.9

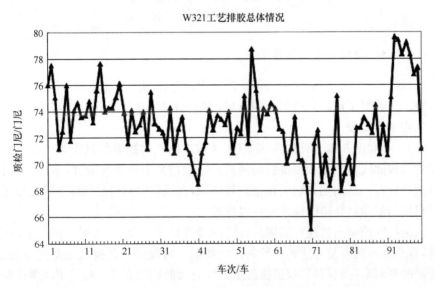

图 5.29　配方 A 工艺排胶结果

(3 个班次, 1-55, 56-90, 91-98 车)

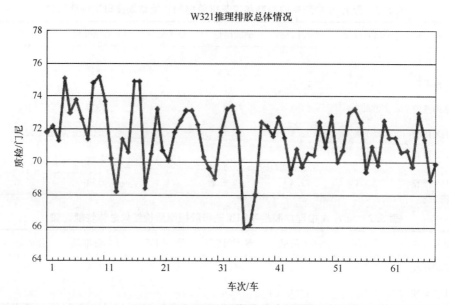

图 5.30　配方 A 推理排胶控制结果

(3 个班次,1-30,31-50,51-67 车)

5.4.6.5　预报排胶应用效果

仍以 5.4.6.4 节所选配方为例示范预报排胶控制的工业应用。该配方通过推理排胶已经获得了比较理想的控制效果,模型引擎模块进行优化已经能够适合进一步实现预报排胶。

图 5.32 和图 5.33 给出实际应用某两车次的实时控制信息作为代表,从中可知实时预报曲线揭示了预报排胶前的最后一段门尼黏度变化规律,给出排胶控制更合理的解释。从门尼最后的预报趋势可知,在最后时刻门尼黏度下降比较缓慢,此时只要门尼满足合格的标准就可以排胶。

预报排胶控制通过建立准确的自适应递推核学习模型,实时预报门尼的变化趋势,自适应的判断是否达到排胶条件而排胶。传统的工艺排胶是间接地通过其他变量的判断来控制门尼,预报排胶是一种直接的控制方式。相比于推理排胶,预报排胶更依赖于模型,因此准确的模型是基础。这也符合图 5.27 提出的排胶控制的三段式发展。

从预报排胶控制对该配方阶段性的应用结果表明,门尼均一性能比推理排胶控制有了更进一步的提高,而且显著减少了无用的炼胶时间(该配方减少了 3%)。

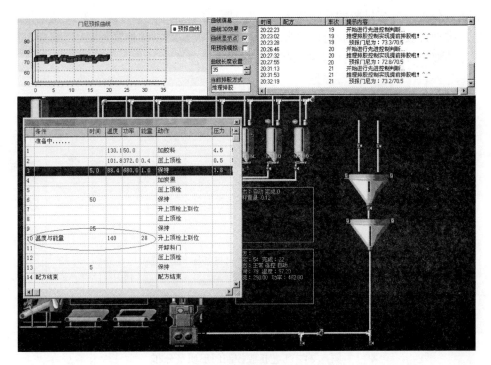

图 5.31　配方 A 推理排胶控制实时界面

图 5.32　预报排胶控制实时控制信息

图 5.33　预报排胶控制实时控制信息

5.4.6.6　不同排胶方式应用效果

图 5.34 和图 5.35 给出了某配方应用传统工艺排胶控制和先进排胶控制的门

尼质量分布。工艺排胶的分布很散乱,没有明显的规律,均一性能不好。先进排胶通过推理排胶和预报排胶的两阶段应用,获得了很好的质量控制效果,门尼分布有明显的波峰,均一性能更好,这将有利于后续工序阶段的处理。

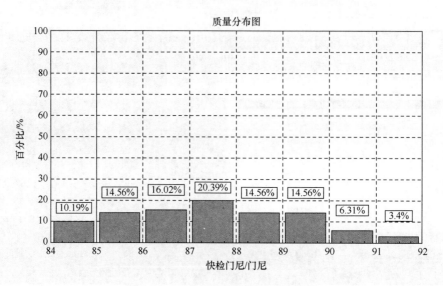

图 5.34　工艺排胶控制门尼质量分布

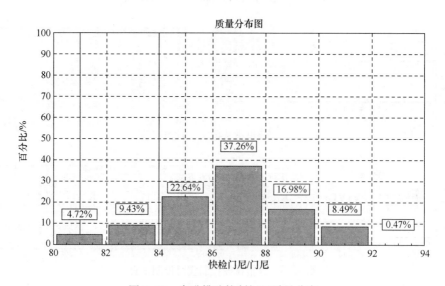

图 5.35　先进排胶控制门尼质量分布

参 考 文 献

陈春宝,马正元. 2003. 制造企业集成化生产系统层级模块结构[J]. 控制工程,10(6):549-551.

高彦臣,杨殿才,王海清. 2004. 橡胶智能密炼系统的构建及实现策略[J]. 橡塑技术与装备,30
　　(7):46-49.

胡晓冬,赵万华,许超,等. 2003. 基于 CCD 的金属直接成型过程监控系统[J]. 光子学报,32
　　(3):375-377.

胡友民,杜润生,杨叔子. 2002. 生产过程远程监控与诊断技术研究[J]. 华中科技大学学报(自
　　然科学版),30(4):16-18.

胡友民,李锡文,杜润生,等. 2002. 基于 PLC 高可靠性工业过程远程监控系统[J]. 华中科技大
　　学学报(自然科学版),30(4):13-15.

姜莉莉,谭汝谋,叶·巴·伏罗洛夫. 1999. 单件小批生产的作业计划与调度监控集成系统[J].
　　制造技术与机床,(11):57.

黎洪生,卓祯雨. 2002. 数据挖掘技术及其在过程监控中的应用[J]. 计算技术与自动化,21(4):
　　99-103.

李守葆. 2001. 一种触摸屏监控的分布式控制系统的实现[J]. 制造业自动化,23(2):57-59.

李增中,蒋元凯,韩兵. 2001. 载重轮胎成品生产实时监控系统设计[J]. 上海海运学院学报,22
　　(3):222-225.

唐鸿儒,刘大年,杨鹏,等. 2003. 基于 Internet 的远程监控系统开发技术研究[J]. 测控技术,22
　　(4):48-51.

任伟,王坚,张浩. 2000. 制造企业工业现场远程监控系统的设计与开发[J]. 组合机床与自动化
　　加工技术,(5):29.

徐丸天,苏宏业. 2006. 基于 OPC 标准的实时数据库接口技术与应用研究[J]. 计算机应用研
　　究,23(5):23-25.

章兢,张小刚,王耀南,等. 2000. 一种基于 C/S 结构的工业生产过程实时监视与信息管理系统
　　[J]. 湖南大学学报(自然科学版),27(3):57.

周彦豪. 1997. 密炼机橡胶混炼控制方法的新进展[J]. 橡胶工业,44(11):696-697.

朱全博,张士杰. 2006. 多 Agent 技术在生产过程监控与管理系统中的应用[J]. 微计算机信息,
　　22(30):68-71.

Gao Y C,Ji J,Q W H,et al. 2010. Adaptive Least Contribution Elimination Kernel Learning Ap-
　　proach for Rubber Mixing Soft-sensing Modeling[C]. Proceedings of IEEE International Con-
　　ference on Intelligent Computing and Intelligent Systems,Xiamen,3:470-474.

Marcos A G,Espinoza A V P,Eliae F A,et al. 2007. A neural network-based approach for opti-
　　mising rubber extrusion lines[J]. International Journal of Computer Integrated Manufactu-
　　ring,20(8):828-837.

Scholkopf B. 2002. Learning with Kernels[M]. Massachusetts:The MIT Press.

Vapnik V N. 1995. The nature of statistical learning theory[M]. Berlin:Springer.

Vijayabaskar V,Gupta R,Chakrabarti P P,et al. 2006. Prediction of properties of rubber by using artificial neural networks[J]. Journal of Applied Polymer Science,100(3):2227-2237.

Wang H Q,Li P,Gao F R,et al. 2006. Kernel classifier with adaptive structure and fixed memory for process diagnosis[J]. American Institute of Chemical Engineers,52(10):3515-3531.

Wang H Q,Song Z H,Li P. 2002. Fault Detection Behavior and Performance Analysis of PCA-based Process Monitoring Methods[J]. Industrial & Engineering Chemistry Research, 41 (10):2455-2464.

Wang H Q,Song Z H,Li P,et al. 2006. AKL networks for industrial analyzer modeling and fault detection[C]. Proceedings of the IFAC Symposium on Fault Detection,Supervision and Safety of Technical Processes,Beijing.

Willmott C, Ackleson S, Davis R, et al. 1985. Statistics for the evaluation and comparison of models[J]. Journal of Geophysical Research,90(C5):8995-9005.

第 6 章　轮胎生产过程计划调度算法与系统实现

调度功能是 MES 的核心,调度功能的执行效率是衡量 MES 性能的一个关键指标。本章首先从总体上论述了调度算法的发展,然后结合轮胎企业生产调度存在的问题建立了适应轮胎生产过程的调度模型,提出了基于 TOC 和遗传算法的混合调度算法,最后通过应用实例验证了算法的效果。

6.1　轮胎企业生产调度算法

6.1.1　调度算法发展概述

早在 20 世纪 50 年代,人们就开始关注生产调度算法的研究。在这一时期,研究者对一些简单的调度问题进行了研究,并给出了解决方法。一些经典的调度原理和法则,如 EDD 法则、Johnson 法则和 NEH 法则等算法被提出并证明。之后,研究者发现随着问题复杂度的提高,不是所有的问题都能通过简单的法则予以解决,尽管研究者提出了越来越多复杂的调度算法,如约束规划算法和拉格朗日松弛算法等,但问题的复杂程度远远超出了这些算法的应用范围。由此,研究者开始注意并重视调度复杂性问题的研究,提出了用于研究算法有效性和问题难度的计算复杂度理论,证明了许多调度问题是 NP-hard 问题。于是,研究者开始探讨运用其他智能算法解决这些复杂的调度问题,提出了启发式算法、遗传算法、模拟退火算法、禁忌搜索算法和蚁群算法等,并根据实际需求将这些算法混合应用,以解决实际的工程问题。

6.1.2　轮胎企业生产调度现存问题分析

轮胎生产是一个多工序的混合间歇生产过程,可能涉及多个部门和分厂。若缺乏统一调度平台,各部门的信息不能得到很好的处理和利用,一些生产调度过程的结果也不能及时反馈到生产计划部门,使得生产计划无法对自己的调度方式及手段进行快速、持续的改进。目前轮胎企业生产调度存在以下几个问题。

1) 信息交流不畅

轮胎企业的生产调度涉及产能、设备配置、设备运行效率、配方工艺管理、中间库存、产品质量等众多因素,这些信息分别在不同的环节、不同的人员处被掌握,无法及时在各个调度环节进行流通。目前轮胎企业信息沟通的方式有纸面文件、开会、电话、传真、邮件联系等,信息传输效率低,而且在传输过程中会失真,无法为生产调度提供准确、高效的支持。

2）数据计算复杂

轮胎制造是一个多设备、多工序的生产过程，这必然需要根据轮胎的生产配方进行大量的分解计算，仅仅依靠 Excel 来进行，操作不够方便，数据维护复杂，工作量大。计算结果缺乏统一对外的开放接口，无法为更多需要的人员提供。而且生产调度过程中随时可能出现突发情况，如设备故障、订单变动、临时任务等，处理这些情况目前大多数企业依靠人工经验，调度的合理性得不到保障。

3）库存统计迟钝

中间在制品的库存对多工序间歇生产过程的调度至关重要，缺乏准确的库存数据支持，各工序的生产容易脱节，造成在制品积压和延迟交付，影响订单的及时完成，使得生产无法以最优的顺序进行，直接影响企业的经济利润。所以中间在制品的库存对多阶段性质的生产调度过程至关重要。目前轮胎企业对半制品的生产库存主要依靠人工盘点，要保证实时性势必要增加盘点频率，这样既增加了工人的工作量还可能导致数据缺乏准确性。数据误差在生产过程中不断积累，会造成一定的库存积压和资金占用，若存放时间超过半制品的使用期限，就会造成无谓的浪费，提高生产成本。

6.1.3　轮胎企业生产调度算法发展现状

目前对轮胎生产计划与调度的研究还比较少，Degraev 和 Schrage 对普利司通的大型轮胎硫化生产调度方法进行了研究，包括轮胎指派到模具、模具指派到硫化机，在此基础上建立了调度系统，班次产量比以前人工调度方式提高了 7%，并实现了低库存水平下的快速反应制造。徐智和韩兵等将轮胎生产中的炼胶等连续生产过程离散化整量化，得到一致的离散调度系统，将所建立的混合生产调度模型标准化，并利用 Johnson's 法则、递归技术和混合整数规划方法进行求解，给出了离散化时间周期的选择方法和调度系统优化方法。罗武和覃宇针对硫化工序的生产调度，建立了一个基于改进自适应遗传算法的调度方案。姚志红等给出了轮胎企业调度数学模型，并尝试建立了一种基于多种群交叉因子的遗传算法，就生产过程的实时性要求设计了适合连续离散规划问题求解的交叉遗传算子。宋世芳提出划分时间槽计算硫化批次和划分订单计算硫化批次的两种分批策略，建立了硫化车间的并行机多成品单工序批量调度模型，并采用改进的粒子群算法进行求解。

6.2　轮胎企业生产调度算法建模

6.2.1　轮胎企业生产调度的范围确定

轮胎企业生产计划包含硫化工序计划、成型工序计划、半制品计划（胎面计划、

胎侧计划、胎体计划、内衬层计划、子口包布计划、垫胶计划、胎圈计划、零度带束层
计划、小角度带束层计划、三角胶计划）、胶片大卷计划、胶条计划、钢丝帘布计划、
终炼胶计划、小料计划等。

本课题研究中将生产调度的范围限定在从密炼到硫化之间的一系列工序，密
炼工序之前的配料和硫化工序之后的质检不在生产调度的范围当中，如图 6.1
所示。

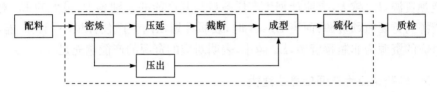

图 6.1　轮胎生产调度范围

6.2.2　轮胎生产过程瓶颈工序的识别

1) 约束理论

约束理论（Theory of Constraints，TOC）是由以色列物理学家高德拉特博士
在优化生产技术（Optimized Production Technology，OPT）的基础上发展起来，该
理论提出了在制造业经营生产活动中定义和消除制约因素的一些规范化方法，以
支持持续改进。简单来讲，TOC 就是关于进行改进和如何最好地实施这些改进的
一整套管理理念和管理原则，可以帮助企业识别出在实现目标的过程中存在着哪
些制约因素，并进一步指出如何实施必要的改进来消除这些约束，从而更有效地实
现企业目标。将 TOC 理论运用到生产计划调度中的方法主要分为三个步骤：

（1）确定瓶颈工序和资源；

（2）瓶颈资源调度优化；

（3）合理使用非瓶颈资源。

2) 瓶颈工序的识别

确定瓶颈工序和资源是约束理论在生产调度中应用的关键步骤。所谓瓶颈指
的是生产需求大于或等于实际生产能力的资源，这一类资源限制了最终的产品数
量。已知计划生产的产品及其物料清单（Bill of Material，BOM）结构，按 BOM 计
算出所需零部件，然后按零部件的加工工艺及工时定额，计算出设备的任务工时，
将任务工时与需求比较，与需求相差最多的设备就是瓶颈资源。

假设 $m=1,2,\cdots,M$，表示涉及生产工序；$n=1,2,\cdots,N$ 表示产品的种类；Q 表
示订单产品数量；q_{mn} 表示第 n 种产品在第 m 工序的需求数量；P 表示生产效率；
p_{mn} 表示第 n 种产品在第 m 工序的生产效率。则第 m 工序的订单完成时间可表
示为

$$T_m = \sum_{n=1}^{N} p_{nm}Q_{nm} \tag{6.1}$$

若第 m 工序的实际可用工作时间为 TR_m，则生产工作的负荷比可以表示为

$$E_m = \frac{T_m}{TR_m} \tag{6.2}$$

当 $E_m \geqslant 1$ 时，表明计划生产任务量大于其产能，此时对应的资源为生产系统的瓶颈资源，E_m 越大，表明计划生产任务量与其产能的差别越大，最大的 E_m 对应的资源为首要瓶颈资源；而当 $E_m < 1$ 时，表明计划期内生产任务量小于其产能，此时对应的资源为非瓶颈资源，E_m 越小，表明对应的资源的产能越充足。

6.2.3 轮胎企业生产调度算法建模

轮胎企业生产调度模型如下。

1) 建模目标

(1) 产能最大化；

(2) 设备运行成本；

(3) 库存成本和交货期；

(4) 脱节率最低、完成时间最短和设备负荷尽可能要平衡。

2) 约束条件

(1) 硫化与成型的能力匹配；

(2) 半制品的分解及内部衔接；

(3) 终炼胶与母炼胶的衔接；

(4) 满足交货期；

(5) 满足停放时间要求；

(6) 硫化工序每天换模具不能超过一定套数；

(7) 考虑换规格之间的辅助调整时间。

3) 其他需求

(1) 对模型中的输入参数可以进行配置；

(2) 对模型中的目标可以进行选择及按照优先进行排序；

(3) 对模型中的约束可以进行选择。

根据成品轮胎的合同交货期，在满足硫化工序生产能力的前提下，以拖期和提前期惩罚最小为目标将生产任务量均匀分配至各天，最终确定每种轮胎的生产完成期(新的交货期)，以达到整个生产量在工序能力上的平衡。

符号定义：

V：成品轮胎的规格集合；

T：计划期；

t：生产周期，$t=1,2,\cdots,T$；

j：物料规格，$j\in V$；

q_j：规格 j 成品轮胎的任务量，$j\in V$；

d_j：规格 j 成品轮胎的交货期，$j\in V$；

δ：设备能力利用系数；

a_j：生产规格 j 的单位产品的加工时间；

$c1_j$：规格 j 成品轮胎的拖期惩罚系数；

$c2_j$：规格 j 成品轮胎的提前惩罚系数；

m_i：表示工序 i 的设备组数；

M_{ik}：表示工序 i 的第 k 组设备集合，$M_{i1}\bigcap\cdots\bigcap M_{im_i}=\varnothing$，$M_{i1}\bigcup\cdots\bigcup M_{im_i}=M_i$；

w_t：每个 t 期生产总量，$w_t=\sum\limits_{j\in V}q_j/T$；

cap_{kt}：第 k 组设备在 t 期的生产能力（以时间计）；

z_{jkt}：t 期规格 j 在第 k 组设备的生产量。

成品胎生产完成期优化编制模型如下：

$$\min Z=\sum_{j\in V}c1_j\max\{0,(t-d_j)x_{jt}\}+\sum_{j\in V}c2_j\max\{0,(d_j-t)x_{jt}\} \tag{6.3}$$

s. t.

$$\sum_{k=1}^{m_n}\sum_{j\in V}z_{jkt}y_{jkt}\leqslant w_t,\quad t=1,\cdots,T \tag{6.4}$$

$$\sum_{j\in V}a_jz_{jkt}y_{jkt}\leqslant\delta\mathrm{cap}_{kt},\quad t=1,\cdots,T,\quad k=1,\cdots,m_n \tag{6.5}$$

$$\sum_{t=\tau-q_j/\mathrm{cap}_{j\tau}+1}^{\tau}\sum_{k=1}^{m_n}z_{jkt}y_{jkt}x_{j\tau}=q_j,\quad j\in V \tag{6.6}$$

$$\sum_{t=1}^{T}x_{jt}=1,\quad j\in V \tag{6.7}$$

$$x_{jt}=\begin{cases}1,&\text{当规格 }j\text{ 在 }t\text{ 期内完成}\\0,&\text{当规格 }j\text{ 不在 }t\text{ 期内完成}\end{cases} \tag{6.8}$$

$$y_{jkt}=\begin{cases}1,&\text{当规格 }j\text{ 在 }t\text{ 期分配到设备组 }k\\0,&\text{其他}\end{cases} \tag{6.9}$$

模型以合同提前期惩罚与拖期惩罚总和最小为最终目标函数（式（6.3））。而且同时要满足每个 t 期生产量的约束（式（6.4））、设备能力平衡约束（式（6.5））、每个规格产品生产量的约束（式（6.6）），并且每个规格生产完成期必须且只能在一个 t 期（式（6.7）～式（6.9））。

采用启发式算法对上述进行求解，具体步骤如下。

第一步：初始化工作。按照一定的规则设定每个 t 期的生产总量要求 w_t；根据生产规格要求对硫化工序所有设备按照一定规则进行分组,得到每组设备对应生产的规格类型、每组设备在 t 期的生产能力 $CAP_k = \{cap_{kt}, \cdots, cap_{kT}\}$;规格集合 V。

第二步:按规格交货期先后顺序由后向前对规格集合 V 进行排序,对于交货期相同的规格则按规格任务量由大到小排序,得到 $V = \{1, 2, , \cdots, J\}$,初始化设备组能力值

$$UAP_k = \{uap_{kt_1}, \cdots, uap_{kT} \mid uap_{kt_1} = cap_{kt_1}, uap_{kt_2} = cap_{kt_2}, \cdots, uap_{kT} = cap_{kT}\}$$

令 $j = 1$。

第三步:根据规格 j 的交货期 d_j、生产该规格的每个 t 期生产量 w_t 逆推计算出该规格需要加工的周期数为 $d_j - q_j/w_j$ 个 t 期,则规格 j 初始的加工周期为 $d_j - q_j/w_j + 1, \cdots, d_j$。对规格 j 加工的初始所在周期 $d_j - q_j/w_j + 1, \cdots, d_j$ 逆序排序,令 $\tau = d_j, r = 0$。

第四步:若 $uap_{kt} - a_j w_\tau \geqslant 0$ 则规格 j 在 d_j 期安排生产,且生产量为 w_τ,更新设备组能力值 $uap_{kt} = uap_{kt} - a_j w_\tau, r = r + 1$,到下一步;否则转到第七步。

第五步:若 $r = q_j/w_j$,到下一步;否则 $\tau = \tau - 1$ 转到第四步。

第六步:若 $j = J$ 则转到第八步;否则令 $j = j + 1$,转到第三步。

第七步:令 $\tau = \tau - 1$ 转到第四步。

第八步:算法结束。

6.3　分解算法与求解过程设计

根据成品胎的月需求计划求得班次计划和机台计划的分解算法基本思想如图 6.2 所示。

1)当前计划期内硫化工序分批排序

将当前计划期内的带有生产完成期的生产计划进行组批,根据硫化工序在线信息和机组生产规格的约束要求将当前计划期内的所有生产计划按机组进行分批、排序,以便组织生产。

2)当前计划期周期生产单元的 BOM 分解

在满足成品轮胎需求的前提下,以生产量最大化为目标建立每个工序在一个当前计划期内的生产规格及生产量,并解决各个工序之间量的匹配问题。

3)当前计划期周期生产单元调度计划编制

根据规格和可生产该规格的机组约束,将各工序的生产单元分配到各机组,然后将机组内的生产单元指派排到各机台,形成班次作业计划和机台作业计划。

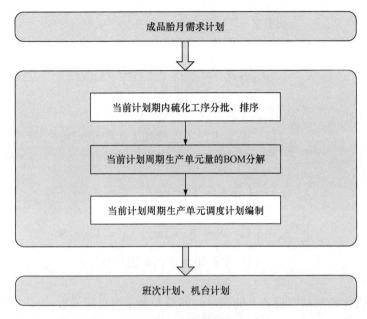

图 6.2　调度分解算法图

6.3.1　当前计划期内硫化工序分批排序

在确定每种规格产品的生产完成期后,将带有生产完成期的月生产计划按一定的周期进行分批,然后逐个滚动进行编制。假设 T_0 为当前计划期,编制时首先将 T_0 内的带有生产完成期的生产计划按设备组的日生产能力进行分批,形成多个生产单元,然后根据硫化工序在线信息和机组生产规格的约束要求将 T_0 内的所有生产单元按机组进行分配、排序。

符号说明:

T_0:当前计划期;

$d_{T_0}^{\min}$:T_0 计划期内第一天;

$d_{T_0}^{\max}$:T_0 计划期内最后一天;

d_j:规格 j 的生产完成期;

S:生产单元总数;

w_{sj}:第 s 个生产单元规格 j 的产量;

m_i:表示工序 i 的设备组数;

M_{ik}:表示工序 i 的第 k 组设备集合,$M_{i1} \bigcap \cdots \bigcap M_{im_i} = \varnothing$,$M_{i1} \bigcup \cdots \bigcup M_{im_i} = M_i$;

$ajt_{kss'}$:k 组设备前后连续加工生产单元 s 与 s' 需要的调整时间。

T_0 期硫化工序的分批排序模如下:

$$\min Z = \sum_{k=1}^{m_n} \sum_{s=1}^{S} \sum_{s'=1}^{S} ajt_{kss'} x_{ks} x_{ks'} y_{kss'} \tag{6.10}$$

s. t.

$$d_{T_0}^{\min} \leqslant d_j \leqslant d_{T_0}^{\max}, \quad j=1,\cdots,N \tag{6.11}$$

$$\frac{1}{|M_{nk}|} \sum_{s=1}^{S} \sum_{s'=1}^{S} (a_j w_{sj} x_{ks} + ajt_{kss'} y_{kss'}) \leqslant T_0, \quad k=1,\cdots,m_n, \quad j \in V \tag{6.12}$$

$$y_{kss'} = \begin{cases} 1, & \text{第 } k \text{ 组设备连续加工生产单元 } s \text{、} s' \\ 0, & \text{其他} \end{cases} \tag{6.13}$$

$$\sum_{s=1}^{S_i} y_{kss'} = 1, \quad k=1,\cdots,m_n, \quad s'=1,\cdots,S \tag{6.14}$$

$$\sum_{s'=1}^{S_i} y_{kss'} = 1, \quad k=1,\cdots,m_n, \quad s=1,\cdots,S \tag{6.15}$$

$$x_{ks} = \begin{cases} 1, & \text{生产单元 } s \text{ 在 } k \text{ 组设备生产} \\ 0, & \text{否则} \end{cases} \tag{6.16}$$

分批优化模型是以设备上的调整时间总和最小为目标函数(式(6.10))。其中要满足 j 规格生产完成期必须在 T_0 周期内(式(6.11))、每组设备的生产时间长度不超过 T_0 等约束(式(6.12)),并且每个生产单元只能被处理一次,不能重复计算(式(6.13)~(6.16))。

批次划分优化依然采用启发式算法求解,具体过程如下。

第一步:初始化工作。根据生产规格要求对硫化工序所有设备按照一定规则进行分组,得到每组设备对应生产的规格类型、每组设备在 t 期的生产能力 CAP_k $=\{cap_{kt},\cdots,cap_{kT}\}$;规格集合 V。

第二步:根据 T_0 期的长度,按 $d_{T_0}^{\min} \leqslant d_j \leqslant d_{T_0}^{\max}$ 从规格集合 V 中选取规格,形成 T_0 期的规格集合 $V_0=\{1,\cdots,J_0\}$,令 $j=1$。

第三步:根据规格 j 的每个 t 期生产量 w_t,将规格 j 的生产量进行分批,批量个数为 $d_j - q_j/w_j$。

第四步:若 $j=J_0$ 则转到下一步;否则令 $j=j+1$,转到第三步。

第五步:算法结束。

其中,批次排序采用遗传算法进行优化,算法具体设计如下。

1) 遗传编码

在批次划分之后,在硫化工序的所有批次、每个批次的批量大小以及每个批次可加工的设备组均为已知。假设批量大小为 S,硫化工序的设备组数为 m,每个设备组集合为 $M_k(k=1,\cdots,m)$,每个批量 $j(j=1,\cdots,S)$ 可加工的设备组为 M_{jk},编码采用式(6.17)作为矩阵编码:

$$A_{1 \times S} = [b_1, \cdots, b_r, \cdots, b_S] \tag{6.17}$$

式中, b_r 为一个实数,表示批量 r 在第 $[b_r]$ | $[b_r]$ ∈ $\{k|M_{rk}\}$ 组设备上加工([·]表示取下整数)。整数部分若出现 $[b_r]$ = $[b_{r'}]$, $r \neq r'$,则表示多个批量的同一组设备上加工,此时按 b_r 值由小到大确定批量在设备组上的加工顺序。若 b_r 值再相同,则随机确定加工顺序。

该矩阵编码可以直接构造用于遗传算法搜索的染色体,染色体包括个 S 基因,染色体的长度为 S 。

2) 初始种群设定

根据上述染色体表示方法,随机产生一些编码矩阵,其中基因 b_r 的大小变化范围与可以加工该批量的设备组有关, b_r | $[b_r]$ ∈ $\{k|M_{rk}\}$ 。

采用随机方法生成若干个个体的集合,便形成求解问题的初始种群。

3) 适应度函数设定

适应度函数是遗传算法进化过程的评判标准,其数值越大表明解的质量越好。对于批次排序问题采用式(6.18)作为适应度函数:

$$F(t) = \frac{1}{\sum_{k=1}^{m_n} \sum_{s=1}^{S} \sum_{s'=1}^{S} ajt_{kss'}x_{ks}x_{ks'}y_{kss'}} \tag{6.18}$$

针对种群中的各个染色体,根据式(6.18)计算其相应的适应度值。

4) 选择操作

模型通过选择操作来实现对群体中的个体优胜劣汰,采用轮盘赌选择方法选择算子。其基本思想是每一个样本个体被选中的概率与其适应度函数值大小成正比。设群体大小为 n ,个体 i 的适应度为 F_i ,则个体 i 被选中遗传到下一代群体的概率为

$$P_i = F_i / \sum_{i=1}^{n} F_i \tag{6.19}$$

为了确保适应度较大的一些个体能够被保留到下一代种群,采用确定式采样来选择复制染色体。先计算每个个体在下一代种群中期望生存的数目 $N_i = P * F_i / \sum_{j=1}^{P} F_j$ ($i=1,\cdots,P$, P 是种群染色体的数量),然后取各 N_i 的整数值 $[N_i]$ 作为该个体在下一代种群中出现的数量,由此可先确定出下一代种群中 $\sum_{i=1}^{P} [N_i]$ 个个体;然后按照各 N_i ($i=1,\cdots,P$)的小数部分对个体降序排列,顺序取前 $P - \sum_{i=1}^{P} [N_i]$ 个个体补充到下一代种群,由此共得到 P 个新染色体组成一组新种群。

选择操作的具体步骤如下:

(1) 计算样本群体中所有个体的适应度函数值;

(2) 计算每个样本个体被选中遗传到下一代的概率;

(3) 采用模拟赌盘操作(即生成 0 到 1 之间的随机数与每个个体遗传到下一代群体的概率进行匹配)来确定各个个体是否遗传到下一代群体中。

5) 交叉操作

交叉运算是指对两个相互配对的染色体依据交叉概率 P_c 按某种方式相互交换其部分基因,从而形成两个新的个体。本文选用单点交叉算子作为交叉算子。

根据前面的编码方式,只要保证 $[b_r] \in \{k | M_{rk}\}$ 就能够保证染色体的合法性。设定染色体的交叉概率为一固定值 $P_c (0 < P_c < 1)$,当产生的随机数 $p < P_c$ 时就发生交叉操作。

6) 变异操作

变异运算是指依据变异概率 P_m 将个体编码串中的某些基因值用其他基因值来替换,从而形成一个新的个体。在此,采用基本位变异算子作为变异算子。

设定染色体的变异概率为一固定值 $P_m (0 < P_m < 1)$,当产生的随机数 $p < P_m$ 时就发生变异操作,变异操作保证 $[b_r] \in \{k | M_{rk}\}$ 从而保证染色体的合法性。

6.3.2　当前计划周期生产单元量的 BOM 分解

设定 T_0 为当前计划周期,则 T_0 周期内生产单元量的工序分解可以描述如下:

在满足月成品轮胎需求规格及需求量的前提下,以成品轮胎利润最大化为目标编制每个工序在 T_0 周期内的生产规格及生产总量,主要解决各个工序之间物料的量的平衡问题。

首先按照计划进行 BOM 分解。

符号定义:

V_G:任务成品轮胎的规格集合;

V_W:半制品的规格集合;

V_R:终炼胶的规格集合;

V:所有成品轮胎的规格集合,$V_G \subseteq V$;

n:工序总数;

i:工序序号,$i = 1, \cdots, n$;

j:物料规格,$j \in V_R \cup V_W \cup V$;

q_j:每种成品轮胎的任务量,$j \in V_G$;

β_{jh}:生产单位规格 h 需要消耗规格 j 的量;

pkt_{ij}:规格 j 在工序 i 的停放时间;

M_i:工序 i 的生产设备集合;

m_i:工序 i 的总设备组数;

M_{ik}:工序 i 的第 k 组设备集合,设备数为 $|M_{ik}|$,$k = 1, \cdots, m_i$,$M_{i1} \cap \cdots \cap M_{im_i}$

$=\varnothing, M_{i1} \bigcup \cdots \bigcup M_{im_i} = M_i;$

V_{ik}：工序 i 的第 k 组设备需要安排生产的规格集合；

δ_{ik}：工序 i 的第 k 组设备能力利用系数；

a_{ijk}：工序 i 的第 k 组设备生产规格 j 的单位产品的加工时间；

c_j：每条 j 规格成品轮胎的利润系数；

T_0：计划期总长度(以时间计)；

cap_{ik}：工序 i 的第 k 组设备正常生产能力(以时间计)，$\mathrm{cap}_{ik} = |M_{ik}| T_0$；

x_{ijk}：工序 i 的第 k 组设备生产规格 j 的总量；

y_{ij}：工序 i 生产规格 j 的总量。

T_0 周期生产单元量的 BOM 分解模型如下：

$$\max Z = \sum_{k=1}^{m_n} \sum_{j \in V_{nk}} c_j x_{njk} \qquad (6.20)$$

s. t.

$$\sum_{k=1}^{m_n} x_{njk} \geqslant q_j, \quad j \in V_G \qquad (6.21)$$

$$\sum_{k=1}^{m_i} x_{ijk} = \beta_{jh} \sum_{k'=1}^{m_h} x_{ihk'}, \quad j,h \in V_R \bigcup V_W \bigcup V, \quad i,i' = 1,\cdots,n \qquad (6.22)$$

$$\sum_{j \in V_{ik}} a_{ijk} x_{ijk} \leqslant \delta_{ik} \mathrm{cap}_{ik}, \quad i = 1,\cdots,n, \quad k = 1,\cdots,m_i \qquad (6.23)$$

$$\sum_{i=1}^{n} \left[\frac{1}{m_i} \sum_{k=1}^{m_i} \left[\frac{1}{|M_{ik}|} \sum_{j \in V_{ik}} (a_{ijk} x_{ijk} + pkt_{ij}) \right] \right] \leqslant T_0 \qquad (6.24)$$

$$y_{ij} = \sum_{k=1}^{m_i} x_{ijk}, \quad i = 1,\cdots,n, \quad j \in V_R \bigcup V_W \bigcup V \qquad (6.25)$$

$$x_{ijk} \geqslant 0, \quad i=1,\cdots,n, \quad j \in V_R \bigcup V_W \bigcup V, \quad k=1,\cdots,m_i \qquad (6.26)$$

该模型以成品轮胎利润最大化为目标函数(式(6.20))。同时要考虑完成任务量约束、父物料与子物料之间的构成关系(BOM 关系)约束和设备能力约束。

该模型为线性规划模型，采用标准的线性规划进行求解，但在求解过程中要注意一定带着交货期的属性值。

6.3.3 当前计划周期生产单元调度计划编制

根据 BOM 分解后就会得到成型、裁断和半制品工序上的各生产单元，根据规格和可生产该规格的机组约束，将各工序的生产单元分配到各机组，然后将机组内的计划按照下列规则指派排到机台：

当有两种规格的调整时间相同时，计算该计划在该工序的完成期，按完成期最早的优先安排。

符号定义：

V_G：任务成品轮胎的规格集合；

V：所有成品、半制品和原料的规格集合；

T：计划期；

i,i'：工序序号；

j,h：物料规格 $j \in V, h \in V$；

q_{ijt}：工序 i 生产的规格 j 在 t 期的生产消耗量；

pst_{ikr}^{js}：i 工序第 k 组设备的第 r 个设备加工 j 规格第 s 个生产单元的加工时间；

$pkt_{ij}^{\min}$：工序 i 规格 j 的最小停放时间；

$pkt_{ij}^{\max}$：工序 i 规格 j 的最大停放时间；

M_i：工序 i 的生产设备集合；

m_i：表示工序 i 的总设备组数；

M_{ik}：表示工序 i 的第 k 组设备集合，$M_{i1} \bigcap \cdots \bigcap M_{im_i} = \varnothing$，$M_{i1} \bigcup \cdots \bigcup M_{im_i} = M_i$；

$ajt_{ikr}^{ss'}$：工序 i 的第 k 组设备上连续加工批量 r 和 r' 时需要的调整时间；

I_{it}：工序 i 在 t 初期的库存；

$I_{it}^{\max}$：工序 i 的在周期 t 内的最大库存能力；

d_j：成品轮胎 j 的交货期；

ω_1：脱节惩罚系数；

ω_2：等待惩罚系数；

x_{ikr}^{js}：i 工序第 k 组设备的第 r 个设备第 j 种规格第 s 个生产单元的开始加工时间。

T_0 周期生产单元调度计划编制模型如下：

$$
\begin{aligned}
\min Z = \ & \omega_1 \sum_{i=1}^{n} \sum_{k=1}^{m_i} \sum_{r=1}^{M_k} \sum_{s=1}^{S_i} \sum_{s'=1}^{S_i} (x_{ikr}^{js'} - x_{ikr}^{js} - pst_{ikr}^{js} - ajt_{ikr}^{ss'}) y_{ikr}^{ss'} \\
& + \omega_2 \sum_{j \in V} \sum_{i=1}^{n-1} \sum_{\substack{r \in M_k \\ r' \in M_{k'}}} \sum_{s=1}^{S_i} (x_{i+1,k',r'}^{js} - x_{ikr}^{js} - pst_{ikr}^{js} - pkt_{ij}^{\min})
\end{aligned}
\tag{6.27}
$$

s. t.

$$
\begin{aligned}
& x_{ikr}^{js} + pst_{ikr}^{js} + ajt_{ikr}^{ss'} \leqslant x_{ikr}^{js'} y_{ikr}^{ss'} \\
& i=1,\cdots,n,\ k=1,\cdots,m_i,\ r=1,\cdots,|M_k|,\ j,j' \in V,\ s,s'=1,\cdots,S_i
\end{aligned}
\tag{6.28}
$$

$$
\begin{aligned}
& x_{i+1,k',r'}^{js} - x_{ikr}^{js} - pst_{ikr}^{js} \geqslant pkt_j^{\min} \\
& i=1,\cdots,n-1,\ k=1,\cdots,m_i,\ k'=1,\cdots,m_{i+1}, \\
& r=1,\cdots,|M_k|,\ r'=1,\cdots,|M_{k'}|,\ j \in V,\ s=1,\cdots,S_i
\end{aligned}
\tag{6.29}
$$

$$x_{i+1,k',r'}^{js} - x_{ikr}^{js} - pst_{ikr}^{js} \leqslant pkt_j^{\max}$$
$$i=1,\cdots,n-1,\ k=1,\cdots,m_i,\ k'=1,\cdots,m_{i+1},$$
$$r=1,\cdots,|M_k|,\ r'=1,\cdots,|M_{k'}|,\ j\in V,\ s=1,\cdots,S_i \tag{6.30}$$

$$I_{it} + \sum_{i=1}^{n}\sum_{j\in V} w_{ijt} - \sum_{i=1}^{n}\sum_{j\in V} q_{ijt} \leqslant I_{it}^{\max},\ t=1,\cdots,T \tag{6.31}$$

$$y_{ikr}^{ss'} = \begin{cases} 1, & \text{工序 } i \text{ 的第 } k \text{ 组设备中第 } r \text{ 设备上连续加工批生产单元 } s \text{、} s' \\ 0, & \text{否则} \end{cases} \tag{6.32}$$

$$\sum_{s=1}^{S_i} y_{ikr}^{ss'} = 1,\quad i=1,\cdots,n,\ k=1,\cdots,m_i,\ r=1,\cdots,|M_k|,\ s'=1,\cdots,S_i \tag{6.33}$$

$$\sum_{s'=1}^{S_i} y_{ikr}^{ss'} = 1,\quad i=1,\cdots,n,\ k=1,\cdots,m_i,\ r=1,\cdots,|M_k|,\ s=1,\cdots,S_i \tag{6.34}$$

$$x_{ikr}^{js} \geqslant 0,\quad i=1,\cdots,n,\ k=1,\cdots,m_i,\ r=1,\cdots,|M_k|,\ j\in V,\ s=1,\cdots,S_i \tag{6.35}$$

该模型以脱节惩罚费用和等待惩罚费用总和最小为目标函数(式(6.27));同时满足如下约束:同一组设备同时只能加工一个生产单元(式(6.28)),生产单元在工序之间必须满足最小停放时间要求(式(6.29)),生产单元在工序之间的停放时间不能超过最大停放时间(式(6.30)),还要考虑库存能力约束(式(6.31)),而且每个生产单元只能被处理一次,不能重复计算(式(6.32)~式(6.35))。

求解遗传算法具体设计如下。

1) 遗传编码

根据批次划分原则可以知道每个工序的批次总数是一样的,且工序之间的批次存在着一一对应的关系。所有批次、每个批次的批量大小以及每个批次可加工的设备组均为已知。假设工序总数为 N,每个工序的批量数均为 S,工序的设备组数为 $m_i(i=1,\cdots,N)$,每个工序的设备组集合为 $M_{ik}(i=1,\cdots,N,k=1,\cdots,m_i)$,每个批量 $j_i(1,\cdots,S)$ 可加工的设备组为 M_{ijk},编码采用矩阵编码如式(6.36):

$$A_{N\times S} = \begin{bmatrix} b_{11} & \cdots & b_{1r} & \cdots & b_{1S} \\ \vdots & & \vdots & & \vdots \\ b_{i1} & \cdots & b_{ir} & \cdots & b_{iS} \\ \vdots & & \vdots & & \vdots \\ b_{N1} & \cdots & b_{Nr} & \cdots & b_{NS} \end{bmatrix} \tag{6.36}$$

式中,b_{ir} 为一个实数,表示工序 i 的批量 r 在第 $[b_{ir}]|[b_{ir}]\in\{k|M_{irk}\}$ 台设备上加工([•]表示取下整数)。整数部分若出现 $[b_{ir}]=[b_{ir'}]$, $r\neq r'$,则表示多个批量在同

一台设备上加工,此时,若 $i=N$,则按 b_{ir} 值由小到大确定各炉次计划的加工顺序。若 $i\geqslant 1$,则根据每个批量的后一个工序的完成时间来确定加工顺序,即后一个工序先完成的先加工(FIFO)。若后一个工序的完成时间相同,则按 b_{ir} 值由小到大确定各炉次计划的加工顺序,若 b_{ir} 值再相同,则随机确定加工顺序。

该矩阵编码可以构造用于遗传算法搜索的染色体,染色体由 N 个小段组成,每个小段包括个 S 基因,由矩阵的每一行组成一个小段,小段之间用标识符"0"隔开,表示不同的工序,因此染色体的长度为 $N\times S+N-1$,染色体可表示为式(6.37):

$$b_{11},\cdots,b_{1r},\cdots,b_{1S},0,b_{21},\cdots,b_{2r},\cdots,b_{2S},0,\cdots,0,\cdots,b_{N1},\cdots,b_{nr},\cdots,b_{NS}$$
$$(6.37)$$

2)初始种群设定

根据上述染色体表示方法,随机产生一些编码矩阵,其中基因 b_{ir} 的大小变化范围与可以加工该批量的设备组有关,$b_{ir}\,|\,[b_{ir}]\in\{k\,|\,M_{irk}\}$。

采用随机方法生成若干个个体的集合,便形成求解问题的初始种群。

3)适应度函数设定

适应度函数值越大,解的质量越好。适应度函数是遗传算法进化过程的驱动力,也是进行自然选择的唯一标准,对于批次排序问题采用如下的适应度函数:

$$F(t)=1\Big/\Big[\omega_1\sum_{i=1}^{n}\sum_{k=1}^{m_i}\sum_{r=1}^{M_k}\sum_{s=1}^{S_i}\sum_{s'=1}^{S_i}(x_{ikr}^{js'}-x_{ikr}^{js}-pst_{ikr}^{js}-ajt_{ikr}^{ss'})y_{ikr}^{ss'}$$

$$+\omega_2\sum_{j\in V}\sum_{i=1}^{n-1}\sum_{\substack{r\in M_k\\r'\in M_{k'}}}\sum_{s=1}^{S_i}(x_{i+1,k',r'}^{js}-x_{ikr}^{js}-pst_{ikr}^{js}-pkt_i^{j})\Big] \qquad (6.38)$$

针对种群中的各个染色体,根据式(6.38)计算其相应的适应度值。

4)选择、交叉、变异操作

与硫化工序批次排序遗传算法中选择、交叉、变异操作相同。

6.4　轮胎企业生产调度系统实现与应用效果

6.4.1　生产调度系统总体框架

轮胎企业的生产调度功能是 MES 的核心组成部分,生产调度主要任务是在资源合理分配的条件下达成企业优化排产的目标,要满足订单的交货期、实现产能的最大化。

生产调度系统的总体框架如图 6.3 所示。首先计划调度系统需要与上层的计划系统进行通信,获得每月的需求计划,然后通过与控制层的通信接口设备状态信息、半制品和胶料的库存信息,参考工艺、小料、生胶和成品胎库存信息,经过优化计算后,将月度计划合理划分成日计划和机台的调度任务,生产过程中不断地取样送到快检部门,通过质量信息的反馈,适当地对计划任务进行调整。

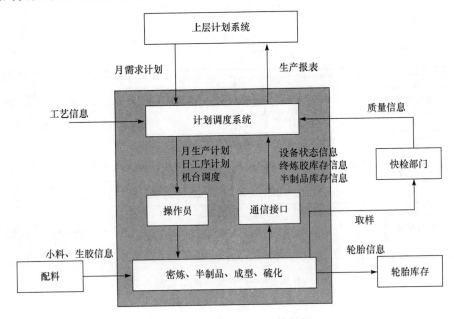

图 6.3　生产调度系统总体框架

轮胎企业的生产调度应由生产计划部门发起,指导各个车间完成计划的制订,如图 6.4 所示。生产计划部门将月度生产计划分解成日生产计划,然后将日计划交付硫化车间,硫化车间根据轮胎日生产计划和当前的成品库情况制订硫化日计划,成型车间再根据硫化计划和胎胚库数量制订成型日计划,半制品车间则要根据成型日计划和半制品库存制订带束层、胎体、子口包布和钢丝压延等工序的日计划,最后炼胶车间会根据半制品车间的日计划和胶料库存数量制订炼胶生产计划。轮胎生产月生产计划和日生产计划的处理流程如图 6.5 和图 6.6 所示。

另外,实际生产调度计划制订时,还要考虑轮胎生产过程的工艺要求,要满足半制品停放时间要求,要考虑规格切换之间的辅助调整时间,争取做到工序间脱节率低、完成时间短和设备负荷尽可能平衡。

6.4.2　生产调度系统功能设计

生产调度系统以准确的实时库存为基础,以计划处、各分厂的生产管理为主线,融合先进的生产排程技术,是一套促进企业向精益生产、柔性制造方向发展的信息集成系统。生产调度系统包括以下模块:物料编码模块、生产能力维护模块、

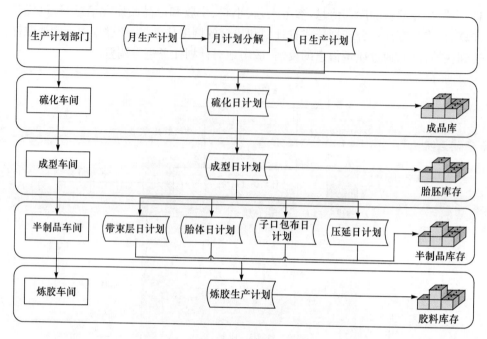

图 6.4　生产调度系统信息流

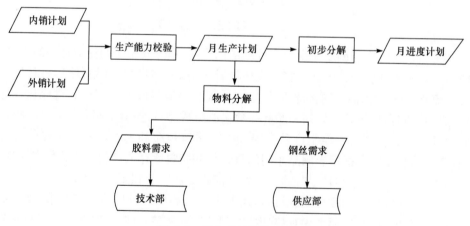

图 6.5　月生产计划处理流程

排产参数维护模块、月生产计划模块、月生产进度安排模块、日计划安排模块、硫化模块管理模块、硫化商标块管理模块、物料需求管理模块、成品库接口模块、硫化生产调度子系统、胎胚库存模块、成型生产调度子系统、半制品库存管理子系统、半制品生产调度子系统、胶料库存管理子系统、胶料生产调度子系统。系统的功能架构如图 6.7 所示。

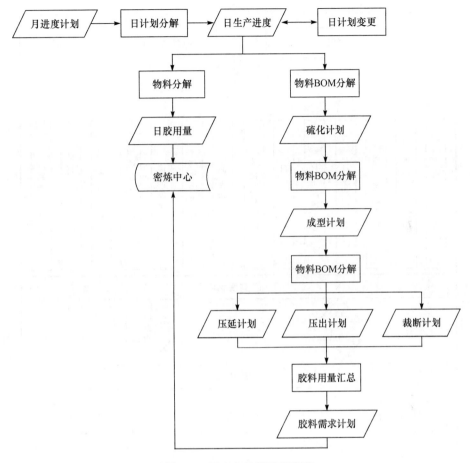

图 6.6　日生产计划处理流程

6.4.3　生产调度系统接口设计

生产调度系统的接口设计分为两大类——内部接口和外部接口,如图 6.8 所示。

1）生产调度系统内部接口

（1）生产调度系统与胎胚库存的接口。

生产调度系统的成型调度子系统与胎胚库存管理有着内部接口,成型工序生产调度需要考虑现有胎胚的库存,因为胎胚的工装数量是一定的,胎胚存放场地也有限,必须根据胎胚库存合理安排生产胎胚的规格型号和数量,以满足硫化工序的生产需求。

（2）生产调度系统与半制品库存的接口。

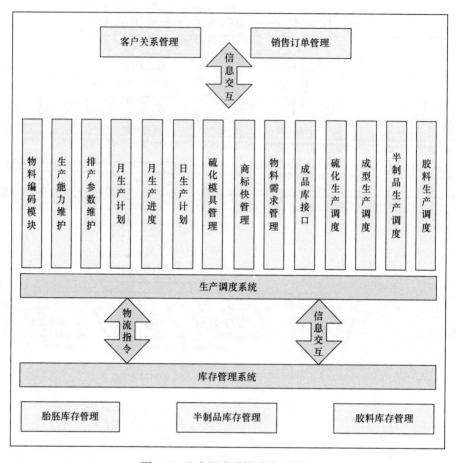

图 6.7　生产调度系统功能架构图

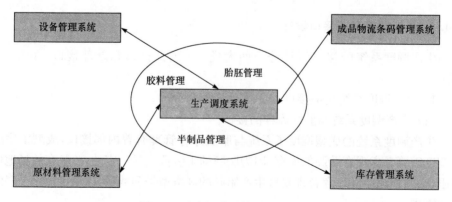

图 6.8　生产调度系统接口设计图

生产调度系统的半制品调度子系统与半制品库存管理有着内部接口,在进行半制品生产调度时,需要考虑半制品库存,考虑半制品停放时间,从而进行半制品的生产安排以满足成型工序的生产需要。

(3) 生产调度系统与胶料库存的接口。

生产调度系统的胶料调度子系统与胶料库存有着内部接口,密炼分厂每天提供的终炼胶料必须满足半制品工序的生产需求,胶料生产要根据胶料库存和停放时间的相关要求进行调度。

2) 生产调度系统外部接口

(1) 生产调度系统与成品条码物流的接口。

生产调度的目的是完成生产订单。在成品条码物料系统中可以得到成品轮胎的库存,建立生产调度系统与成品条码物流系统的接口,可以更准确地对生产进行调度,更好地完成订单的交付。

(2) 生产调度系统与设备管理的接口。

生产调度系统中设备的数量、生产能力、运转率等对生产排程都是很关键的信息,所有这些信息都可以从设备管理系统中更准确地得到,建立生产调度系统与设备管理系统的接口,对生产调度系统的准确运行将起到非常大的作用。

(3) 生产调度与原材料管理的接口。

原材料的供应对生产的正常、有序进行非常重要,但原材料库存积压过多,会占用过多资金,原材料库存少,可能会对生产的快速进行形成制约,建立生产调度与原材料管理的接口,可以实现按需采购,提高资金周转率。

(4) 生产调度与工艺管理的接口。

生产与工艺是紧密地结合在一起的,当接到生产订单时,需要根据其具体的工艺路线进行分解制造,安排各种部件的生产,最后组装。建立生产调度与工艺管理的接口,可以准确地根据加工路线进行生产调度。

6.4.4　轮胎企业生产调度系统应用效果

该系统在国内某大型轮胎生产企业进行了应用实施,该企业目前生产计划的安排多凭人工经验,设备产量和状态信息全都依靠纸质报表进行传递,信息传递效率十分低下,且人工排产的结果多数情况下会造成资源的闲置或物料脱节等情况。采用本系统进行 MES 生产计划排产后,大大缩短了轮胎生产过程中的脱节时间,提高了轮胎产量,并且降低了信息录入误差,提高了信息的共享程度。

表 6.1 列出了在该轮胎企业采用该系统前后的日产能数据,从表中可以看出,在使用了该系统后,脱节时间有了较为明显的改善,尤其是成型脱节时间减少了50%以上,产量有了大幅的提高。

表 6.1　调度算法优化前后产量及脱节时间对比

日期	产量	成型脱节	机修保养	洗换修模	工艺停台	自身原因	换胶囊	外部原因	脱节合计
3月7日	10339	265.96	66.86	69.65	29.25	0.00	29.65	0.00	461.37
3月8日	10368	274.52	53.84	79.15	21.97	0.00	23.32	0.00	452.80
3月9日	10009	243.49	118.62	201.95	33.82	0.00	25.75	0.00	623.63
3月10日	9814	357.99	111.50	186.94	28.25	8.60	31.53	32.00	756.81
3月11日	10152	186.90	108.65	181.09	40.31	3.5	39.82	0.00	560.27
5月7日	10868	30.97	63.47	123.38	0.00	0.00	17.34	0.00	235.16
5月8日	10913	48.33	74.13	72.86	0.00	0.00	20.33	2.00	217.65
5月9日	10873	88.38	49.13	70.80	0.00	0.00	25.93	6.50	244.34
5月10日	10589	209.89	48.85	74.09	0.56	0.00	27.08	13.80	374.27
5月11日	10763	126.35	88.10	43.85	2.00	0.00	26.61	0.00	286.91

参 考 文 献

陈峰,杨殿才,朱可辉,等.2010. 基于 MES 的轮胎成型和硫化生产调度系统[J]. 计算机与应用化学,27(1):108-112.

高彦臣,朱可辉,俞胜平,等.2010. 轮胎行业计划调度一体化系统的研究[J]. 自动化仪表,31(10):38-41.

韩兵,张颖川,席裕庚.1999. 橡胶轮胎混合生产过程建模与调度[J]. 化工自动化及仪表,26(6):8-11.

罗武,覃宇.2007. 改进自适应遗传算法在硫化车间调度中的应用[J]. 中国制造业信息化,36(13):10-13.

宁维巍,雷毅,仲华惟,等.2009. 两种不同生产管理模式下的 APS 应用研究[J]. 组合机床与自动化加工技术,(04):104-108.

宁维巍,雷毅,仲华惟,等.2009. 无等待排列流水车间提前/延期调度问题研究[J]. 北京邮电大学学报,32(6):72-76.

孙林岩,李怀祖,梁波.1996. 生产作业计划的数学方法综述[J]. 管理科学学报,(2):116-124.

徐智,韩兵,席裕庚.2000. 一类带缓冲区的混合 FlowShop 生产过程的 Makespan 生产调度[J]. 上海交通大学学报,34(12):1667-1671.

徐智,席裕庚,韩兵.2000. 基于递归算法的一类带缓冲区的混合生产调度[J]. 系统工程,18(6):43-47.

徐智,席裕庚,韩兵.2001. 连续生产过程的最速生产调度[J]. 上海交通大学学报,35(8):1121-1124.

姚志红,韩兵,马殿光.1999. 混杂系统生产调度与多种群交叉遗传算法[J]. 上海交通大学学报,33(12):1533-1536.

Chang J, Gong D, Ma X. 2007. A heuristic genetic algorithm for no-wait flowshop scheduling problem[J]. International Journal of Mining Science and Technology, 17(4):582-586.

Chuen L C, Neppalli R V, Aljaber N. 1996. Genetic algorithms applied to the continuous flow shop problem[J]. Computers & Industrial Engineering, (30):919-929.

Degraeve Z, Schrage L. 1997. A tire production scheduling system for Bridgestone/Firestone off-the-road [J]. Operations Research, 45(6):789-796.

Degraeve Z, Schrage L. 1998. HOP: A software tool for production scheduling at Bridgestone/Firestone off-the-road[J]. European Journal Operations Research, 110(2):188-198.

Hicks C, Pongcharoen P. 2006. Dispatching rules for production scheduling in the capital goods industry[J]. International Journal of Production Economics Strategic Issues and Innovation in Production Economics, 104(1):116-154.

Lee C Y, Choi J Y. 1995. A genetic algorithm for job sequencing problems with distinct due dates and general early-tardy penalty weights[J]. Comput. Oper. Res, 22(8):857-869.

Lenstra J K, Kan A H, Brucker P. 1997. Complexity of machine scheduling problems[J]. Annals of Discrete Mathematics, (1):343-362.

Lenstra J K, Kan A H. 1979. Computational complexity of discrete optimization problems[J]. Annals of Discrete Mathematics, (4):121-140.

Lenstra J K, Rinnooy, Kan A H. 1978. Complexity of scheduling under precedence constraints [J]. Operations Research, 26(1):22-35.

Nowicki E, Smutnicki C. 1996. A fast tabu search algorithm for the permutation flow-shop problem[J]. European Journal of Operational Research, 1996, 91(1):160-175.

Panwalkar S S, Iskander W. 1977. A survey of scheduling rules[J]. Operations Research, 25(1):45-61.

Rand G K. 2000. Critical chain: The theory of constraints applied to project management[J]. International Journal of Project Management, 18(3):173-177.

Reeves C R. 1995. A genetic algorithm for flowshop sequencing[J]. Computers & Operations Research, 22(1):5-13.

Sortrakul N, Nachtmann H L, Cassady C R. 2005. Genetic algorithms for integrated preventive maintenance planning and production scheduling for a single machine[J]. Computers in Industry Applications of Genetic Algorithms in Industry, 56(2):161-168.

Tay J C, Ho N B. 2008. Evolving dispatching rules using genetic programming for solving multi-objective flexible job-shop problems[J]. Computers & Industrial Engineering, 54(3):453-473.

Verma R. 1997. Management science, theory of constraints/optimized production technology and local optimization[J]. Omega, 25(2):189-200.

Watson K J, Blackstone J H, Gardiner S C. 2007. The evolution of a management philosophy: The theory of constraints[J]. Journal of Operations Management, 25(2):387-402.

第7章 轮胎生产全过程追溯体系设计

轮胎是汽车的重要部件,轮胎质量的好坏直接影响到汽车驾驶的舒适度,甚至生命安全。随着我国汽车工业的发展及客户需求的不断提高,对轮胎质量终身跟踪逐渐成为汽车工业对轮胎的重要要求。目前大部分轮胎厂家的信息化建设还不完善,许多厂家还采用手工抄录胎号等比较原始落后的管理方式,由于手工操作量大而且失误率高,不能建立完善的数据档案,这种方式满足不了企业对轮胎生产信息准确追溯的要求,不能为企业精益化生产提供准确的数据。本章对追溯体系的研究现状进行分析,提出了轮胎生产的全过程追溯体系。

7.1 轮胎产品可追溯体系的研究现状

国内轮胎企业普遍比较注重于轮胎的生产和销售,对生产过程的数据管理并不是很关注。近几年,随着用户需求的提升、国家政策的引导、信息技术的发展以及科学管理理念的普及和提升,信息化和数字化管理已经逐步开始被国内企业接受。而国外轮胎企业对信息化的认知度和重视度都比较高,其实施的信息化系统也已经经过了几代产品的更新和发展,建立了成熟系统的信息化体系,基本可以实现产品数据的可追溯性。

7.1.1 可追溯性的定义

国际标准化组织(International Organization for Standardization,ISO)给出的追溯定义为:通过记录标识回溯某个实体来源、用途等信息的方法。组织应在产品实现的全过程中使用适当的方法标识产品,防止混用或错用不同类别、规格或状态的产品。在规定要求可追溯性情况下,通过唯一性标识,可追溯产品的形成过程,以便弄清其原材料和零部件的来源,查明产生质量问题的原因、明确责任。

要实现产品可追溯性,需要记录过程信息、检验信息等直接要素,还需要涉及采购信息、实验信息、物流信息、交付信息等一系列生产过程中会发生的相关间接要素。

轮胎生产过程的追溯可以分为分工序追溯或全过程追溯、单条轮胎追溯或批次追溯、组织追溯或人员追溯等,产品及产品的各个阶段都需要进行唯一标识。记录追溯需要大量的数据支持,必须建立专门的系统来负责收集和实施可追溯性管理。

7.1.2　追溯体系的对象范围

产品质量追溯体系中,首先需要明确的是质量追溯的范围。一般来讲,质量追溯关注的对象大致可划分为产品本身的状况、产品使用的物料、产品生产中的处理过程、产品设计上的问题和生产环境的因素。因此在进行质量追溯时,通常要追溯产品生产时的相关信息、产品使用零部件的相关信息、产品工艺的相关信息、产品设计的相关信息和产品生产时的时间、温度等环境信息,这些信息最后构成了质量追溯的对象范围。

轮胎追溯体系的对象涵盖了轮胎企业生产、质量、设备等管理的各个方面。涉及的生产相关流程包括密炼、配料、炭黑输送、复合压延、内衬压延、零度带压延、钢丝压延、多刀纵裁、钢圈缠绕、胎圈敷贴、帘布直裁、帘布斜裁、成型、硫化、质检、入库、出库等,与这些流程相关的设备信息、人员信息、生产过程实时状态信息、工艺信息、施工标准、计划信息、各种物料的物流状态信息、产成品半成品的库存状态信息等都是追溯体系的范围和内容。

7.1.3　轮胎企业追溯体系的重要性

轮胎是重要的安全产品,轮胎质量一旦发生问题,可能导致非常严重的事故,因此轮胎企业对于轮胎质量的重视程度非常高,能够在出现质量问题时尽快找到问题和原因或者明确质量责任,对于轮胎企业是很有帮助的。

除了更坚固耐用、更舒适宁静外,如何让轮胎更"聪明"一直是轮胎制造商努力的方向,以米其林为首的国际一流轮胎制造商已开发出多种智能轮胎技术及产品。轮胎智能化不仅仅是轮胎自身的一场革命,还将带动轮胎制造工艺技术与生产设备产生变革,而可追溯性就是智能轮胎的一项重要特性。

所谓历程可追溯性就是要求轮胎在制造、出厂、使用(包括维修、翻新)、报废全过程中的每一阶段均形成资料,而且可以随时提档查阅。目前美国联邦公路交通安全管理局(NHTSA)和美国汽车工业立法小组(AIAG)正在制定新标准《轮胎示踪能力标准》和《轮胎历程可追溯性记录标准》,从标准层面提出了轮胎生产使用的可追溯性规范。历程可追溯性记录的内容将包括轮胎的身份,即轮胎品牌、生产序列号、DOT 代码、生产厂厂址、生产日期、轮胎的户籍(即装车资料,通常包括汽车主轴号码、轮辋号码)、轮胎的使用资料(即历次出车时轮胎的温度、充气内压、速度、受力、变形等数据以及历次翻新、修补情况)、轮胎报废资料(即报废原因、报废日期)。虽然可追溯性并不能直接提高轮胎产品的质量,但通过对生产过程、物料等信息的追溯,可以帮助企业监控产品的每一个环节,构建完备的安全体系。因此对轮胎可追溯体系的研究是我国轮胎企业信息化发展的重要趋势,对我国轮胎企业产品质量的提升有巨大的促进作用。

7.1.4　轮胎生产过程追溯体系的应用现状及不足

当前,国际橡胶轮胎巨头已经开始实施企业级信息化管理系统和先进信息管理技术,正在引导轮胎制造业由劳动密集型向技术密集型转化,一场新的信息技术革命正在兴起,企业管理也正在向信息化、智能化、网络化、模块化、集成化方向发展。在企业信息化管理系统方面,各国际知名轮胎厂商均已经应用 ERP 系统等成熟的软件系统管理企业,极大地提高了企业管理效率,降低了管理成本。但这些系统都局限于企业办公和高层业务处理,没有实现对车间、工序、机台的信息化管理和控制,在工序和机台的车间生产层面产生了数字信息化断层,无法结合设备自动化控制层。国际上著名的 SAP、Oracle 等管理系统软件也仅限于满足行业间具有共性的企业管理业务流程,缺乏面向轮胎行业特有业务的针对性解决方案,无法满足轮胎企业日常的生产管理、质量控制方面对软件系统的需求。

目前,国际主流轮胎厂商为了有效地衔接业务层和控制层,大多实施了 MES,但多数实施范围不完整或者各个独立子系统上线时间不一致。虽然大多数企业上线的 MES 已经覆盖轮胎生产的原材料仓库、炼胶车间、半制品各工序、胎胚成型工序、硫化工序、各质检工序、成品仓库管理等业务环节,同时在生产制造过程中运用多种数据采集手段,能够准确快速地采集到各种原材料,半制品、产成品和加工过程的实时数据,但密炼、半制品和成型后工序都相对比较独立,而且各个阶段的数据采集方式也有区别,因此,各个阶段的追溯体系也相对独立,造成了整个追溯体系数据管理的断层,导致前后工序已经采集的大量有价值数据无法贯通,轮胎全流程的数据追溯也无法实现。目前各系统的工序覆盖如图 7.1 所示。

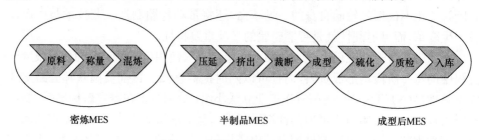

图 7.1　各主要系统工序覆盖图

因此,如何将三部分相对独立的追溯系统融合在一起,对于轮胎制造全面信息化管理具有关键的意义。

7.2　轮胎生产过程中的物料数据采集方案设计

本节分别介绍条码技术和 RFID 技术的发展和应用现状,并对两种不同的技术进行对比分析。

7.2.1 基于条码技术的数据采集方案

1) 条码技术概述

条码(Barcode)是由美国的 Woodland 在 1949 年首先提出的。随着计算机应用的不断普及,条码的应用也得到了很大的发展。条码是由宽度不同、反射率不同的条和空,按照一定的编码规则(码制)编制成的,用以表达一组数字或字母符号信息的图形标识符。即条形码是一组粗细不同,按照一定的规则安排间距的平行线条图形。条形码一般就是由反射率相差很大的黑条(简称条)和白条(简称空)组成的。扫描仪和识别处理器是自动识别技术的关键,扫描仪聚集条形码数据并把它们转换成可用的信息。

2) 条码技术在轮胎生产过程中的使用

在轮胎生产过程中,通过在轮胎生产的各个工序部署条码扫描设备,对原材料、辅料、半成品和产成品进行条码管理,可以实现整个轮胎生产过程数据的采集和管控。条码在轮胎生产过程中的应用示例如图 7.2 所示。

图 7.2 投产看板

轮胎生产原材料进厂后,需打印原材料批次条码,将原材料入库信息与原材料批次条码建立准确的对应关系,然后将原材料批次条码粘贴到原材料批次工装上,这样就可以通过条码对每一批次的原材料进行准确的管理。当原材料出库时,扫描批次工装上的原材料条码,系统就会自动采集相应的出库原材料的信息,及时准确地统计原材料库存及消耗。

原材料在密炼工序投入使用的时候,首先要扫描条码,系统会根据计划的工艺配方验证原材料是否准确,从而避免用错料的现象。同时,通过工艺配方和生产计划自动生产并打印密炼工序的条码,建立密炼胶料批次条码和原材料批次的追溯对应关系,同时记录密炼生产过程中的温度、压力、转速等各项参数,与产成品的数据建立准确的对应关系,以便通过条码可进行追溯统计分析,而且能对在线的生产

　　过程信息进行准确的监控。投入的原材料在密炼工序按照密炼的工艺流程进行混炼、终炼等加工过程,最终形成终炼胶,经过快检室门尼黏度、硫变、分散度等各项指标的检验,合格的产品将流转到下一工序使用。中间产成品的流转通过流转卡片的形式进行物流输送,流转卡片上打印与批次号一致的条码进行唯一标识。

　　半制品工序从密炼工序获取胶料,经过钢丝压延、零度带束层、复合挤出、内衬层压延、多刀纵裁、胎圈敷贴、斜裁、直裁等工序,直至成型生产出胎胚,其过程全部可以通过条码进行跟踪及管理。半制品材料流转通过条形码的方式进行标识,每工装(百页车、工字轮)等打印唯一的条形码标识,工序之间通过扫描条形码,来建立前后产品的追溯关系(图7.3通过树结构建立了条码追溯的关系),实现物料防误验证等功能。同时,机台产生的废料和返回料信息也可通过条码进行记录、追溯与统计,从而实现了轮胎全生命周期数据的全线打通,生产、工艺、质量、物流的全面智能化、网络化和实时化。

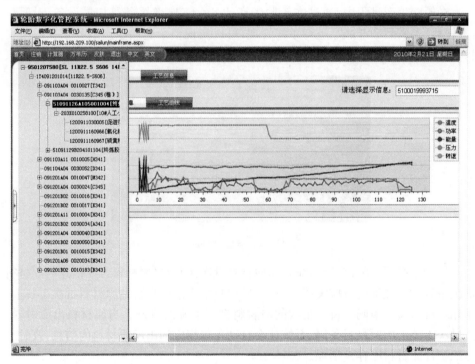

图7.3　半制品质检追溯关系示意图

　　轮胎成型后工序主要由成型、硫化、质检和成品入库四个工序组成,如图7.4所示。条码在轮胎成型后工序的应用主要包括成型生产系统、硫化生产系统、成品质检管理系统、仓储物流管理系统。成型生产系统、硫化系统及成品质检系统主要通过条码枪扫描来采集生产现场的规格信息和质检过程中的品级信息,同时执行来自管理系统的作业指令,仓储物流系统主要处理出入库信息的记录和统计、条码标签的补打等功能。

条码是产品信息的载体,通过在成型、硫化工序敷贴条码,并保持于硫化、质检、入库、出库、销售、理赔整个轮胎的生命周期中,在任何环节都可以查询此轮胎的生产信息、工艺信息、库存、销售等信息,能够为企业提供可靠的原始数据进行生产质量评估,对轮胎生产过程、质量检验、质量跟踪及生产成本的控制等方面能够起到非常显著的成效。

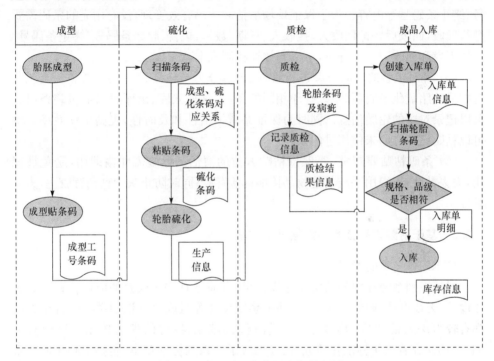

图 7.4 成型后工序流程及条码应用

3)条码技术在轮胎生产中的应用规范

在任何环节,条码标签的损坏或丢失,都会导致系统数据的不完整性,从而无法建立起轮胎的追溯渠道。为了方便系统运作,有效降低管理成本,需要制定条码应用管理规范。

(1)为了保证如此多的分发环节正确无误,保持条形码和铝牌号的一致性,需要预先将胎号同铝牌号进行对应。其中有两种处理方式:一种方式通过对供应商进行管理,由供应商将条形码和铝牌进行绑定;一种方式购买专用的贴标设备,同时打印铝牌和条形码,将条形码和铝牌一一绑定。

(2)为方便操作人员输入工号信息,系统提供人员工号条码打印功能,为每位操作人员打印操作工号。工号条码需要粘贴在胸牌或工作牌上,接班或操作时扫描工号条码,提高工作效率,同时需要指派人员兼职负责工号的打印和检查,如果工号丢失,能够迅速的进行补打。

(3)机台工号条码应安装到硫化机台的固定位置,高度适中,方便用户扫描。为了防止机台条码丢失或者脏污,可以通过增加透明钢化玻璃进行保护,条码损坏后由硫化班组长进行重新打印并粘贴到固定位置。

(4)成型和硫化工序胎胚及轮胎条码,由班组长负责下发,下发时根据当班的计划产量进行下发,下发后登记下发日期、下发人、接收人、数量、机台、起始条码号、终止条码号等内容。为了保证现场清洁和条码有效管理,没有用完的条码需要进行回收,回收后登记回收人、接收人、日期、数量、机台、起始条码号、终止条码号。通过下发和回收记录的分析,可以有效地控制成本。

(5)针对包装的不同类型进行管理,包装分为全包装、半包装、裸装。全包装时扫描轮胎硫化条码后,系统打印相同的条码,这样入库、出库时扫描包装条码就可以记录对应的轮胎信息。同时为保证系统灵活性和及时性,提高工作效率。也可以粘贴已经打印未使用过的条码。

(6)条码粘贴要规整,要保持粘贴方位的清洁。标签需即撕即用,避免被氧化,失去黏性;不得用手或其他物品接触标签背胶;同时防止灰尘粘到背胶上,失去黏性。

7.2.2 基于射频识别技术的数据采集方案

1)RFID技术的发展

射频识别系统在国外的研究起步较早,目前已有许多成熟的应用。在标签芯片设计、天线设计、射频模块设计、基带系统设计等组成射频识别系统的各个方面都有较为深入的研究,形成了一套射频识别系统特有的理论体系。目前对于RFID的研究着重于标准化研究,已经形成了一系列标准草案,包括ISO 18000系列标准草案。

目前,条码技术在制造企业的应用非常广泛。但有些制造环境下条码应用也有其局限性。而近年来,随着RFID技术的成熟,其在制造业中的的使用越来越广泛。由于RFID技术可实现非接触式、并行数据采集,对与数据信息自动方案的实现具有重要意义。

2)RFID的发展趋势及制约因素

虽然与条形码技术相比,RFID技术有很多的优点,但大规模的使用时,RFID技术也有很多制约因素。

(1)成本因素。

成本问题是目前RFID应用中的一个重要的制约因素。RFID天线、标签和读写器本身的成本就比较高,另外,实施RFID系统所带来的安装成本、运行成本、软件与中间件费用、维护费用等都要高于条码方案。所以对于附加值不高的产品来说,RFID 系统的实施成本是阻碍该技术推广应用的关键问题。

(2) 技术成熟度因素。

技术不够成熟也是 RFID 应用中需要重视的另一个问题。虽然 RFID 技术发展的势头很猛,但该技术在实际应用中还存在许多不稳定性,为其实施带来了很大的麻烦。例如抗金属干扰能力较差、并行读取时会发生数据碰撞、读写差错率较高等问题都是 RFID 技术发展不成熟的表现。例如,Auto-ID Center 进行的一项试验发现,附有 RFID 标签的托盘即使贴上双重标签,还是有 3% 的失败率;托盘则仅有 78% 的信息能被准确读取。因此,RFID 的应用方案还需要进一步完善。

(3) 安全性因素。

安全性因素是制约 RFID 应用又一重要障碍,RFID 通信过程中密匙可能被破解,信息可能被泄露,因此存在一定程度的安全隐患。而且 RFID 在复杂电磁环境下工作,极易被干扰,造成数据的误读或丢失。因此,RFID 技术的安全性因素是一个不容忽视的问题。

3) RFID 在轮胎生产过程中的应用

成型工序所使用半制品众多,若采用条码管理,操作工人需逐一扫描,操作时间长、准确性低,不易坚持执行。一旦漏扫或错扫,追溯信息就会产生混乱。因此在半制品和成型工序引入了 RFID 辅助条码进行数据采集。

(1) RFID 系统在轮胎工序生产线上的应用设计。

轮胎生产线是个封闭循环系统,工位 PC 和读写器通过现场总线进行通信,所有的工位 PC 都由 MES 集中管理。RFID 标签要安装到生产物料的各种工装上面,读写器则安装在工位的特定位置,当工装被放置到指定位置时,工位的读写器就开始读取信息,同时工位 PC 上就显示当前物料的所有信息,而现场操作人员可以清楚地进行核对,各个工序环节 RFID 信息处理如图 7.5 所示。

RFID 半成品管理系统就可以通过对 RFID 电子标签的读取识别进行信息管理。考虑金属车间对 RFID 信号的反射效应会影响 RFID 有效识别范围,在系统中尽量考虑不涉及写入操作。将标签编码信息唯一对应安装所在的台车编号,比如钢丝带工序胶料台车编号为 B/T-001,则这台台车编号在物料生产使用的过程中作为索引,标签安装方法如图 7.6 所示。

在生产机台卷取工位安装 RFID 天线,自动识别在此工位生产的台车,识别台车信息后保存信息,将会把物料生产相关数据关联在台车信息,在后续成型环节使用时,只需要将台车信息识别就可以关联相关物料生产信息,信息流程处理如图 7.7所示。

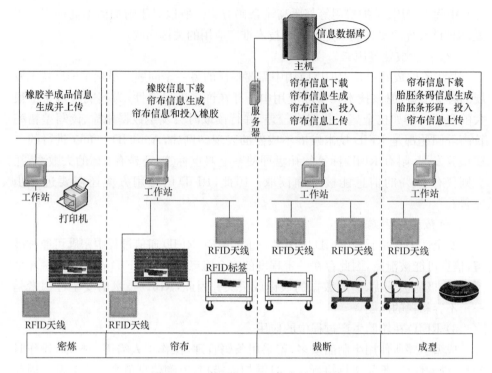

图 7.5　工序环节 RFID 信息处理示意

图 7.6　防金属电子标签安装的图示

在轮胎生产制造车间进行 RFID 数据采集管理,超高频电子标签必须具有良好的工业等级、优越的防金属性能与可识别性能,实现在恶劣金属环境下安全稳定的运行。RFID 数据采集系统一般使用天线复用技术,通过采用分路复用设备将

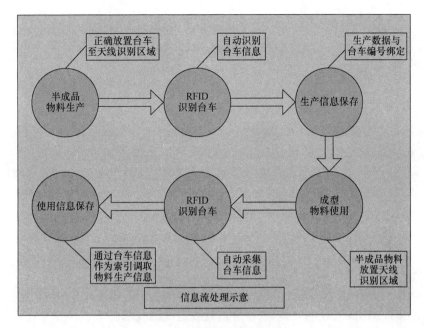

图 7.7　信息流处理示意图

读写器的 4 路收发天线通道扩展为 16 通道,可以通过最小成本获得生产机台的整体覆盖。系统内采用的主要 RFID 设备及材料为:

① 900MHz 超高频 RFID 读写器;

② 900MHz 超高频 RFID 天线;

③ 分路串口通信板;

④ 分路乘法器;

⑤ 900MHz 防金属电子标签。

(2) 轮胎生产各工序的 RFID 应用。

RFID 作为数据采集的工具可以应用在轮胎生产的各个工序中,在不同的工序通过不同的应用方式,实现了数据自动采集和关联,最终为轮胎生产过程的追溯奠定基础,图 7.8 就是 RFID 在轮胎各个主要工序的使用示意图。

① RFID 在密炼工序的使用。

在终炼胶卷取工位卷取作业时,要对终炼胶生产信息以及保存位置进行保存,利用 RFID 识别使用托盘,将与 PLC 获取生产信息保存,所有生产信息与托盘 RFID 信息绑定,后续所有的查询、领料、使用都通过 RFID 识别来获取其生产信息与数据。

RFID 电子标签安装:将防金属电子标签安装在 200×200 的保护外壳内,并将保护外壳焊接在在托盘底部正中间位置,此位置是叉车不会刮碰的位置,实现电

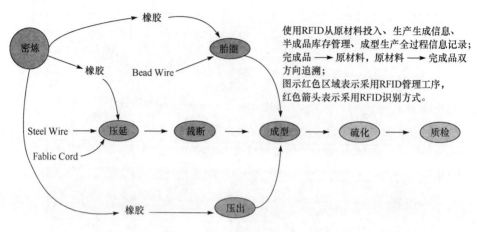

图 7.8　各工序使用 RFID 示意

子标签在托盘生产流通中不会被损坏。

　　RFID 天线安装：在终炼胶卷取工位处设置铁底座，底座正中间有 350×350 的镂空用于 RFID 天线的安装，底座有信号线走线的线槽。

　　RFID 设备的安装：包括读写器、乘法器、分路串口通信板等其他的 RFID 设备安装在单独的电气箱内与机台分离。

　　RFID 走线说明：系统内的线路为电源线、高频低耗信号线、网线。走线原则为与强电线路分离、全程使用镀锌管、线槽走线。其中网线将读写器连入网络；高频读写器、乘法器、分路串口通信板、RFID 天线组成信息回路，如图 7.9 所示。

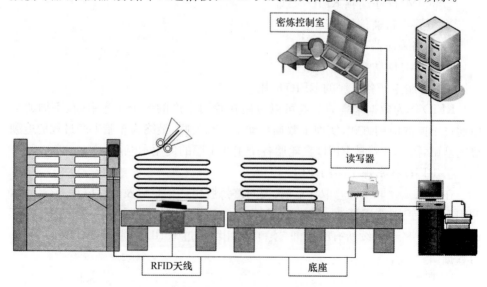

图 7.9　密炼工序 RFID 组网示意

密炼工序信息处理环节如图 7.10 所示。

（a）生产终炼胶环节，由上位机系统获得当前车次、班次、人员、胶料长度等生产信息。

（b）将托盘放置在安装了 RFID 天线的底座上，RFID 天线识别了托盘上电子标签，相当于识别了托盘的编号身份。

（c）系统中保存生产信息，所有的生产数据保存在信息数据库内，以托盘的编号作为关联索引，在后工序使用时只要识别出托盘 RFID 信息，就可以实现终炼胶信息的提取，作为生产半成品的原材料信息加以关联保存。

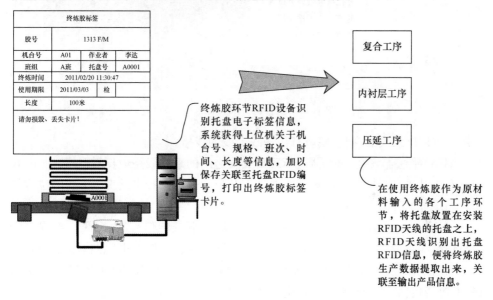

图 7.10　密炼工序信息处理示意

② RFID 在半制品工序的使用。

复合机台生产包括胎面、胎侧等半成品部件胶料，基于 RFID 生产管理系统对机台输入原料终炼胶以及输出的半成品部件胎面、胎侧胶料进行管理。在复合机台喂料机头处设置喂料料位铁质底座，底座中空安装固定 RFID 天线，当终炼胶原料放置在喂料底座之上，RFID 天线识别其托盘底部的 RFID 标签，并可获得其相应的所有生产数据信息（图 7.11），每一个喂料口安装一个 4 位数码 LED 显示屏，用于显示上位机获得当前喂料口终炼胶计划规格号，用于判定当前使用终炼胶规格准确性。在生产胎面、胎侧的卷取工位处安装 RFID 天线，识别对应卷取工位的台车 RFID 信息。

RFID 电子标签安装：喂料口处为托盘电子标签，由密炼工序流通至复合机台；卷取工位将电子标签安装在台车上。如果在喂料口托盘放置处地表有铁皮，则考虑设置铁底座，托盘指定放置在底座上中间位置，底座正中间有 350×350 的镂

图 7.11　复合机头喂料口天线设置

空用于 RFID 天线的安装,底座有信号线走线的线槽。

RFID 乘法器安装:乘法器与 RFID 天线之间的衰减线路最长不得超过 8m,我们方案中其平均长度为 5m,因此乘法器安装位置通常选择靠近工位天线的位置使用专门设计的外盒安装固定。

RFID 走线说明:系统内的线路为电源线、高频低耗信号线、网线。走线原则为与强电线路分离、全程使用镀锌管、高架线槽走线。其中网线将读写器连入网络;高频低耗线缆连接读写器、乘法器、分路串口通信板、RFID 天线组成信息回路;电源线包括读写器、乘法器供电两条线路。

RFID 在复合挤出工位的布局可参见图 7.12。

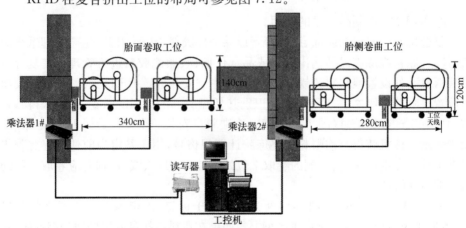

图 7.12　复合机台半成品卷取工位 RFID 布局

复合工序信息处理环节如图 7.13 所示。

（a）托盘放置在安装了 RFID 天线的底座上。

（b）RFID 天线识别了托盘上电子标签，相当于识别了托盘的编号身份。

（c）通过托盘 RFID 编号索引，调出终炼胶所有相关生产信息。

（d）生产胎面、胎侧半成品部件时，卷取工位处 RFID 天线自动识别出台车信息，将前面的终炼胶等原材料信息及包括班组、时间、生产计划、长度等半部件生产信息生产。

（e）点击保存信息，生产的胎面、胎侧半部件胶料信息与原材料信息与台车 RFID 编号相关联。

（f）在成型工序使用时只要识别出台车 RFID 信息，就可以实现胎面、胎侧生产信息的提取，作为生产半成品的原材料信息加以关联保存。

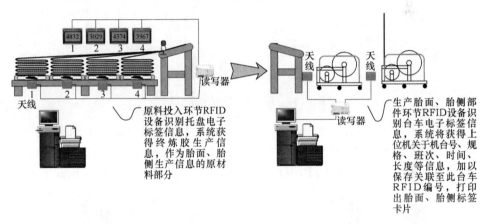

图 7.13 复合工序（胎面、胎侧）生产信息处理示意

③ RFID 在成型工序的使用。

成型工序机台将所有半成品胶料整合使用，基于 RFID 生产管理系统对成型机台生产胎胚所使用的每一种半部件胶料的生产信息通过 RFID 识别自动采集，对终炼胶以及输出的半成品部件进行管理与信息采集记录。轮胎半成品至成型工序应用的工装主要有工字轮、百叶车和胎胚车，轮胎成型工序一般需要的物料达到约 10 种，应用条形码解决方案，需要把每种物料的条形码进行扫描，操作繁琐还易出错，而应用了 RFID 技术后，操作人员把物料工装安在相应工位上后，无需进行额外的操作，系统会自动识别每一种物料的信息。并把正确的物料信息记录到 MES 中。如果物料安装错误系统会提示错误信息，避免了生产浪费。RFID 标签采用防干扰技术，安装在工字轮的轮辐上，而 RFID 的读写天线安装在工位上方特定位置，百叶车 RFID 标签安装在车的一侧。目前半钢成型机台主要有一次法（小径）成型机与二次法（大径）成型机两种，两种机台的 RFID 布局方式不同，下面加

以分别说明。

（a）一次法成型机 RFID 的使用。

一次法成型机台共有 9 个半部件工位，包括：胎面、钢丝带 1♯、钢丝带 2♯、帘布 1♯、帘布 2♯、内衬层、胎侧、胎圈、冠带条。

RFID 电子标签：在各部件台车都安装了电子标签，如图 7.14 所示，需要在成型工序将其识别。

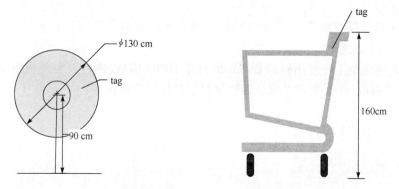

图 7.14　RFID 标签安装示意图

RFID 天线安装：在成型机台每个半部件工位都对应安装一个 RFID 天线，RFID 天线安装的标准为与台车电子标签正对，达到 RFID 稳定的识别性能。如图 7.15 所示为一次法成型机 RFID 天线安装的图片，所有工位均按此模式安装。

图 7.15　成型机台 RFID 天线安装

RFID 乘法器安装：一次法成型机共使用 4 台乘法器进行 4 路通道复用，分别与各个工位天线相邻并连接，图 7.16 为乘法器在成型机台的安装方式。

图 7.16　成型机台乘法器安装

RFID 读写器等设备安装：将读写器、串口通信板等安装在电气箱内，将电气箱安装于机台旁，利于高频信号线路走线。图 7.17 为读写器等设备在一次法机台安装。

图 7.17　成型机台读写器等设备安装

RFID 走线说明：系统内的线路为电源线、高频低耗信号线、网线。走线原则为与强电线路分离、全程使用镀锌管、高架线槽走线。其中网线将读写器连入网络；高频低耗线缆连接读写器、乘法器、分路串口通信板、RFID 天线组成信息回路；电源线包括读写器、乘法器供电两条线路。

一次法三鼓成型机 RFID 整体安装示例见参图 7.18。若整个系统布置到位，操作工通过更换工装来更换物料的时候，安装在附近的天线会自动读取所换的工装上 RFID 标签的存储信息，并显示到工位 PC 上，在操作工确认无误后，记录到 MES 中。

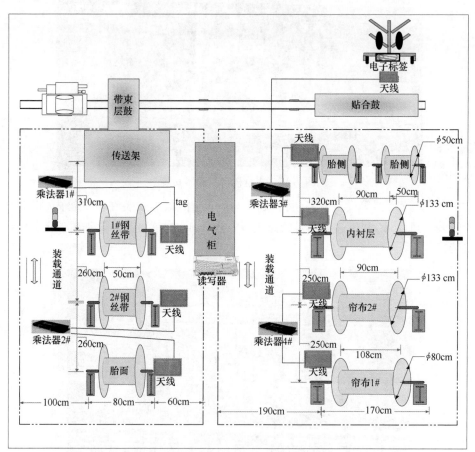

图 7.18　一次法成型机 RFID 安装示例

(b) 二次法成型机 RFID 使用。

二次法成型机台为一对二模式，共有 12 个工位点，即

A 侧帘布 1♯、帘布 2♯、内衬层、胎侧；

B 侧帘布 1♯、帘布 2♯、内衬层、胎侧；

钢丝带 1♯、钢丝带 2♯、胎面、冠带条。

二次法成型机的 RFID 系统布局采用一对二方式,使用 2 台 RFID 读写器覆盖二次法成型机的所有胶料半部件工位,如图 7.19 所示。

RFID 电子标签:在各部件台车都安装了电子标签,需要在成型工序将其识别;

RFID 天线安装:在每个半部件工位都对应安装一个 RFID 天线,RFID 天线安装的标准为与台车电子标签正对,达到 RFID 稳定的识别性能。

RFID 乘法器安装:一次法成型机共使用 4 台乘法器进行 4 路通道复用,分别与各个工位天线相邻并连接。

RFID 读写器等设备安装:将读写器、串口通信板等安装在电气箱内,将电气箱安装于机台旁,利于高频信号线路走线。

RFID 走线说明:系统内的线路为电源线、高频低耗信号线、网线。走线原则为与强电线路分离、全程使用镀锌管、高架线槽走线。其中

网线将两台读写器连入车间局域网,上位机通过网络寻址与读写器通信;

高频低耗线缆连接读写器、乘法器、分路串口通信板、RFID 天线组成信息回路;

电源线包括读写器、乘法器供电两条线路。

(c) 成型工序 RFID 使用流程。

成型工序生产时,操作员将工字轮装载半制品推放至成型机的指定区域时,成型机机台读卡器将检测到工装上的 RFID 信息,并将物料信息显示到机台信息化系统的当前物料表中,供机台操作人察看。操作工在使用百页车装载的半制品时,将百页车上插放的 RFID 卡片放置到机台控制面板的固定式天线处,供系统读取胎面、垫胶、胎侧信息。如机台周围存在同一类半制品的不同种物料,系统根据当前生产的胎坯的规格信息,通过比对 BOM 与当前机台周围的物料,自动生成使用的物料列表;如机台周围存在多个工装的同一种物料,则在系统界面上提示用户选择当前使用的半制品信息,并通过工装上的物料数量与已生产胎胚数量进行防误比对,避免操作人不更换料。当生产完成一个胎胚时,系统将自动保存胎胚的编号与当前取得的物料信息,以建立追溯关系,如图 7.20 所示。

4) RFID 应用硬件安装规范

图 7.21 是 RFID 安装的硬件拓扑图,其中虚线代表电源线,细实线代表 RFID 设备通信线,粗实线代表超五类网线。

为避免硬件受损或受外界环境干扰,RFID 安装时需符合以下规范。

(1) 读写器或工控机与车间局域网的连接要求采用双股非屏蔽超五类双绞线连接,双股网线使用单双数字编号,统一使用单号线连接,双号线备用,同时要求双绞线不间断长度不超过 93m。

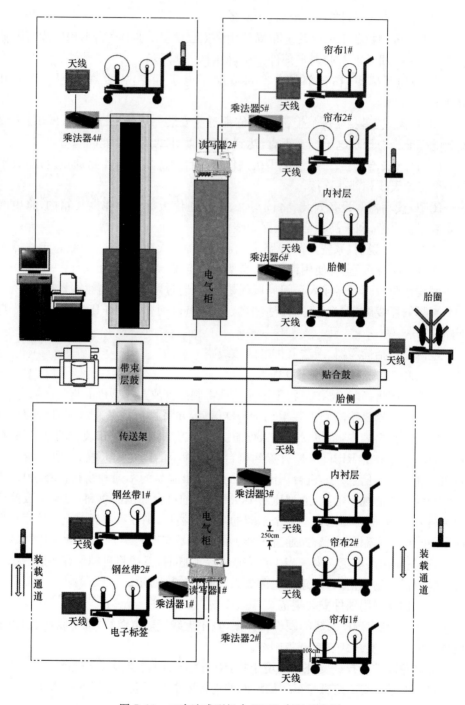

图 7.19　二次法成型机台 RFID 布局示意图

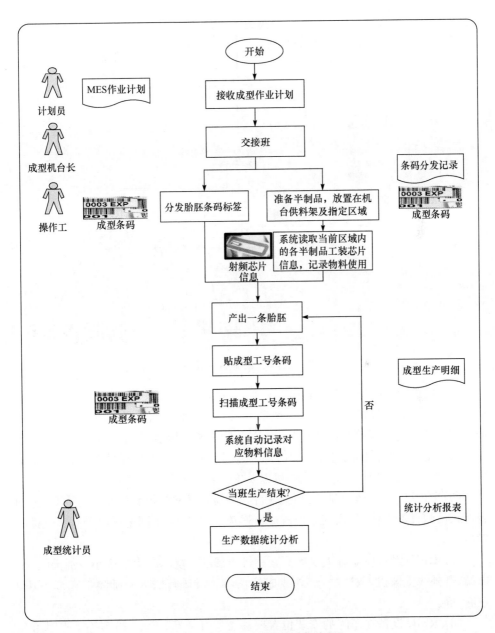

图 7.20　成型工序数据采集流程

（2）网络布线时需要考虑集线器安装位置的要求，并且在预留每股 3～5m 的网线冗余，以便根据实际情况调整安装点，同时要求至桌面的网络带宽应达百兆。

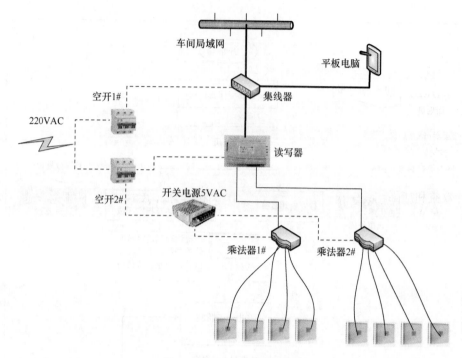

图 7.21　RFID 硬件拓扑图

（3）要求网络布线不要同强电走线平行,或至少保持 40cm 以上间隔。

（4）要求电气控制柜内的电源稳定、可靠,在安装空气开关、RFID 等设备时,应添加打印标签,对不同设备或同一设备的不同站号进行标识,和防止误操作。

（5）在电气控制柜内进行施工时,必须保持柜内现有电气元件的正常、稳定工作,并做好防铁屑飞溅、防过电流停机以及施工安全等防护工作。

（6）RFID 设备安装的高度和位置首先要易于日常维护和保养,并且不能影响生产人员的日常操作,其次安装位置应可避免施工电焊、车间空调水等有害侵扰的发生。

（7）RFID 设备应避开大功率高频感性负载的干扰,如:大功率小灵通天线,变电站,红外线摄像机,微波炉,红外线成像仪,无线传输设备（基础频带在 2.4GHz 左右）等。

（8）RFID 设备在车间的安装位置要注意避开铲车、行车、吊车等工作时可能造成的撞击,最好设置不影响无线信号的警示标志,并注意避开塑胶帘,以免造成其对信号传播的阻挡。

7.3　轮胎生产全过程追溯体系设计

轮胎全生命周期信息管理系统以条码和 RFID 为载体,实现从密炼工序、压延工序、压出工序、裁断工序、成型工序、硫化工序、质检工序和出入库的过程数据监控。通过对轮胎生产各工序信息进行采集、传输、存储、分析,使企业的决策层、管理层和执行层的人员都能够及时得到完整、准确的信息支持,不断提高企业的生产、经营、管理、决策、服务的效率和水平,整合轮胎企业的产品设计和生产、企业管理和经营活动,增强企业对内外环境和市场做出迅速响应的能力,达到提高企业经济效益和加强轮胎企业核心竞争力的目标。

而轮胎生产过程的追溯无疑是轮胎全生命周期管理系统当中最重要的环节,通过生产过程的追溯才能真正实现管理决策的科学性和完整性,才能对企业的生产活动进行真正有效的指导和帮助。

7.3.1　轮胎生产物料批次映射关系分类

动态映射关系可以分为过程域映射、表达域映射和结构域映射,在轮胎生产过程追溯的映射关系中主要牵涉到过程域映射和结构域映射。在轮胎企业实际的生产过程中,需要根据各个工序不同的生产特点、管理方式、成本要求及质量参数要求等因素,以不同数量的物料作为基本单元来组织其需要追溯的信息,如按单件产品、按工装容量、按设备单次生产量、按一定的时间段等方式。依据不同的批次数量,其映射关系的复杂程度也不完全一样。

1) 单件映射

单件映射是批次映射的一种特例,每个物料拥有不同的编号,前后工序之间可以一对一地进行追溯。例如,轮胎生产中成型工序到硫化工序的追溯就是单件映射。单件映射相对比较简单,物料的对应关系也比较明确,一般在每个物料上都有标签标识(如条形码、RFID 标签等),但使用范围受物料形态的局限性较大,如果物料形状太小或太大(太长),或生产过程中不是按照整数比例进行使用,则无法进行单件映射。

2) 批次映射

轮胎生产过程中有些物料数量较多,体积小很难区分单件产品(如炭黑),还有一些物料在生产过程中不是按照整数比例进行使用(如胶料),在这种情况下一般需要对物料的批次进行映射。轮胎生产中的钢丝压延工序与裁断工序就是批次映射。对于批次管理的物料一般是以工装或容器为单位的,需要在工装或容器上敷贴标签进行批次标识。

3）按时间映射

轮胎生产过程中还有一些工序比较特殊，虽然也是批次投料和产出，但由于生产线很长，投料一段时间过后才能产生产成品，而且投料或产成品是连续不断的，无法明确划分物料使用的批次，例如，终炼工序与复合挤出工序，从终炼胶的投料到复合挤出产出要经过100多米的传动带，在这种情况下，除了要考虑批次对应还要考虑时间延迟。

7.3.2　轮胎生产物料映射数据模型

轮胎企业的生产物料一般都是按照单件或批次进行管理，每一个独立的单件或批次都敷贴标签（条码或 RFID 芯片）作为唯一标识，生产物料映射关联通过唯一标识进行关联，主要有以下几种方式。

1）一对一关联关系

一对一关联是指一个物料的某一标识与另一种物料的一个标识进行关联。一般轮胎生产过程中的单件映射都是一对一关联。

2）一对多关联关系

一对多关联是指一个物料的某一标识与另一种物料的多个标识进行关联。轮胎生产过程中的半制品物料对胎胚多属于一对多关联。

3）多对一关联关系

多对一关联是指一个物料的多个标识与另一种物料的某一个标识进行关联。轮胎生产过程中的生胶物料对终炼胶就属于多对一关联。

4）多对多关联关系

多对多关联是指一个物料的多个标识与另一种物料的多个标识进行关联。轮胎生产过程中的复合挤出工序中终炼胶与胎面就属于多对多关联。

由于一对多，多对一，一对一的关联关系均可以解释为多对多映射关系的特例，所以依据多对多映射关系建立通用的映射模型同时可以表述一对多，多对一，一对一的关联关系。本书用 XML 语言建立关系映射模型，其中主要包含对象节点，对象节点还要细分为前端对象节点和后端对象节点。由此一个 XML 文件可以看做是一个映射集合。下面是 XML 关系映射模型的定义。

1）主节点

定义＜TraceSet＞为映射模型的主节点，表示映射集合。

2）追溯记录节点

定义＜TraceRelation＞为映射模型的二级节点，其中每一个节点代表一条追溯记录。追溯节点下包括对象节点，其中前端对象节点表示前工序物料对象，后端对象节点表示后工序物料对象。

3) 对象节点

对象节点主要描述需要关联的实体对象。对象节点要细分为前端对象节点和后端对象节点,前端对象节点以＜TraceBefore＞表示,后端对象节点以＜TraceAfter＞表示,对象节点中必须主要记录标签 ID 作为基本属性,其他对象可视情况添加到节点的属性当中。

综上所述,一个映射关系模型可以如下表示:

```
<TraceSet>
    <TraceRelation >
        <TraceBefore  ID= "000000"…… / >
        <TraceAfter  ID= "111111"…… / >
    </TraceRelation >
    ……
</TraceSet>
```

每一个多对多,多对一和一对多关系的映射模型本质上可以分解成多个一对一的映射记录,即多个＜TraceRelation ＞节点。在追溯查询的时候,使用 XQuery 语言进行查询。例如,trace. xml 文件是记录追溯模型的文件,要查询前端物料 ID 号为"000000"的所有关联节点可以如下表示:

```
for $ x in doc("trace.xml")/TraceSet /TraceRelation
where $ x/TraceBefore="000000"
return $ x/TraceAfter
```

7.3.3 轮胎生产全流程追溯体系

轮胎全生命周期信息管理系统以国际领先的信息技术为手段,对轮胎生产各工序信息进行采集、传输、存储、分析,使企业的决策层、管理层和执行层的人员都能够及时得到完整、准确的信息支持,不断提高企业的生产、经营、管理、决策、服务的效率和水平,整合轮胎企业的产品设计和生产、企业管理和经营活动,增强企业对内外环境和市场做出迅速响应的能力,达到提高企业经济效益和加强轮胎企业核心竞争力的目标。

1) 密炼工序流程追溯体系

(1) 原材料库管理。

原材料入厂后记录原材料入厂信息,分配批次号,对应打印批次条码粘贴到原材料批次工装上。原材料出库时扫描批次条码,采集重量,记录出库信息,从而可以实时的统计原材料的库存信息,具体流程如图 7.22 所示。

(2) 密炼车间条码扫描流程。

密炼车间使用条形码技术记录所用物料、半制品、产成品、加工过程和操作人

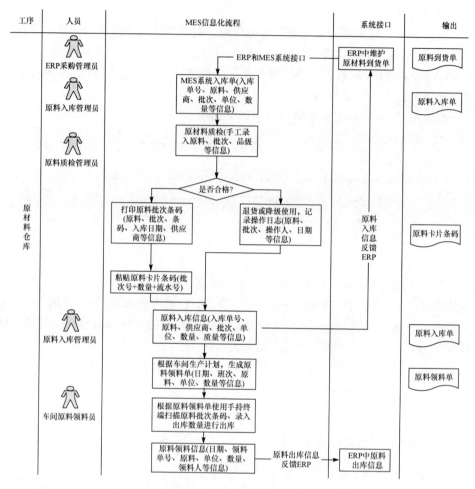

图 7.22　原材料库管理流程

员信息用于质量追溯,其中有四个环节比较重要,分别是原材料领料、小料条码打印和扫描、母炼胶条码打印和扫描、终炼胶条码打印。

（3）密炼车间追溯体系。

由于密炼车间的加工工艺属于间歇性流程制造,胶料产品批次产生,胶料的存放以胶料桌为单位,所以条码打印和敷贴也以胶料桌为单位。原料和小料则以实体包装形式为单位。

密炼车间流程如图 7.23 所示。

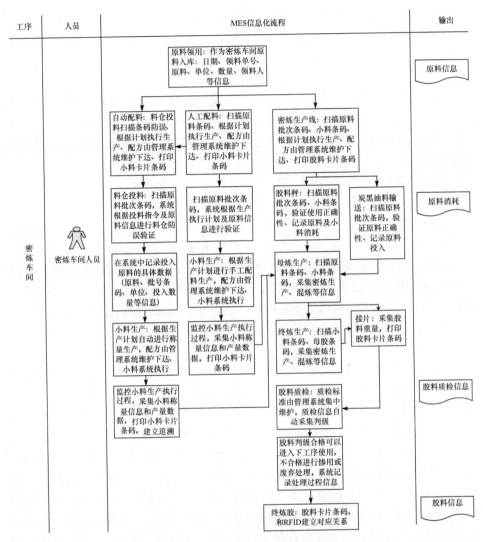

图 7.23　密炼车间管理流程

　　产品的质量追溯分为是原材料或半制品的质量追溯和工序的加工质量追溯。工序的加工质量追溯比较简单，因为每一个批次小料和胶料都有对应的加工机台、加工时间、加工班组等信息与之对应，而对于原料和半制品的追溯又要分不同情况进行分析。其中终炼胶对母炼胶和小料的对应关系比较简单，多为 1∶1 直接对应。

　　而终炼胶和母炼胶对原材料的追溯过程比较复杂，主要因为炭黑、油料等原料是采用料仓加料，料仓设有料位感应装置(一般又分高料位和低料位)，当料仓内的原料下降的低料位的时候，就要往料仓填料，所以料仓内会出现原料掺用的情况，这种情况下会发生一车胶料对应两个批次的原料.而每一个料仓器计容量一般足以生产多车胶料,所以还会出现多批胶料对应一批原料,甚至多批胶料对应两批原料.这种情况下,原材料的追溯会出现多对多映射.小料与原料的追溯关系也比较类似。

由于胶料、小料与原材料的映射关系比较复杂,如果发生质量问题时,通常按照如下处理.首先,如果小料或胶料追溯对应一个批次的原料,则属正常,如果小料或胶料对应两个批次的原料,则分别追溯这两批原料的其他产品,以确认有质量问题的原料批次。

2) 半制品各工序流程追溯体系

(1) 半制品条码和 RFID 数据采集流程。

轮胎生产半制品车间使用条码和 RFID 技术记录所用物料、半制品,产成品、加工过程和操作人员信息用于质量追溯,在所有领料、半制品生产入库、胎胚生产入库的环节都使用了条码技术,与此同时在内衬层压延、钢丝压延、零度带束层、复合挤出、钢圈敷贴和裁断工序还应用了 RFID 技术将条码信息进行绑定,在成型工序通过 RFID 信息的读取取代条码扫描,以提升信息读取速度,提高生产效率。

半制品车间的管理流程参见图 7.24。

(2) 半制品车间追溯体系。

轮胎生产的半制品车间的加工形式属于离散制造,钢丝压延等工序实现流水线批量生产,产成品以工装为存放单位,条码打印和敷贴也以工装为单位,RFID标签储存信息需要与条码一一对应才能进行绑定,因此 RFID 标签也安装在工装上面。半制品车间的加工质量追溯与密炼车间基本相同,因为每一个工装的半制品都通过条码与相应的加工机台、加工时间、加工班组等信息与之对应。从半制品车间条码和 RFID 数据采集的流程来看,半制品到胎胚的正向关联依靠条码和RFID 双重手段,胶片大卷加工成窄胶片的过程、钢丝圈加工成胎圈的过程、钢丝帘布裁断带束层、子口包布胎体的过程都是通过条码关联,而窄胶片、过渡层、内衬层,胎侧等半制品组装成胎胚的过程通过 RFID 实现关联,同时将半制品条码信息与 RFID 芯片信息关联,从而间接实现各个半制品条码与胎胚条码的关联。通过RFID 手段,提高成型工序条码信息的获取效率,既保证了较高的生产效率,又实现了产品信息的关联。

通过半制品到胎胚的正向关联过程可以看出,RFID 在其中只是起到了桥梁的作用,并且 RFID 是装在工装上重复利用的,也就是说每一次 RFID 标签的写入值都是临时性的,因此反向追溯的时候,不需要追溯 RFID 信息,直接由胎胚的条码信息追溯与之关联的半制品条码信息。同时,由于半制品都是批次信息,所以每一个条码对应的半制品都可以生产多条胎胚,因此胎胚对应半制品都是多对一的映射关系,每一个胎胚反向追溯对应的各种半制品也都是唯一的。

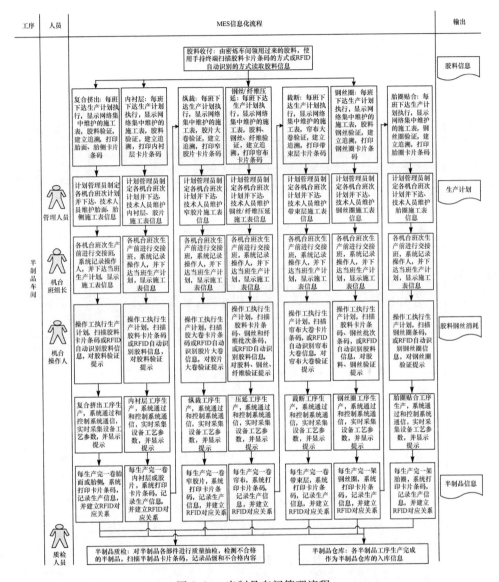

图 7.24　半制品车间管理流程

3）成型后工序追溯体系

（1）成型工序数据采集流程。

轮胎生产成型后工序主要使用条码技术记录所用半制品、产成品、加工过程和操作人员信息，其中硫化工序会将条码直接硫化在轮胎表面，同时用铝牌在轮胎表面印上唯一标识号，这个标识号要与硫化后条码一一对应。

成型车间流程如图 7.25 所示。

工序	人员	MES信息化流程	输出

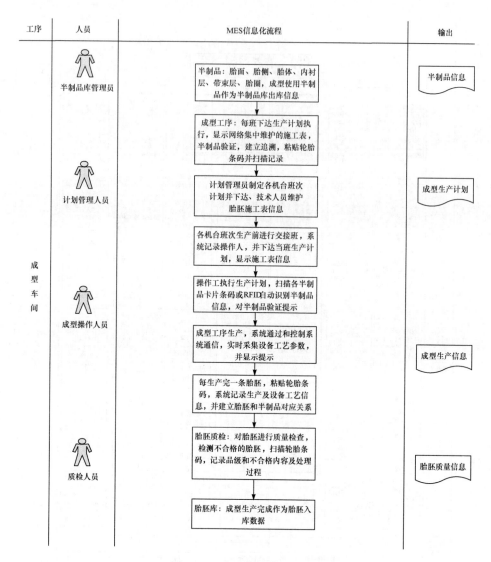

图 7.25　成型车间管理流程

硫化车间流程如图 7.26 所示。

质检工序数据采集流程如图 7.27 所示。

轮胎一般必须经过外观检验、X 射线检验、动平衡均一性检验、气泡检验等,根据轮胎种类和质量要求等级不同,可能需要固定筛选项。通过系统记录轮胎条码对应的检验品级、检验人、检验机台、病疵信息等。可以根据追溯信息直接将检测信息发布到前工序。

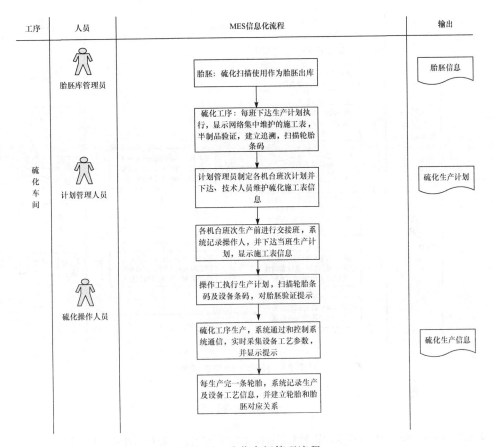

工序	人员	MES信息化流程	输出

图 7.26　硫化车间管理流程

（2）成型后工序追溯体系。

轮胎生产的成型后工序加工形式属于离散制造，产成品以单个产品为存放单位，条码打印和敷贴也以单个产品为单位，硫化后条码和轮胎唯一标识号都直接硫化在轮胎表面。从成型后工序数据采集流程可以看出，成品胎与待检胎、胎胚都是一一对应的，所以条码也是一一对应。

从前面三节可以看出轮胎生产在密炼、半制品和成型后工序的由于数据采集方式和生产方式的不同，相对都比较独立，但追溯体系有较高的一致性，都采用条码技术进行信息记录和验证，可以统一成一个完整的追溯体系。密炼车间与半制品车间之间设有终炼胶库，半制品产品通过终炼胶扫描与密炼车间产品发生关联，半制品车间与硫化车间之间设有胎胚库，硫化产品通过胎胚扫描与半制品车间产品发生关联。因此，轮胎全流程的追溯主要环节有胎胚条码和终炼胶条码。

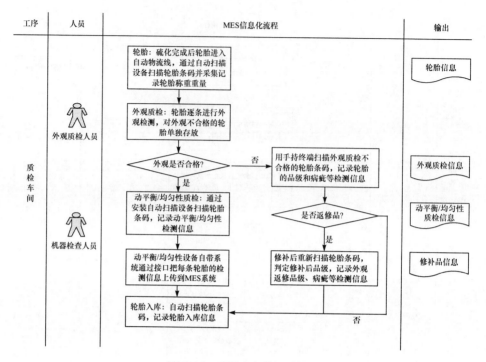

图 7.27　质检车间管理流程

参 考 文 献

陈海军. 2008. 基于 RFID 技术的轮胎生产智能化管理系统[J]. 轮胎工业,28(12):747-750.

陈华君,林凡,郭东辉,等. 2005. RFID 技术原理及其射频天线设计[J]. 厦门大学学报(自然科学版),44(z1):312-315.

陈睿,谌绍巍,凌力. 2009. 基于 RFID 技术的正向物流应用模型[J]. 计算机应用与软,26(11):150-153.

陈颖,张福洪. 2010. RFID 传感网络中多阅读器碰撞算法的研究[J]. 传感技术学报,23(2):265-268.

高彦臣,杨殿才,焦清国,等. 2009. 轮胎全生命数据追溯的企业信息化管理[J]. 轮胎工业,29(4):244-247.

李民,秦现生,李盘靖. 2002. 流程产品质量可追溯性[J]. 西北工业大学学报,20(3):506-510.

路琨,赵涛. 2006. 制造型企业产品可追溯性的研究与实现[J]. 组合机床与自动化加工技术,(05):100-102.

谭杰,蒋邵岗,王启刚. 2008. 制造业中的 RFID 应用模式研究及实例[J]. 控制工程,(S2):151-154.

王丽敏,葛世伦,姜云萍. 2008. RFID 技术在制造企业仓储系统中的应用[J]. 中国制造业信息化,37(3):7-10,14.

杨安荣,林财兴,李敏,等. 2000. 物流循环中产品可追溯问题的研究[J]. 计算机辅助工程,9(1)：
　　33-38.

杨殿才,宁维巍. 2011. 射频识别在轮胎生产物流中的应用[J]. 现代制造工程,(11)：54-57,116.

赵涛,路琨. 2006. 面向产品可追溯性的批次清单构建研究[J]. 工业工程,9(3)：45-48.

曾宪铮. 1999. 谈"产品标识和可追溯性"[J]. 航空标准化与质量,(6)：23-24.

Angelesr. 2005. RFID Technologies：Supply-Chain Applications and Implementation Issues[J].
　　Information Systems Management,22(1)：51-65.

Juels A. 2006. RFID security and privacy：a research survey[J]. IEEE Journal on Selected Areas
　　in Communications,24(2)：381-394.

Sanjay E,Stephen A,Daniel W. 2005. RFID Systems and Security and Privacy Implications[M].
　　Lecture Notes in Computer Science 2003：454-469.

Weinstein R. 2005. RFID：A technical overview and its application to the enterprise[J]. IT Pro-
　　fessional,7(3)：27-33.

May T. 2007. Strategic value of RFID in supply chain management[J]. Journal of Purchasing
　　and Supply Management,13(4)：261-273.

Chen J L,Chen M C,Chen W C,et al. 2007. Architecture design and performance evaluation of
　　RFID object tracking systems[J]. Computer Communications,30(9)：2070-2086.

Lee I,Lee B C. 2010. An investment evaluation of supply chain RFID technologies：A normative
　　modeling approach[J]. International Journal of Production Economics,125(2)：313-323.

Luis R,Loredana L. 2011. The role of RFID in agriculture：Applications,limitations and challen-
　　ges[J]. Computers and Electronics in Agriculture,79(1)：42-50.

Mohammed F M,Mohammed I,Kamal Z,et al. 2010. Development of Java based RFID application
　　programmable interface for heterogeneous RFID system[J]. Journal of Systems and Software,
　　83(11)：2322-2331.

Huang H P,Chang Y T. 2011. Optimal layout and deployment for RFID systems[J]. Advanced
　　Engineering Informatics,25(1)：4-10.

第8章 轮胎企业 MES 实施与集成

8.1 轮胎企业 MES 实施方法论

异构系统的集成是 MES 实施成功的关键。本章通过对系统实施和集成方法的探讨,论述了面向轮胎生产流程的 MES 实施与集成方案,一方面讨论了 MES 内部各个独立子系统的实施方法与建议,另一方面阐述了各系统之间的集成方法、流程与架构。

8.1.1 轮胎企业 MES 实施过程中的问题

经过对一些轮胎制造企业的调查和分析,可以发现大多数企业管理者普遍面临下列问题:

(1) 对于如何把新产品更快和以获得更高利润的方式向市场推出的压力;

(2) 对于减少总经营成本的压力,对于整合和巩固工厂的压力;

(3) 对于满足质量要求和遵守法令(各类认证标准)的压力;

(4) 确定生产线以迅速应对繁忙的订单;

(5) 确定生产流程以实现最大盈利,把成本控制在预算之内;

(6) 找出最佳和最差绩效的生产线,跨工厂的衡量整体设备效率;

(7) 管理成本的压力和确定最佳和最差绩效资产的压力;

(8) 改善总体设备效率的压力;

(9) 优化生产以满足交货时间的压力;

(10) 执行既定的日常生产目标,相互衡量比较、提高绩效以配合业务记薪模型;

(11) 自动、快速统计每个过程的生产数量、合格率和缺陷原因等;

(12) 学习如何解决订单的变化、机械、材料以及质量问题对生产带来影响压力。

而 MES 的实施可以从一定程度上帮助轮胎企业解决这些问题。可以帮助管理复杂的产品、生产线和生产车间的组合,协调不同工厂的运营,管理不同最小存货单位,迅速在不同地域,不同工厂推出能够盈利的新产品的制造流程,有效充分地利用企业的资源。

但轮胎企业 MES 与其他信息管理系统如 ERP、CRM、OA、PDM 等相比,更加强调系统的实时性,也更全面的涉及生产相关的各个环节,因此在 MES 的实施过程中也会遇到更多问题。

1) 企业人员对 MES 的认识需要引导

虽然 MES 在中国起步也有好几年了,但是轮胎行业的 MES 是近几年才发展起来的,能够借鉴的成功案例和实施经验比较缺乏,高层领导对 MES 的认识还不够全面,总想着做到大而全、快而精,认为软件能够解决企业遇到的所有问题,但实际上没有任何一个软件能够解决企业遇到的所有问题。所谓软件做得好不如用得好,相同的软件在不同的环境中使用也会得到不同的效果,对于高层领导来说,应该充分认识到 MES 的特点,明确 MES 的范围,并且确定切实可行的计划,一担下定决心实施 MES 项目就应该坚定信心、切实推行。

轮胎企业 MES 是面向生产过程、面向车间管理的,能够为车间级管理人员提供一套优化的管理工具,但是针对于部分车间级管理人员来说,他们可能会认为自己的管理已经井井有条、得心应手,如果要实施 MES 必须按照他的管理思路对系统进行修改,完全满足现有流程的需要,而实际上这种观点是不可取的。首先一个系统的上线,必然会带来操作或流程上的变化,虽然 MES 对于人为因素过多、没有规律可循的业务无法实现系统化管理,但是他却能始终按照规律和业务逻辑进行数据处理。所以 MES 的实施过程不应该是系统完全满足现有流程的过程,而应该是 MES 管理思想与现有管理流程的融合过程,是车间级管理人员梳理管理流程的过程,应该将原来人为控制的业务制度化、流程化,并让系统参与其中,实现规范化的管理。

轮胎企业 MES 是一个管理工具,对于一线操作人来说可能会产生较多的抵触情绪。首先,轮胎企业作为传统的人员密集型企业,其一线操作人员的文化水平普遍不高,特别是一些历史悠久的轮胎厂更为突出,对于这些人来说,电脑和信息化是一个新鲜事物,学习、理解和操作是一个比较困难的过程;其次,在部分工序 MES 的实施并不会减轻操作人员的工作量,反而会增加他的劳动强度,使其在原有的工作基础上再增加执行系统的操作;再者,MES 是一个实时系统,在系统上线后要求操作人员及时准确地进行操作,通过系统的查询分析和信息验证,使得生产数据更加透明、异常数据无处遁形,也因此会暴露出许多原有的异常问题。为了提高执行力度,必须要有相应的管理制度予以保障。

2) 原材料种类繁多、设备水平参差不齐、组织结构更换频繁

传统信息系统如 ERP、MRPII 对物料的管理往往只涉及采购的原材料和销售的轮胎成品,而轮胎 MES 关注的车间内的制造过程还将涉及所有工序生产的半制品,而长期对于这些类目繁杂、规格众多的半制品信息进行纯手工的管理往往会造成数据重复、版本不统一的现象出现,对这些基础数据的整理将是一个全面而复杂的过程,而这些物料数据的整理结果也直接关系到整个系统的准确性、完整性。

轮胎制造业是个高投入、高产值的行业,所以轮胎企业的建设一般都是从小规

模开始,历经数年,不断扩大规模、提高产能、发展壮大。这就造成了生产设备型号多样、新老掺杂的情况。而轮胎企业 MES 需要与生产设备打交道,需要对设备的运转状态和部件的生产过程进行控制、采集,因此对设备的改造向来是 MES 中至关重要的一环,而恰恰是这一环节最能体现轮胎 MES 在生产执行过程中的效果,也最能体现 MES 实施企业的水平。

因为轮胎 MES 的实施必然会涉及企业最核心的业务——生产,而一个工厂的生产是否稳定,是否拥有完善的制度,直接影响系统实施周期和实施的效果,而现在企业人员流动性大,组织变更也快,前者定的规则,制作完成后可能还没全部得到执行,变更负责人员,就会使其规则也随之改变。

3) 企业信息化基础薄弱,现场施工难度较大

MES 强调实时数据收集、监督及控制,较诸一般数据处理的应用系统,其技术难度较高,须有专业计算机系统技术经验者才足以胜任。对使用者而言,此系统包含现场实时作业的软件、硬件,维护上也较困难些。

信息系统需要依托局域网网络、PC 设备及服务器,MES 则需要更多的网络如生产设备、工业网络、无线网络等,而轮胎制造企业现场往往只有各自独立的自动化程度较高的生产设备,但没有规划其他网络并且也没有预留相应的管道或接口,所以在网络部署过程中将会存在非常大的施工难度。同时现场的大型设备所产生的电磁干扰也会对无线网络造成干扰,种种情况都会对系统依托的基础造成较大影响,增加系统实施难度。

8.1.2　轮胎企业 MES 实施的方法与原则

8.1.2.1　实施方法

当今 ERP 等信息系统的实施方法比较多,但针对轮胎 MES 的特点,传统的软件实施方法有一些不适用的环节没有很好地总结,没有完善的理论和实践依据。目前通过大量成功用户的实践经验的积累,借鉴其他产品的实施方法,依据项目管理理论,针对性地整理了一套实施方法,能帮助轮胎企业对 MES 实施过程进行有效管理,缩短实施周期。实施方法共分为五个大的步骤,如图 8.1 所示。

MES 的实施方法的五个步骤依次是售前咨询、项目准备、项目建设、项目交付、运行支持,每一步都定义了相关的工作任务和活动,以及包含轮胎行业最佳实践的知识库,为企业快速实施提供了有力保障。

8.1.2.2　实施步骤

1) 售前咨询

在进行信息化项目建设中,首先要搞清楚"必须做什么、应该做什么和可以做什么"的需求问题,同时也要让客户了解轮胎 MES 能够做什么、怎么做,因此必须

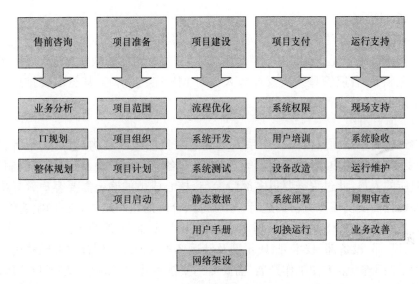

图 8.1　MES 实施方法图

高质量地开展售前咨询工作。

（1）业务分析。

该过程主要对企业现状及业务需求进行深入分析,业务分析可以分成四个步骤。

① 企业现状调研。

（a）根据企业基本情况编制调研计划和调查问卷。

（b）对系统相关业务部门和主要生产车间进行调研。

（c）调研完成后编制调研纪要并梳理主要业务流程。

（d）与有关部门或需求采集部门进行流程确认。

② 开展业务分析、数据分析和现有系统分析工作,评估系统的架构实现。

③ 根据企业现状和业务需求,结合软件系统功能,确定出 MES 的功能需求。

④ 对照以往轮胎 MES 实施情况,结合自身的功能需求,找出存在的差异。

（2）IT 规划。

在这个阶段,收集并评估"企业现有信息系统状况"、掌握"企业网络状况"和"企业 PCS 接口现状",同时结合业务分析阶段形成的分析结果,对轮胎企业信息化系统进行整体规划,规划的内容包括企业总体信息化框架、企业信息化系统、系统间接口、企业办公网络系统、企业生产网络系统、企业核心服务器网络系统等。

（3）整体方案。

基于业务分析、IT 规划阶段输出的成果,整理汇总成一个完整的解决方案并提供给相关高层了解,以便进一步明确项目范围。

2）项目准备

MES 启动阶段的工作关系到项目能否取得预期效益，如果处理不当，会导致在项目实施过程中无法满足企业管理的需求，最终使得实施效益出现严重偏差，并导致企业领导、各层管理人员及业务人员对 MES 失去信心，甚至出现排斥心理。在这个阶段，需要进行的工作如下。

（1）项目组织。

该过程将根据项目范围和干系人员确定项目的组织结构，包括决策者、管理者、开发者、关键用户、最终使用者等，同时确定各角色的职责、问题反应机制和各角色对应的人员，此过程需要很多部门参与，核心成员的确定需要客户领导决策，所以该过程需要供需双方协调进行，才可得到合理的组织结构。在确定组织结构的同时需要确定 MES 项目的管理策略，通常轮胎企业 MES 应该采取以生产部门为主导，IT 部、设备部、技术部、质量部及储运部等其他部门配合的管理模式。

为了便于管理、方便工作开展，需要专门安排一处适当的办公场所供实施团队使用，不仅保证每个人都有良好的工作环境，而且还应提供交流和会议区间，同时还搭建局域网络，配备打印机、复印机、文档服务器等必要的办公设备。

实施团队是在项目实施周期内由多方单位组成的一个临时性的队伍，为了形成统一的规范和纪律，项目组需要制定统一的实施团队管理制度，包括沟通渠道、工作职责等规定。另外还制定统一的文档管理制度，下发统一的文档模板和文件命名规范，并建立文档服务器的规范存储目录和相应的版本控制机制。

（2）项目计划。

根据实施进度和里程碑时间的要求，考虑规避风险以及项目沟通和质量审核的时间约束，项目组必须对每一个实施阶段的任务进行工作内容分解，并进行相应的人员和时间分配。

细化的实施计划经过充分的沟通和确认后，编制成《MES 实施计划说明书》，同时将实施进度计划公布给每个项目成员。

为了保证实施计划能够切实可行，计划编制需要在建立良好沟通机制、充分分析和识别项目风险，确定质量审核机制的基础上开展，并在订立过程中遵循以下六个原则。

① 目的性。

明确的目标不论是不是唯一的，都是一个项目不可或缺的，从而完成特定的作用任务和功能，毫无疑问，一个合理的项目总是会围绕既定的项目目标进行实现，对目标进行细致的剖析，搞清楚任务，才能制订出合理的项目计划。所以说项目计划都是有目的性的。

② 系统性。

项目计划的本身也是一个系统，它是由一些相关的子计划构成，各个子计划之间也存在相关性,但彼此之间又相对独立。所以使得项目计划制订出来之后也相应地具有了系统的目的性、相关性、层次性、适应性、整体性等基本特征,使我们的项目计划蜕变成一个有机协调的整体。

③ 经济性。

项目有较高的效率不是项目计划唯一的要求,项目计划同样要求项目有较高的效益,所以提出多种方案在计划中进行优化分析是十分必要的。

④ 动态性。

动态性是由项目的生命周期所决定的,一个项目的生命周期为数月到数年不等,期间不断变化的还有项目环境,同样会使得计划的实施不同程度的偏离既定轨道,因此项目的计划要随着各种不确定因素进行调整,这就要求项目计划具有动态性。

⑤ 相关性。

项目计划作为一个系统的整体,作为项目计划组成部分的任何一个子计划都会影响到其他子计划的执行以及制订,然后可能会影响到项目计划的正常实施。所以子计划之间的相关性是制订项目计划时必须要考虑的因素。

⑥ 职能性。

项目计划的制订和实施是以项目和项目管理的总体及职能为出发点,涉及项目管理的各个部门和机构,并不是以某个组织或部门内的机构设置为依据,也不是以自身的利益及要求为出发点的。

(3) 项目启动。

在项目计划和项目组织得到最终确认后,整个项目组需要召开项目启动会,并将此会议作为项目的里程碑,标识项目状态的变化,项目启动会召开前必须确定参加启动会人员、确定会议地点、时间、确定启动会议程、准备启动会资料。

项目启动会上将主要完成以下几方面工作。

① 召开启动大会的核心目标是在项目前期完成组建一个得到客户各个层面认可的项目团队,而且要约定好整个项目团队(包括客户内部成员)之间沟通制度,并取得和各个业务部门的认可。

② 项目经理介绍整个项目的整体计划,明确项目组成员的工作职责,确定各人员的介入时间,以便相关人员可以提前安排工作任务,按计划履行自己的职责。

③ 在启动大会上,项目经理代表整个团队给客户所有参与部门介绍整个项目团队和工作方法,并得到客户项目管理部门对项目团队和项目工作方式的认同。

④ 企业领导应明确表达对项目的重视和支持,同时授权客户项目经理一定的权利,以促使客户项目组也全心投入到项目实施工作中。

3) 项目建设

(1) 流程优化。

流程优化是一项策略,通过不断发展、完善、优化业务流程保持企业的竞争优势。流程优化是对现有工作流程的梳理、完善和改进的过程,流程优化过程不仅仅指做正确的事,还包括如何正确地做这些事。在流程的设计和实施过程中,要对流程进行不断的改进,以期取得最佳的效果。

针对流程的优化,不论是对整体流程的优化还是对其中个别部分的改进,如减少环节、改变时序,都是以提高工作质量、节约能耗、降低成本、降低劳动强度、提高工作效率、保证安全生产等为目的。

进行流程优化的主要途径是系统优化、时序调整和环节简化。大多数的流程是可以通过流程改造的方式进行过程优化的。而对于某些效率低下的流程,仅仅通过改造已经起不到预想的效果,这样就可以完全推翻原有流程,运用重新设计的方法获得流程的优化。

① 流程改造往往采取以下措施。

(a) 首先取消所有并不是十分必要的工作环节和内容:可以自由取消的工作,自然可以不必再花费精力研究去如何改进。针对要取消的工作点,要首先研究是否可以取消,这是提高工作效率、改善工作程序的最高原则。

(b) 合并必要的工作:如果工作环节不能取消,可以转而研究能否合并。做好一项工作,分工和合作都是不可或缺的。分工的目的,有时候不仅仅是由于专业的需要,提高工作效率;也可能是因工作量、工作强度已经超过某些人员所能承受的临界值。有时为了提高效率、简化工作,保持满负荷工作可能需要特别设定。

(c) 程序的合理重排:取消和合并以后,还需要将所有程序按照一定的逻辑重新排序,或者在改变其他要素顺序后,再重新设定工作顺序和步骤。在这个过程中,可能会进一步发现可以进行取消或者是合并的内容,使工作效率更高,作业更有条理。

(d) 简化所必需的工作环节:对于程序的改进,除去了可取消、合并的之外,余下的还可进行必要的简化,这种简化措施是对工作内容以及处理环节本身的一种简化。

② 重新设计新流程可按以下步骤进行。

(a) 首先要充分理解现有的流程,避免新设计中重复已有的问题。

(b) 奇思妙想,集思广益,提出新思路。

(c) 将思路转变成流程设计。对新提出来的流程思路的细节进行细致的探讨。不以现有流程为基础,不要有局限性,坚持"全新设计"的立场,多次检讨,反复迭代,深入到一定细节进行考虑,锁定目标设计出新的流程。

（d）新流程设计出来之后，应该通过模拟它在现实中的运行对设计进行测试检验。流程图就是一个描述、测试新流程的理想手段，检验前应画出流程图。

（e）流程设计涉及工期优化、工艺优化、成本优化、技术优化、质量优化等优化指标。进行流程优化时，应根据需要，针对某一个或多个指标进行优化。

（2）系统开发。

系统开发阶段主要的工作内容是按照前期调研时客户的需求，对照产品的原有功能，对系统的功能进行分析设计，对原有功能不能满足客户要求的进行修改完善，对客户独特的要求进行设计实现。

轮胎 MES 的开发，应借鉴国际上先进 MES 实施经验，遵循国际先进的 MES 标准，对轮胎企业 MES 进行概要设计，并在概要设计确认后进行各子系统的详细设计工作。

① 系统概要设计。

该阶段主要开展以下的实施工作。

（a）确定 MES 的总体实施范围。

（b）通过前一阶段对业务用户的需求调研，根据试点项目的子系统功能，重新整理 MES 各子系统的功能，列出轮胎 MES 实施的功能清单。

（c）根据项目的服务器架构方案，结合轮胎企业的实施范围和业务特点，对企业服务器架构进行了集中式、分布式、混合式的方案设计和比选，确定最终服务器架构方案。

（d）根据现状分析阶段对企业现有信息系统评估结果，召集有关人员进行企业现有系统的集成替代方案比选，进一步确定 MES 在整个轮胎企业信息化系统中的位置及与其他系统间的接口。

（e）根据前一段收集的企业基础信息，按照总体项目组的统一编码规则，进行 MES 信息编码设计。

（f）按总体项目的规范格式及内容要求编写《MES 概要设计报告》。

② 各子系统详细设计。

相对系统概要设计，各子系统的详细设计报告则要明确界定各子系统的实施范围和实施策略，以及子系统功能的处理方式、系统接口方案、模型的建模策略等内容。为完成各子系统详细设计报告的编制，需要开展以下工作。

（a）各子系统数据收集：对企业关键用户进行数据收集培训，讲解各子系统数据收集模版的填写方式，制订数据收集工作计划，并对数据收集工作遇到的问题进行支持，确保在系统设计阶段完成各子系统的数据收集工作。

（b）生产数据流转模式确认：以企业的生产统计、生产调度、生产计量的生产报表为主线，了解和确认企业各生产报表项目的数据来源和去向、生产报表的生成方式及用途等内容。

（c）各子系统实施范围确定：在各子系统数据收集同时确定 MES 各子系统的实施范围。实时数据库、实时数据库应用、运行管理等基础模块的实施范围为已经具备 OPC 接口和即将进行 PCS 改造后具备 OPC 接口的生产装置。轮胎 MES 通常可以分为密炼车间系统、半制品车间系统和成品车间及物流管理系统。

（d）系统接口方案设计：对轮胎企业现有系统和 MES 的集成方案进行设计，最终确定系统间的接口形式和工作步骤。

（e）实施策略讨论与决策：为支持各子系统的详细设计，实施成员还对各子系统功能进行了有针对性的实施策略讨论，针对每个企业不同的流程方案进行详细讨论和确认。在确定各种实施策略时，项目组实施顾问需要和各级生产业务部门进行充分讨论，共同决策。

在各种方案确认后，通过对实施策略和子系统功能实现方式的研究和探索，编制各子系统的《详细设计报告》，并召开由 MES 实施负责人参加的详细设计评审会。根据会议的评审意见，进一步修改完善详细设计报告，以保证在计划时间内交付满足质量要求的设计报告。

③ 系统开发过程的质量控制。

（a）组建专门的测试小组，对系统的功能及性能等各方面进行测试，保证系统功能完整性、数据准确性和整体稳定性。

（b）采用版本管理软件对系统的开发过程进行版本控制，以保证开发过程中的各版本都有记录，并且建立受控域，对开发完成并测试通过的系统或功能进行受控。

④ 系统设计阶段其他工作。

通常轮胎企业信息基础与 MES 实施所要求的信息基础条件会存在着一定的差距，因此为保障 MES 在后续的实施阶段顺利开展工作，在系统设计阶段的早期就需要进行以下信息基础方案的设计工作。

（a）在对企业生产控制系统调研基础上，编制 PCS 改造方案，在生产部门的主导下和技术部、设备部及各生产分厂进行方案确认。

（b）与 IT 部门一起编制轮胎企业网络改造方案，明确企业办公网络、生产网络的架构，确定有线局域网和无线局域网的部署方案。

（c）在确定各子系统实施范围后，编制《MES 工作站和交换机需求方案》，该方案需与 IT 部门进行确认。

（d）为了确保 MES 的服务器能够稳定安置和安全运行，在系统设计阶段，需要确定机房的位置、布局并开展机房的装修及改建工程。

（e）在 MES 设计的同时，为了让相关人员后期能够更好地配合系统实施可以考虑开展 MES 理论知识的集中培训，培训人员返回后可以承担起对其他项目组成员培训的任务。

（3）系统测试。

系统测试阶段主要是在现场真实的环境中，通过对各个功能的测试以验证功能的正确性，同时对有问题的功能进行修改完善，系统测试过程主要有三项工作。

① 通过演示和操作系统功能，确保系统达到设计功能的要求，可以正常进行相关的业务处理。

② 现场测试环境搭建：主要针对所有开发的系统最终需要应用的环境进行模拟测试，需要搭建的环境根据项目的不同主要可以分为以下四个环境。

（a）控制系统的测试环境：选择一组生产设备修改被测试的下位机控制系统。

（b）上位机系统测试环境：选择一组生产设备，在其能够连接网络的平板电脑或者工控机上部署需要测试的上位机系统。

（c）Web 管理系统网络测试环境：选择专用服务器或者 1～2 台高性能台式机，并在其上面搭建数据库环境和应用服务器环境。

（d）智能终端系统测试环境：在智能终端设备上安装终端应用系统，并在应用服务器上部署系统对应的 Web Service 服务。

③ 系统现场测试：主要在搭建好的测试环境中的工控机、平板电脑、智能终端或者服务器上按照系统功能列表对所有功能、性能等各项指标进行全面测试，对系统提供的功能进行确认，同时对测试过程中出现的 bug 进行详细记录。

④ 系统问题修改完善：此阶段主要是针对系统测试过程发现的系统 bug 进行分析，找出产生的原因并且进行修改完善，完善后的功能需要进行复测，复测通过的 bug 才能认为已解决，只有当所有 bug 都修改完成，才能认为系统通过了系统测试，从而结束系统测试过程。

除系统测试外客户测试阶段也是测试的一个过程，其过程与系统测试过程相似，只是需要客户参与其中，其测试环境也可以利用系统测试过程中搭建的测试环境，测试过程中发现的 bug 同样需要进行详细记录并且分析、修改、完善，也只有所有客户测试过程中记录的 bug 全部修改完善并通过复测才算客户测试结束。

（4）静态数据。

在系统开发过程中会产生许多静态数据，即系统使用过程中一般不随时间变化而改变的数据。在整个项目实施过程中，静态数据的准备、整理、测试、完善等相关工作需要花费比较长的时间和耗费比较大的精力去完成。静态数据的准备进度和质量直接影响到系统的上线进度和项目的质量。

（5）用户手册。

用户手册作为指导用户进行系统操作的最重要的文档，需要随时根据系统的开发和修改过程进行完善更新，并且在项目交付前形成最终版本提交给客户。用户手册的质量将直接影响用户对系统的使用，所以用户手册编写将遵循如下原则。

① 条理分明:将使用系统的过程一步步的写下来,并附图片。

② 重点突出:对于系统的精华部分或者是比较有特色比较复杂的部分要阐述清楚,并尽量以图片代替复杂的文字描述,以提高文档可读性。

③ 重用图片:因为这个系统的使用者还是以业务员为准的,所以简单明了是很必要的。在步骤图片关键的地方打上标记、图示,以简单而又行之有效的方式指导客户的系统应用。

④ 措辞不要太专业,以浅显易懂的词汇让不同知识水平的人都能够很好地理解。

(6) 网络架设。

网络作为信息系统的一个基础,在所有项目中都起着至关重要的作用,网络的稳定性可扩展性将直接影响系统的各项性能,所以网络的规划设计和实施时至关重要的环节。网络的架设必须满足现场要求,所用材料必须为正品,接线工程标准规范,严格按照国家相关规定施工。

4) 项目交付

(1) 系统权限。

系统交付时,要对系统全新进行严格控制,以便分清各功能的责任人,所有人员的权限分配都需要经过项目经理的审批,只有审批通过的申请才可以由系统管理员对其进行权限分配,项目经理有责任控制好各岗位人员的权限分配原则,从而有效控制系统权限。

(2) 用户培训。

和系统测试齐头并进的工作是最终用户的培训。培训过程中将针对所有系统和最终用户,分岗位、分职责对系统干系人组织培训,培训方式有集中培训、单独培训及用户自学三种方式,培训资料主要以 PPT、操作视频等形式存在,在每次培训完成后都需要对培训的效果进行评估,同时对关键岗位人员进行上岗考核,并将考核结果纳入该岗位的任职资格中,只有通过考核的人员才具有上岗资格,操作相应的管理系统。

(3) 设备改造。

设备改造主要是对设备硬件或者控制系统进行改造,以使其符合软件系统运行的要求,改造难易度视具体系统功能有所不同,但总体来讲,改造后的设备要求与测试时改造的设备保持一致,以保证通过测试的软件系统能够在改造后的设备上正常运行,设备改造的过程可能会对现场生产造成影响,所以需要提前制订好改造计划并与相关部门协调确认,从而将对生产的影响控制在最小的范围内。

(4) 系统部署。

系统部署主要指的软件系统,按照类别或运行环境的不同,MES 的子系统大致可以分为三类。

① 上位机系统：本类软件部署的重点是将上位机或执行系统部署在平板电脑或工控机上，需要在运行设备上安装可执行程序和本地数据，本地数据库多采用 Access 和 SQL 为载体。部署中需要重点注意的是系统与下位机系统的通信、外置输入设备的通信和网络数据的通信。

② 智能终端系统：本类软件部署的重点是将终端应用系统部署到手持智能终端设备上，并将对应的 Web Service 发布到应用服务器上，一般来说智能终端系统本地没有数据库，部署中需要重点关注的是终端系统的网络通信情况及与 Web Service 的交互。

③ Web 管理系统：本类软件部署的主要工作是将 Web 管理系统的可执行程序部署到 Web 应用服务器上，同时将 Web 管理系统的数据库部署到中心数据库服务器上，部署中重点注意的是 Web 管理系统服务器与数据库服务器的连接，同时建议对关键功能进行走查测试，以保证 Web 管理系统与中心数据库的版本一致性。

（5）切换运行。

决定应采取的步骤应该参照根据企业的条件，可以各模块平行进行一次性实施，也可以先实施一两个模块作为样板。在这个阶段，所有最终用户必须在自己的工作岗位上使用工控电脑、智能终端或者办公电脑进行系统操作，应当处于真正的使用状态，而不是集中存放于机房。如果手工管理与系统还有短时并行，可作为一种应用模拟看待，但时间最好不要过长。

系统切换前的工作主要包括以下内容。

① 检查生产环境中操作系统和软件系统运行的正确性。

② 按照数据配置步骤在生产环境服务器中进行各子系统配置，并在配置阶段之间进行系统镜像备份。

③ 按照系统测试步骤和方法，开展生产环境中的系统测试。

④ 确认生产环境下系统稳定运行后，通知最终用户改变登录地址。

为了保证切换成功，在部署完所有系统后应该保持一定的试运行时间。根据项目组制订的试运行方案，召开试运行大会，相关实施人员分别下到生产车间保障系统运行，同时建立了支持电话，针对试运行中出现的问题给予及时解答。

系统的试运行将会起到以下的作用。

① 用户在日常的工作中利用培训得来的初步技能不断运用系统，提高熟练掌握系统的能力。

② 系统的日常应用将暴露存在的问题，实施人员可以及时修正，实现对系统应用的不断完善。

③ 对于 MES 物料平衡、生产报表、生产调度等高级应用子系统，因为提供了真实的生产基础数据源，所以通过调整可以保证系统的配置和开发更符合企业生

产实际。

试运行结束后才能进行正式的上线运行,作为项目的关键里程碑之一,必须召开上线会,为了使上线会议能够起到良好的效果,建议在筹备过程中注意开展以下工作。

① 确定上线日期和议程,通知相关领导。

② 准备上线会领导讲话稿和系统演示。

③ 培训企业关键用户演示系统。

④ 进行上线会的彩排。

5)运维支持

(1)现场支持。

在系统部署并正式启用后,我们将在一定期限内提供现场支持,对所有部署的系统进行运行跟踪,现场支持过程中,相应人员将会持续指导相关操作人员的操作,同时对系统正式运行过程中出现的问题进行分析解决,持续对系统进行完善,直至客户能够独立对系统进行运行维护,此过程周期一般不超过一个月。

(2)系统验收。

在系统运行无异常,并且满足项目的各项功能性需求和质量要求的情况下,由项目经理对系统的整个实施过程进行统计分析,并对系统运行效果进行评估并认定达到系统预期目标的情况下提出验收申请,并由相关部门和领导进行审批,对验收通过的系统将转入售后服务流程,并按照合同中签订的服务期限和原则为客户提供运行维护。

由于系统验收后实施顾问将要离开企业,只留企业内部人员对 MES 进行维护,所以系统移交是必不可少的工作,此过程主要内容涉及以下内容。

① 确认运维人员已经掌握了各子系统实施方法,能进行系统的配置和扩展应用。

② 确认运维人员已经能够处理常见的系统运行问题。

③ 整理项目实施过程中的文档和交付品,并刻成光盘交给企业管理部门和运维负责人。这些文档主要包括以下内容。

(a)项目管理和项目过程文档:方案研讨资料、培训资料、进度会汇报材料、会议纪要、周报。

(b)各阶段文档交付品:《系统概要设计报告》、《各子系统详细设计报告》、《各子系统配置报告》、《项目总结报告》等文档资料。

(c)各子系统数据配置模版表:最近的完整的子系统数据配置清单。

(d)各子系统运行维护手册:包括系统巡检内容、主要配置工具安装方法、数据配置模版更新方法、常见问题处理方法等内容。

④ 形成并提交《MES 项目交接单》:记录各子系统安装、配置、开发方法和相

关文档等的移交情况。

（3）运行维护。

系统验收后将按照服务条款对出现的系统问题进行维护,以解决系统 bug,进一步完善系统功能,提高系统稳定性。运行维护过程中提供的支持方式主要有以下几种。

① 电话支持:通过电话沟通,对系统进行远程诊断,记录并分析系统出现问题,在 bug 修改完成后将最终可执行程序以邮件形式发送给客户,并指导其进行系统更换。

② 邮件支持:通过邮件将系统运行过程中出现的问题描述及问题图片等信息传递给相关人员,开发人员通过该描述对系统进行离线诊断,在 bug 修改完成后将最终可执行程序以邮件形式发送给客户,并指导其进行系统更换。

③ 远程支持:接到电话或邮件反应的问题后,在无法及时确认问题原因情况下,可以通过远程桌面的方式,对系统出现的问题进行原因分析,如果问题紧急,也可远程直接对系统进行调试修改。

④ 现场支持:在系统出现问题后,如果电话或远程无法及时处理解决,而且问题比较严重,影响到现场的正常生产及系统应用的情况下,开发人员应尽快到达现场,对系统问题进行在线诊断,在现场对问题 bug 进行修改,并在系统通过测试后,对系统进行更换,问题较严重时需要持续跟踪几日。

（4）周期审查。

定期向客户了解系统的运行情况,随时掌握系统的效果,以便协助客户将系统的效果最大化。

（5）业务改善。

系统运行过程中发生业务或流程变化时,分析并为客户提供详细的改善方案,根据变更原因和内容的不同,经过双方确认后,以追加项目等形式持续对系统进行改造完善。

8.1.3　轮胎企业 MES 实施的建议

MES 的实施是一个系统集成的工程,在企业的整体规划、软件、硬件、网络、人员等各个方面都要提前考虑,在上 MES 项目之前企业需要考虑以下要点。

（1）制定企业信息化的总体规划,在总体规划框架下分步实施。

（2）确定 MES 与现存系统的关系。是否需要对现有系统进行改造?

（3）与 ERP、PCS 系统的接口、代码、功能界面是否已定义清晰?

（4）与未来 ERP 系统建设的先后顺序,是集中建设还是分别建设?

（5）确定网络、计算机等硬件、系统软件的选型及技术方案。

（6）确定 MES 的实施方式,购买、自建还是外包?

（7）制订 MES 的实施进度计划。

（8）制订包括项目成本与预算在内的总体投资概算计划。

（9）制订人力资源计划，包括企业关键技术人员及软件实施人员安排等。

（10）MES 实施后产生的效果与效益分析。

（11）制定对项目风险的预防和控制策略。

（12）确定项目的推进机制与培训制度。

未来，企业进行 MES 信息化建设，必须走"整体规划＋专业化软件＋行业解决方案"的道路。由于企业对生产过程和生产现场进行动态控制的复杂性，在 MES 应用过程中应注意的问题或细节，主要集中在以下几个方面。

（1）引入先进的管理思想和理念，提高企业的管理、决策水平，合理运用信息技术，从而实现资金流、物流、信息流的"三流"合一，进而提升企业的盈利能力，实现企业经济效益的最大化。通过引进更加科学的管理模式来规范企业的决策体体制，改善企业的管理传统，确定完善法人治理结构——这一未来管理模式，制定"分权经营、集中决策、有效监控、资源优化"的管理策略。通过职能调整、变革流程和配套 IT 技术手段相互结合，来尽可能地增强部门之间的联系，打破隔阂，消除企业内部普遍存在的推诿扯皮、管理真空的现象，提高公司管理协调的效益和效率。

（2）企业 MES 建设是一项管理改造工程，而非仅仅是一个以技术为主导的项目。企业信息化应用是对企业业务模式的重塑、管理。因此，要充分认识到，以用信息技术提升企业核心竞争力和支持企业持续发展为最终目的，信息化建设是增强企业竞争力的客观需要，是企业参与国际竞争的重要条件。"统一思想"至关重要！

（3）必须坚持"整体规划、效益优先、分步实施、重点突破"的原则，借用先进的计算机技术、网络技术、通信技术、企业建模及优化技术进行实施，保障系统的开放性、可扩展性。

（4）考虑与企业已有管理系统的通信、集成问题，避免出现更大或是更多的"信息孤岛"，提高企业的信息共享程度，为战略、管理、业务运作提供支持，提高企业生产对市场需求的相应速度。

（5）MES 建设必须以"工厂模型"为依托，以全流程物料移动与跟踪为主线，以设备全生命周期管理为中心，以安全优化生产为目标进行设计和实施，保障系统的实用性和实效性。

（6）MES 的实施和应用是一个持续完善的过程，不可能一蹴而就，需要企业中使用人员，尤其是中高层管理人员加强信息化的应用意识，改善传统的管理理念，为了实现 MES 应用技术人员共同组成，能够真正起到使 MES 信息化系统服务于企业的生产管理，通过提升管理要求来进一步优化改进 MES 信息化系统。

　　(7) 建立 MES 信息化系统应用的制度流程,由以前面向事务、职能的管理,进而发展到面向业务流程的管理。即依靠管理层的执行能力,在信息化这个平台上重新审视、梳理我们的业务流程、规范制度及监督体系才可以实现信息化"健身药"的疗效。同时辅助一些奖惩制度,促进大家对 MES 应用的积极性,提高大家使用的重视程度。

　　(8) MES 信息化系统的深入应用,还需要不断地对各层次应用人员的全面培训,MES 信息化系统是企业持续改进的重要工具,所以通过不同的培训,加强各层次人员对信息化的深入了解和应用,尤其是对信息化数据的统计分析,对 MES 信息化系统数据至关重要,一分技术、二分管理、七分数据,所以对信息化数据的应用分析,决定 MES 信息化系统的使用深度和广度。

　　每个轮胎企业在上 MES 的时候都会进行选型,与其说系统选型是选软件,其实更重要的是选择合作伙伴或者软件的标准,直接引进成熟的 MES 软件是比较合适的,软件供应商可以在软件可行性、后期维护、售后服务、系统架构等方面予以保证。所以在选型上建议重点从以下几个角度去考察。

　　(1) 管理软件投资是否让以前的投资有价值,保护了以前的投资。对于这个保护的评价标准,主要应该是业务数据是否按照最初的规划持续地获得。

　　(2) 软件是否适应现在和潜在的要求,解决当前经营活动中的主要问题和影响竞争力的"一般问题"。是否用大的品牌,和大的软件公司合作,最多的可能是心理与安全因素。软件的品牌和其他产品品牌的最大差别,就是软件事实上是一个解决方案,是管理咨询与顾问的副产品。

　　轮胎 MES 的成功与否也取决于几个因素。

　　(3) 软件公司对轮胎行业的理解是否到位,对企业现实与潜在需求是否有相对精确的判断。

　　(4) 企业是否有足够的实施资源与管理基础。有时候提一个需求看上去非常简单,但是要实施起来需要非常坚实的数据基础,而这些数据所涉及的管理工作可能还没有完全成型。虽然说一穷二白也能闹革命,但信息化需要"一气呵成",容许不了太长时间的折腾。

　　(5) 软件提供方的产品是否有延展和再生长的技术基础,同时是否会提供准 BOT(建设-运营-移交)方式的服务也很关键,技术必须通过用户的基本层面掌握才有意义,如数据转移、功能调整等等。

　　所以轮胎企业在进行 MES 规划的时候一定要切合实际,抓住制造执行过程中的关键点,循序渐进地开展项目。

8.2　面向轮胎生产流程的 MES 集成

随着轮胎企业的快速发展,信息化管理系统应用的范围越来越广,稍有规模的轮胎企业都大量采用了不同应用目的的信息化管理系统,大到企业的经营管理、小到单个机台的管理,信息化的管理手段正在逐步替代轮胎企业传统的管理方式,但是由于轮胎企业在发展过程中,对信息化的了解程度深度不一,多数企业都缺少对信息化的统一规划,各部门只站在各自部门的角度、满足当前应用的角度引进不同的信息化管理系统,由于各信息化管理系统之间缺少统一规划、管理系统之间缺少关联、数据无法实现共享,目前企业面临的最大挑战是信息孤岛问题,如何对现有的各信息化管理系统进行系统集成,实现信息共享是企业亟待解决的难题。

8.2.1　系统集成的问题

所谓系统集成,就是通过结构化的综合布线系统和计算机网络技术,将各个分离的设备、功能和信息等集成到相互关联的、统一和协调的系统之中,使资源达到充分共享,实现集中、高效、便利的管理。

轮胎企业要利用信息技术提高企业自身管理水平和产品市场竞争力,各个应用系统的集成问题是首先要解决的,正确处理集成平台和信息孤岛之间的矛盾关系,才能取得信息化带来的整体效益。由于企业中各个信息化管理系统可能是由不同的供应商提供的,系统集成的模式、集成的内容,以及集成的效果等方面都需要进行更加深入细致的分析。如何更好地处理集成平台与信息孤岛的矛盾关系,如何通过应用范围来确定集成跨度,如何较准确地把握这个集成操作的"度",才能使企业信息系统的使用收到事半功倍的效果。

轮胎制造企业生产流程复杂,数据来源广,数据采集存储方式多样。不同系统往往采用不同的技术标准、不同的软硬件平台(图 8.2),这些系统不能同时有效地发挥作用。有时候系统之间的数据处理不同步,造成很多数据冗余、数据缺失、甚至数据矛盾,这都给企业生产带来很多麻烦。于是近年来,很多软件厂商提出各种理念和方法对企业的各种不同系统进行集成。

8.2.2　系统集成的方法

软件系统集成的方法主要有两种,分别是表示层集成和数据层集成。表示层集成主要是通过新的表示形式将原有软件在新的集成系统中展现出来。通常新的集成系统界面风格统一,看起来像是一个完整的系统,但其实是由各个不同的遗留系统拼合而成的,同样会出现数据不同步等缺点。数据层集成主要是指将多种遗留系统的数据进行整合,通过直接访问软件所创建、维护并存储的相应信息来实现

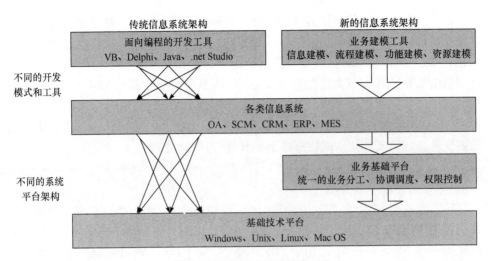

图 8.2　当前不同的基础技术平台

软件集成,从而在应用软件之间实现数据的重用和同步。这种数据集成的方法简便,容易实现而且数据的同步性可以保持得比较好。但是由于遗留系统的数据模型不统一,在不同系统的数据转化或者传递的过程中容易出现数据信息的流失,而且更重要的是,共享同一数据集的时候,系统之间可能会互相破坏数据的完整性和其他一些特有信息。

数据层的集成有三种主要的集成方法:通过应用程序接口(Application Programming Interface,API)集成、通过中间数据库进行集成和通过规范文档接口集成(图 8.3)。

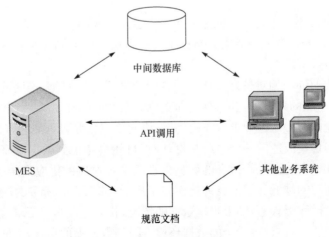

图 8.3　系统集成方法

　　这三种集成方法各有优劣,一般来讲,各种系统都会保留一些应用程序接口供其他系统调用,但有时候也会加一些限制。通过 API 集成方法的优点是通用性比较强,一般系统都会保留这种接口而且会提供详细说明文档。但通常这些接口能够提取的数据格式和数据完整度并不规范,从中提取的数据信息可能不够全面。而通过中间数据库进行集成与通过规范文档集成的方法比较相似,通过中间数据库或中间文档的缓冲,异构系统间数据模型的不一致性得到缓解,保持了异构系统的独立性。规范文档比中间数据库更加开放,但安全性较差。

8.2.3　轮胎企业 MES 集成

　　轮胎企业的 MES 集成分为两层,一层是轮胎企业 MES 内部的横向集成,轮胎企业生产流程的多样性,造成各个加工工序和车间数据采集方式的不同,同时也将轮胎企业 MES 在各个工序的应用方式区分开来,这导致同一个轮胎企业各个不同工序的 MES 实施方案和软件架构都不尽相同。因此,需要将轮胎企业内部各个割裂的 MES 功能和模块集成起来,以便充分利用信息数据。另一层是指 MES 与其他业务系统的纵向集成。MES 与 ERP、PCS 需要相互传递信息,保证生产管理层和生产执行层信息系统的一致性,使轮胎企业的信息化能够纵向贯通。

　　1) 横向系统集成

　　横向集成是横向同一个管理系统或纵向产品系统同一个层面内,以满足业务需求为目的的系统集成。如把现场所有的视频监控系统进行集成,在一个中心控制室完成对企业所有重点位置的集中监控;对企业中一个工厂的各车间、工序的信息化管理系统进行集成。这样的横向集成可以提高处理业务效率,有直接的经济效益和效果。

　　采用横向集成的主要目的就是消除同一层面内或同一个管理系统内的信息孤岛现象,使得数据共享和功能集成能够在同一个层面内或同一个管理系统内更好的实现。

　　横向集成的环境相对较好。从使用者的角度看,使用者大多属同一系统或同一个部门;从产品的角度看,要实现横向集成的系统大部分属同一个产品类型。因为不需要企业(用户)考虑数据共享的问题,横向集成就变得更加的容易,所以说环境好就容易实现集成。同一个系统在设计时,自然会考虑到数据共享以及功能集成的问题,所以对企业来说,所有的信息化管理系统对应的供应商越少,系统集成的难度也就相对的越低。但是在进行横向集成操作时,未必所有的应用系统的数据环境都是数据库形式的,如果出现这样的情况,我们应该马上要求应用系统供应商按照企业的统一要求,将系统的数据环境升级到数据库的形式,以便提高数据资源的利用率。

　　轮胎企业的 MES 普遍有多个相对独立的子系统组成,轮胎企业的 MES 内部横向集成主要是指将各个相互独立的子系统联合起来,实现信息共享和轮胎生产全过程的信息追溯。对轮胎企业 MES 横向集成主要采用两种方案——系统架构集成性设计和关键功能的模块化设计。

轮胎企业 MES 多由三部分组成——密炼 MES、半制品 MES 和成型后工序MES。这三个子系统由于实现方式不同,应用的软件架构也不尽相同。密炼 MES与半制品 MES 需要与现场设备实时通信,并且要保持较高的效率。所以,多采用C/S(Client/Server)架构。而成型后工序 MES 用户较为繁杂,并且需要异地登录,多采用 B/S(Browser/Server)架构。所以企业内 MES 的集成首先是两种架构模式的集成(如图 8.4 所示)。首先,将所有现场工序 MES 都统一成 C/S 结构,将生产现场的实时信息及时反馈给车间管理者,然后,将历史数据库作为统一数据库,同时支持企业内 C/S 系统和企业外部的 B/S 系统。为了避免 C/S 系统与 B/S系统的数据访问并发意外,还需要将不同架构下的系统功能范围界定清楚。

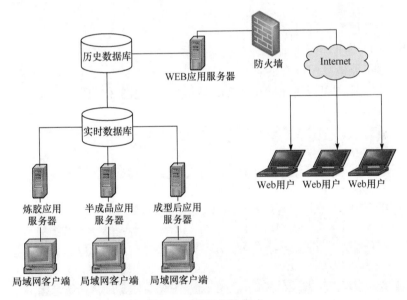

图 8.4　MES 架构集成

轮胎企业 MES 内部集成除了架构上的集成,还需要对系统功能进行模块化设计,一方面可以更好满足双层架构下的数据访问并发意外问题,另一方面,可以提高系统功能的复用性和维护升级的便利性。

MES 的模块化设计将程序划分为可以独立地编译的模块,模块间又可相互联系。模块化开发涉及的主要问题是模块设计的规则,即系统如何分解成模块。模块是执行一个特殊任务或实现一个特殊的抽象数据类型的一组例程和数据结构,通常由两部分组成:接口和实现。

接口:列出可由其他模块或例程访问的类、常数、数据类型、变量、函数等;

实现:私有量(只能由本模块自己使用的)及实际实现本模块的源程序代码。

模块的接口部分刻画了各个模块如何耦合,是其他模块的设计者和使用者所需要知道的。而实现部分是各模块的内部事务,其他模块并不需要知道。这也体现了对待复杂事物的另一原则——抽象原则(在软件领域称为信息隐蔽原则),即把非本质的性质隐藏起来,只突出那些本质的性质,以减轻人们思考和注意的负担。模块化澄清和规范化了软件中各部分间的界面。如此就便利了成组的软件设计人员工作,也促使了更可靠的软件设计实践。

在把系统分解成模块时,应该遵循以下的规则。

(1) 内聚性高。就是在一个模块内部的元素最大限度地关联,只实现一种功能的模块是具有最高内聚的,具有三种以上功能的模块则是低内聚的。

(2) 耦合度低。也就是不同模块之间的关系尽可能弱。

(3) 大小适度。

(4) 嵌套层次不可过多。

(5) 接口干净,信息隐蔽。

(6) 尽可能地复用已有模块。

根据以上原则可以讲轮胎企业 MES 的功能按照图 8.5 所示进行划分。

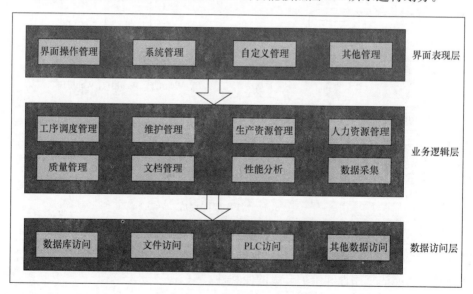

图 8.5　MES 分层模块划分

在开发过程中,除了注意以上的模块化原则,还要注意模块化代码的封装。封装在不同的抽象之间提供了明确的边界,因此导致了清晰的分离关注。封装良好的模块不会过多向外部披露自身的细节,不会直接调用其他模块的实现码,也不会胡乱共享全局数据。正交性在模块化开发中也是非常重要的特性。在纯粹的正交设计中,任何操作均无副作用;每一个接口调用只改变一件事,不会影响其他。无论你控制的是什么系统,改变每个属性的方法有且只有一个。正交性代码更容易文档化和复用。

2) 纵向系统集成

轮胎企业纵向系统集成主要指从三个不同层面:即经营计划层、管理执行层、过程控制层的信息系统的集成。

过程控制层主要包括基础自动化层和过程自动化层,它们的服务对象都是各个工序的设备和产品生产工艺流程;保证生产指标始终处于最佳状态是他们的基本功能。总而言之,其作用就是具体执行来自管理执行层制定的生产计划,并将其落实到生产过程中质量、设备、生产等的指标上,能够按时按量的生产出优质的产品,还要把产品生产过程中产生的各种属性指数(如质量、数量、时间信息和设备的状态信息)上传给管理执行层。

管理执行层的主要职责是按照既定的计划,有效合理地调度生产。它首先要接收来自经营计划层的计划指令,并结合过程控制层的实际情况,结合本层与产品生产有关的软硬件资源,下达具体的控制指令和生产任务安排。

经营计划层的主要任务是收集用户和市场的指令信息,参照客户要求,为客户按时提供保质保量的产品,并接受来自管理执行层的相关产品数据,以便能够准确适时地为客户提供服务。

从各层的功能上看,如果各层独立地进行自己的工作,则只能完成一部分基本功能,是不可能实现上下层信息的相互传递这种功能的,如何能够真正实现各层的功能,利用信息化手段提高产品的市场反应速度,这就必须要完成同一个产品的系统集成。

ERP 作为轮胎企业的核心管理系统,根据企业既定的总体目标和各职能部门为了实现目标而形成的决策和制度,向生产现场下达指令指示,提供各类生产操作标准、质量检验标准和能源动力消耗标准,对生产现场的资源进行经济的、及时的调度,对生产现场发生的、不能自行处理的紧急事件提供指示。ERP 系统通过对生产现场的准确了解,尤其是通过整个企业在日常工作中各方面所暴露出来的问题以及对这些问题的完满解决,使得企业能够逐步积累各方面的知识,逐步提高自己的综合管理水平,达到提高企业的核心竞争力的目的。

轮胎企业信息化中的制造执行 MES 对产品生产进行严格的管理和控制,保证产品质量的稳定性和均一性,减少由于人员流动、情绪波动等人为因素而造成的产品质量的波动。它包括所有生产工序的上位机管控系统、全厂区的设备能源和仪器仪表的远程监控系统等。MES 作为 ERP 系统的执行系统,它将传统的轮胎生产现场管理实行透明化,强调整个生产过程的优化,收集生产过程中大量的实时数据,对一些实时紧急事件及时处理,并把生产数据及时地传到 ERP 系统中,由管理人员通过对这些生产数据的分析和统计,找出影响产品品质和成本的问题,改善生产线的运行效率。

轮胎企业中信息化系统集成的关键是纵向的不同层级之间的系统集成,在进行轮胎制造行业的管理信息系统设计时,四级 ERP 与三级 MES 的架构是一个技术关键。有一些功能必须放在 ERP 系统来实现,否则不可能在企业这个层面建立起完整、集成的信息化管理体系。这些功能主要包括:能力计划、主生产计划、销售订单和合同管理、需求管理、生产计划、分销与发货管理和物料管理。同样也有一些功能是必须在 MES 上来实现,比如说:二级指令的产生与下达,生产实绩的收集等功能。但还是有一些功能很难明确地判断应该在哪个系统中进行实现,这些功能的归属问题需要根据实际情况和具体的需求来最终确定。这些功能主要包括质量管理、排产/排序、运输管理、生产执行管理、仓库管理。

企业信息化系统集成可自上而下的流程方式,也可以自下而上的流程方式,实现企业整体信息化数据共享。下图为企业 ERP 层、MES 层、PCS 层以生产计划为主线的集成框架。

根据企业对外销售需求订单,录入企业 ERP 系统中,进行物料平衡,生成企业的可行生产计划,并下发各车间工序的生产订单,通过 ERP 和 MES 的数据集成,MES 接收生产订单,由 MES 完成生产的详细排产,生成各机台班次的明细生产计划,通过工单派遣的方式下发到机台,通过 MES 和 PCS 系统的数据集成,PCS 系统接收当前机台当班生产计划,按计划控制设备生产,并采集生产数据,通过接口把实时数据反馈给 MES,由 MES 对生产实绩数据进行汇总,按订单把实际生产数据上传 ERP 系统,保证 ERP 系统实际数据的及时性和准确性。

轮胎企业 MES 的实施一定在遵从"整体规划、分步实施"的原则下进行,MES 整体规划,可以从整体的角度提前考虑信息化系统的集成,防止信息孤岛现象的产生;分步实施,可以使 MES 逐步深入,可以通过先找试点项目,或较容易看到效果的模块实施应用,因为轮胎制造企业中大部分员工对 MES 的了解不够深入,如果开始就全面铺开,大家对 MES 的接受需要一个过程,通过分步实施,大家对 MES 的范围、功能、作用、意义等逐步了解深入,使 MES 能够更好地发挥作用。

MES 在企业信息化体系中是一个整体,MES 的集成也是关系到系统功能的应用范围和应用效果,对 MES 集成的认识和启示如下。

(1)不同层面看集成。基础集成可以产生直接的效益或提高效率,比如纵横系统的集成可以辅助实现企业的集中管理、集成制造以及提高核心竞争力的目标;产品系统集成的直接效益是提高该产品的市场竞争力。这样就能够把企业的经营目标和战略捆绑在实施信息系统及其集成的目标上,达到一箭双雕的效果。

（2）遵从规律，客观集成、事半功倍。前面提到的自下而上的集成顺序、数据和网络的集成原则、在产品系统集成中的数据为系统集成基础、以应用范围确定集成跨度、分层集成等都遵从轮胎制造业信息系统集成客观规律，事实证明遵从规律以及客观集成完全可以取得事半功倍的效果。

（3）加强集成协调管理，克服不利环境因素，把握信息化建设的主动权。企业的内部环境和外部环境都不具备纵横整体集成和产品系统集成的条件：企业内部往往几个部门分割一个产品的链条，由于利益和管理体制的关系，过程中往往并不关心信息化系统的整体效益，容易出现需求采集太过片面，导致实施难度提高、没有整体意识的问题；外部是从产品的角度看，如果可以借鉴产品系统集成的技术和环境，则有些产品考虑到了两个层面，现在的应用系统供应商几乎没有能够同时涵盖同一个产品的三个层面（"管、控、营"）的整体解决方案出台，这些厂商在做需求调研时只关心自己产品相关的那些需求，实施时更是"得过且过"。因此当企业实施信息化项目时要将内外管理协调起来就会有比较大的困难，也就需要得到足够的重视。而纵横系统集成则更是要靠企业自己来掌舵，首先要有统一的集成指导思想和整体集成的目标，而且还要使用合理正确的集成方法。坚持统一的组织协调，只有这样才能把握好信息化建设的主动权，收到应有的回报。

企业信息系统的集成方法是否正确对信息系统建设的成败与否起到了决定性的作用。只有采用正确的集成方法，信息化项目才有可能成功，企业才能从信息化系统中获得整体效益和直接效益。

参 考 文 献

邓全亮，邹益仁. 2005. 基于 OPC 技术的系统集成[J]. 计算机应用研究,22(1);160-161,164.

丁祥海，唐任仲，程耀东，等. 2006. 制造企业应用系统实施顺序决策支持技术[J]. 机械工程学报,42(5);6-10.

费奇，余明晖. 2001. 信息系统集成的现状与未来[J]. 系统工程理论与实践,2001,21(3);75-78.

敬春菊. 2008. 装备制造业物流管理信息系统实施研究[J]. 生产力研究,(5);113-114.

李晓宇. 2004. 面向 ERP 系统实施的知识管理体系研究[J]. 科学管理研究,22(1);78-80.

申利民，李卫东. 2012. 面向协同系统集成的数据同步模型[J]. 计算机应用研究,2012,29(4); 1384-1386.

石峰. 2010. 大型信息系统实施风险的分析模型构建[J]. 商业时代,(17);70-71.

苏延召，李艾华. 2011. 基于 OPC UA 的自动化系统集成技术研究[J]. 测控技术,2011,30(3); 68-71.

王波，段桂江. 2008. 制造企业集成质量信息系统实施技术研究[J]. 制造业自动化,30(11); 35-40.

王天吉. 2007. 无线射频识别技术(RFID)应用的关键问题[J]. 现代电子技术,30(8);170-172.

张启文，徐琪. 基于 SOA 和 ESB 的供应链快速响应系统集成研究[J]. 计算机应用,2009,29(9);

2523-2526.

赵红,张莎.2008.生态智慧型企业CRM系统实施及信息资源整合对策[J].情报资料工作,(3):
　　105-108.

甄甫,刘民,董明宇,等.2009.基于面向服务架构消息中间件的业务流程系统集成方法研究[J].
　　计算机集成制造系,2009,15(5):968-972,989.

郑珂,徐艳群,张斌,等.2010.基于FDT与OPC XML的工业控制系统集成研究[J].计算机测
　　量与控制,18(8):1805-1807.

钟桑,邵波.2010.企业信息系统实施中的创新扩散研究[J].情报杂志,2010,29(2):160-163.

第9章　轮胎企业典型 MES 介绍

9.1　轮胎企业 MES 概况

9.1.1　MES 框整体框架与功能

　　企业信息化总体规划分为战略管理层、企业经营层、车间执行层、硬件网络层、PCS 控制层五层架构(图 9.1)。不同层级对应企业不同管理层的需要,MES 层处于第三层,起到承上启下的作用。MES 是企业信息化承上(ERP 系统)启下(PCS)的一座桥梁;是凝聚了生产管理者、技术专家的智慧和经验,借助 IT 技术的一个生产(制造)执行和监控系统。

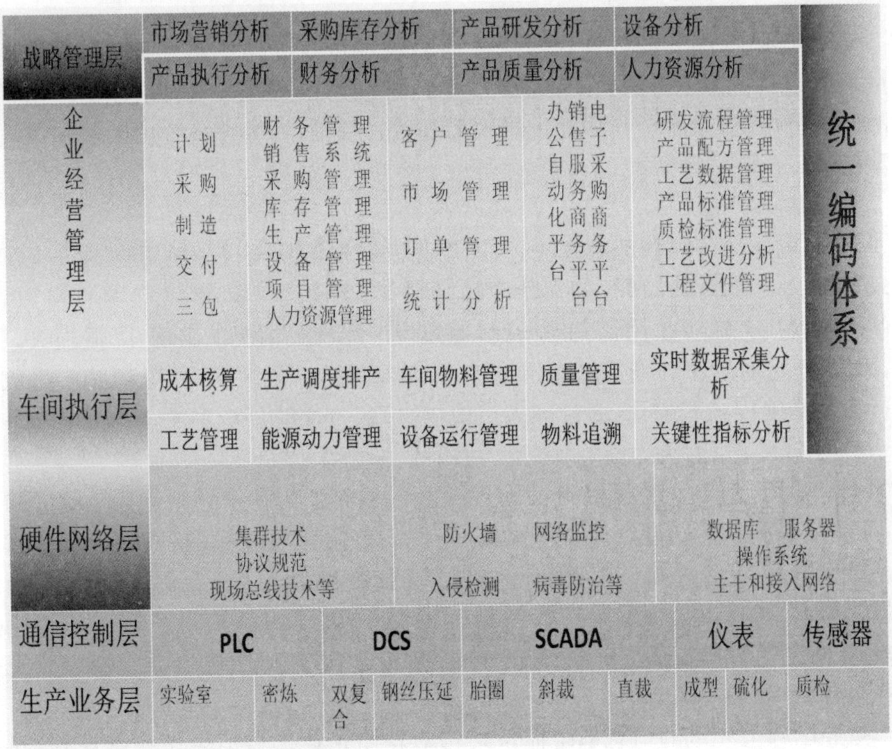

战略管理层	市场营销分析	采购库存分析	产品研发分析	设备分析	统一编码体系
	产品执行分析	财务分析	产品质量分析	人力资源分析	
企业经营管理层	计划 采购 制造 交付 三包	财务管理 销售管理 采购管理 库存管理 生产管理 设备管理 项目管理 人力资源管理	客户管理 市场管理 订单管理 统计分析	办公自动化平台 销售服务商务平台 电子采购商务平台	研发流程管理 产品配方管理 工艺数据管理 产品标准管理 质检标准管理 工艺改进分析 工程文件管理
车间执行层	成本核算	生产调度排产	车间物料管理	质量管理	实时数据采集分析
	工艺管理	能源动力管理	设备运行管理	物料追溯	关键性指标分析
硬件网络层	集群技术 协议规范 现场总线技术等	防火墙 入侵检测	网络监控 病毒防治等	数据库 服务器 操作系统 主十和接入网络	
通信控制层	PLC	DCS	SCADA	仪表	传感器
生产业务层	实验室	密炼	双复合	钢丝压延	胎圈	斜裁	直裁	成型	硫化	质检

图 9.1　企业信息化总体架构图

　　MES 是企业实现敏捷制造战略和实现车间生产敏捷化的基本技术手段,是帮助企业提高生产管理水平和获得效益最大化的一个工具;是规范生产每一个环节使之标准化,监控和记录生产全过程的一部法则。

　　MES产品是在结合国际 ISA-95 标准,以及轮胎企业 MES 开发实施经验,采用先进的自动控制技术、条形码技术、RFID 设备技术和先进的车间生产管理理念,覆盖了轮胎企业生产的全工序,实现了轮胎全生命周期的信息化管理,为轮胎企业生产车间提供一套完整的解决方案。

　　MES围绕车间现场生产过程中的操作人员、设备状态、原料产品、生产工艺四个重要因素设计全面完善的功能结构,以全方位收集车间生产的数据信息,控制生产流程,管理施工标准和工艺配方参数,规范现场人员操作,防止不良产品的出现。

　　1）操作人员

　　MES产品提供了人员信息管理模块。在 MES 中,保存和维护所有操作人员的基础信息,通过权限分级控制管理,有效避免了操作人由于失误对关键参数的无意识更改;通过交接班操作功能,获取人员离岗到岗的具体信息;通过操作日志记录功能,能够详细的记录对系统进行操作的时间、人员以及内容等信息,方便追溯问题原因。

　　2）设备状态

　　MES产品提供了设备管理模块。通过设备自身的传感器和控制机构,MES可读取并记录设备运行的状态参数;如设备发生故障,操作人员可快速的使用系统对故障进行申报,系统会详尽的记录故障处置过程信息,为设备维护人员积累故障档案信息。

　　3）原料和产品

　　MES可通过条码管理的方法,对产出品的数据信息和机台耗用物料进行实时记录,并在生产过程中,可智能判断产品、原料与当前施工标准、工艺是否一致,防止使用错误工艺或者是用错料等情况,导致生产废次品情况的出现,降低损失。同时,MES还可对生产计划信息进行维护,自动记录执行的情况,并对产品产量数据进行实时准确记录和统计,为管理人员提供直观、方便的分析手段。

　　4）生产工艺

　　MES提供了技术管理和质量管理模块的功能。MES 可依照用户设定的流程,准确记录产品的质量点检项目信息,并将其数据化永久保存;系统可统一管理工艺配方数据,并在系统的严格权限管理和合法性验证后下传至 PLC 或其他控制设备执行,且可将工艺信息与产品数据绑定保存,便于对历史工艺数据的追溯查询;系统可对重要的温度、压力等重要数据实时采集,并以曲线图形式提供直观显示和远程监控(图 9.2)。

　　按照国际上先进的信息系统体系结构对轮胎企业进行信息化系统规划,建成一个覆盖企业集团全部的纵横交互、上下贯通、对外联系紧密的功能强大的数字化系统,全面提高轮胎企业信息集成度和信息处理水平、提高生产和管理效率、提高决策分析支持水平、提高产品的科技水平和开发能力、提高资源优化配置水平、提高职工综合素质和专业水平,打造出企业的核心竞争力,最终实现企业的低成本战

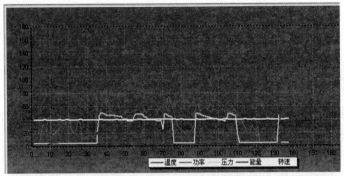

图 9.2 实时工艺监控曲线

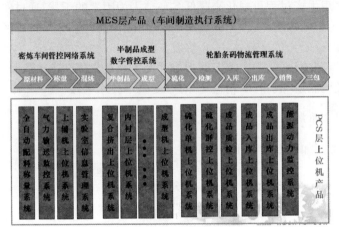

图 9.3 MES 产品系统组成

略、差异化竞争战略和专一化战略。MES 产品系统组成如图 9.3 所示。

在高度竞争的轮胎制造业和生产市场,信息就是力量。通过 MES 在线检查批次,消除潜在的问题,可以防止大量的产品损失,工厂管理人员可通过 MES 及时传达生产指令和实时生产信息。也可通过 MES 及时访问生产数据。通过 MES 可以及时远程查看重要的现场流程,获取工厂各部分实时报警,无论身在何处,都能够监视生产和设备状态,显著提高访问和使用实时数据做出重要生产决策的能力,也可以使企业的合作伙伴随时随地实时访问关键信息,节省了以往需要亲临现场获取信息的大量的时间,而且信息是实时的。

MES 利用集成构架控制和信息系统的优势,制订与企业资源和生产需求相匹配的计划,通过集成控制、网络、可视化和信息技术,使得车间管理人员享有强大的决策制定工具。集成架构将车间层和办公室的通信结合在一起,提高企业的生产效率。

9.1.2 密炼管控网络子系统

密炼车间管控网络子系统是以 MES 信息技术为手段,采用先进的条形码技术和自动控制技术,并以现代生产管理理念(如 TPS、TQM、OEE、LEAN 等)为理论依据,实现了对下辅机、密炼机、上辅机、检测系统和称量系统等设备的网络化控制,对密炼车间的原材料检验、工艺、生产计划、生产进度、原料库存、库存、质量、设备、成本等进行有效管理和控制,将质量控制集成到生产过程,以实现质量预测和诊断,对生产进行实时管理和分析,提高生产的灵活性、计划的准确性和设备的利用率,并且根据工艺要求实现生产过程的控制管理和生产过程的可追溯性和物料跟踪功能,最终达到提高产品质量和劳动生产率、增加产量、降低消耗、保护环境、安全生产的目的。

通过对相关数据的实时自动采集,能够及时、准确、真实地反映生产过程中的各个环节,实现生产过程可视化来降低各环节人为因素的干扰;通过实现管理信息到控制系统的自动下传,实现车间管理的规范化、动态化和生产过程的合理化。同时也是一个以条码为信息载体,实现炼胶车间管控一体化的系统,达到炼胶车间胶料质量跟踪追溯的目的,为密炼车间提供一套完整的 MES 信息管理解决方案,是企业实现"敏捷制造"战略和"精益化生产"的基本技术手段。

9.1.2.1　系统框架

系统框架图如图 9.4 所示。

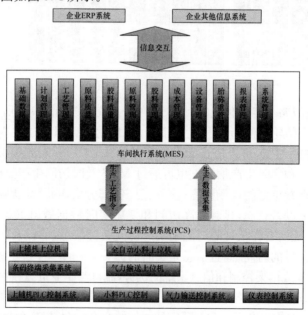

图 9.4　系统框架图

9.1.2.2　系统信息流程

系统信息流程图如图 9.5 所示。

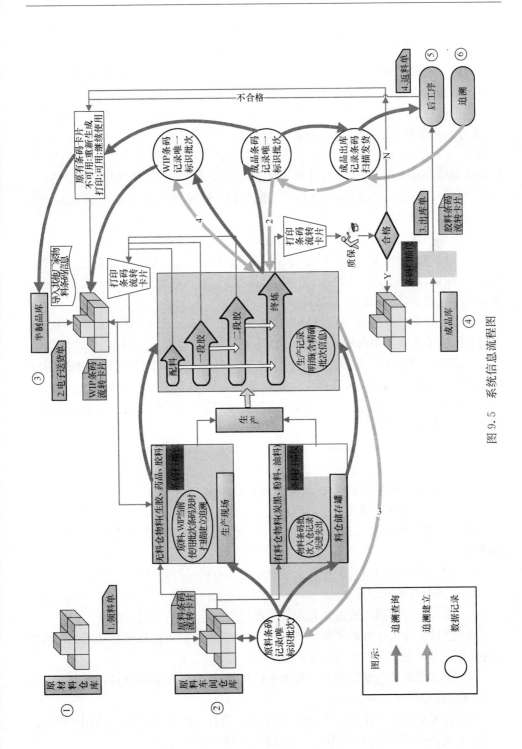

图 9.5　系统信息流程图

9.1.2.3　系统功能简介

密炼车间管控网络系统将质量控制集成到生产过程中,以实现质量分析;通过原材料批次条码管理,控制物料先进先出,保证物料使用符合工艺要求;通过在生产过程中进行实时管理和分析,提高生产的灵活性、计划的准确性和设备的利用率;通过对相关数据的实时自动采集,能够及时、准确、真实地反映生产过程中的各个环节,实现生产过程可视化来降低各环节人为因素的干扰;通过实现管理信息到控制系统的自动下传,实现车间管理的规范化、动态化和生产过程的合理化。同时也是一个以条码为信息载体,实现炼胶车间管控一体化的系统,达到炼胶车间胶料质量跟踪追溯的目的。

密炼车间管控网络系统产品范围涵盖密炼车间所有工序的生产控制及整个原材料和胶料物流管理业务,所涉及密炼车间的原材料仓库、原材料实验室、自动配料、人工配料、母炼生产线、终炼生产线、低温混炼生产线、胶料实验室,以及生产、质量、仓储、技术、设备及 IT 等管理部门。

密炼管控子系统功能一般划分为现场上位机子系统和 MES 管理平台系统,现场上位机子系统主要由母炼上位机、终炼上位机、低温混炼上位机、自动配料上位机、人工配料上位机、炭黑输送上位机、实验室信息管理及原材料出入库现场扫描管理等子系统组成,MES 管理平台主要计划管理、工艺管理、设备管理、原料管理、胶料管理、原料质量、胶料质量、成本管理、接口管理、系统管理等子模块组成,各系统功能如下。

1)原材料出入库管理系统

(1)实现入库单数据记录、生成原材料条码,入库类型可以自定义。

(2)实现出库单数据记录,出库类型可以自定义。

(3)可维护车间领料和退料的信息记录。

(4)根据统计日期、月份统计原料的结存数和盘点数,可以通过条码进行物料的盘点。

(5)记录原料使用料仓的投料记录和统计料仓的结存报表信息。

2)母炼上位机网络系统

(1)通过对控制系统改造实现密炼生产过程的全自动化工艺控制。

(2)通过管理系统维护密炼生产工艺,取消现场维护工艺权限的功能,有效防止密炼生产过程的工艺执行过程中的变形。

(3)实现密炼工艺配方的统一管理维护和灵活定义,可维护原料信息、密炼条件、密炼动作和配方工艺信息。

(4)实现密炼生产计划的统一编制、下达和对计划的灵活调整,计划由网络统一制订下发,对计划完成情况进行实时反馈,掌握计划完成率。

（5）实现密炼上辅机生产过程的实时监控，包括胶料、药品实时称量信息和密炼曲线信息的监控。

（6）实现各种生产统计报表的生成和导出。

（7）通过对密炼生产过程的分析，逐步建立起生产过程控制的专家知识数据库模型，预留为以后的密炼生产提供有力的技术支持。

（8）实现对系统运行的关键参数进行维护，包括：班次时间、单机/网络切换、称量物料参数维护，以及用户管理。

（9）实现对生产实际情况进行实时监控，显示实时称量信息和密炼曲线信息。

（10）实现通过鼠标拖动控件实现组态画面的建立，同时配置对应的 PLC 参数。

（11）实现对生产车报表、胶料、药品消耗等的统计分析，并支持导出 Excel。

（12）通过条码扫描，控制物料使用正确性，防止误用物料造成质量事故，并对物料使用过程建立工艺追溯。

3）终炼上位机网络系统

（1）通过对控制系统改造实现密炼生产过程的全自动化工艺控制。

（2）通过管理系统维护密炼生产工艺，取消现场维护工艺权限的功能，有效防止密炼生产过程的工艺执行过程中的变形。

（3）实现密炼工艺配方的统一管理维护和灵活定义，可维护原料信息、炭黑罐信息、油罐信息、密炼条件、密炼动作和配方工艺信息。

（4）实现密炼生产计划的统一编制、下达和对计划的灵活调整，计划由网络统一制订下发，对计划完成情况进行实时反馈，掌握计划完成率。

（5）实现密炼上辅机生产过程的实时监控，包括胶料、药品、炭黑、油实时称量信息和密炼曲线信息的监控。

（6）实现各种生产统计报表的生成和导出。

（7）通过对密炼生产过程的分析，逐步建立起生产过程控制的专家知识数据库模型，预留为以后的密炼生产提供有力的技术支持。

（8）实现对系统运行的关键参数进行维护，包括：班次时间、单机/网络切换、称量物料参数维护，以及用户管理。

（9）实现对生产实际情况进行实时监控，显示实时称量信息和密炼曲线信息。

（10）实现通过鼠标拖动控件实现组态画面的建立，同时配置对应的 PLC 参数。

（11）实现对生产车报表、胶料、药品、炭黑、油消耗等的统计分析，并支持导出 Excel。

（12）通过条码扫描，控制物料使用正确性，防止误用物料造成质量事故，并对物料使用过程建立工艺追溯。

4）低温混炼上位机网络系统

（1）通过对控制系统改造实现密炼生产过程的全自动化工艺控制。

（2）通过管理系统维护密炼生产工艺，取消现场维护工艺权限的功能，有效防止密炼生产过程的工艺执行过程中的变形。

（3）实现密炼工艺配方的统一管理维护和灵活定义，可维护原料信息、炭黑罐信息、油罐信息、密炼条件、密炼动作和配方工艺信息。

（4）实现密炼生产计划的统一编制、下达和对计划的灵活调整，计划由网络统一制订下发，对计划完成情况进行实时反馈，掌握计划完成率。

（5）实现密炼上辅机生产过程的实时监控，包括胶料、药品、炭黑、油实时称量信息和密炼曲线信息的监控。

（6）实现各种生产统计报表的生成和导出。

（7）通过对密炼生产过程的分析，逐步建立起生产过程控制的专家知识数据库模型，预留为以后的密炼生产提供有力的技术支持。

（8）实现对系统运行的关键参数进行维护，包括：班次时间、单机/网络切换、称量物料参数维护，以及用户管理。

（9）实现对生产实际情况进行实时监控，显示实时称量信息和密炼曲线信息。

（10）实现通过鼠标拖动控件实现组态画面的建立，同时配置对应的 PLC参数。

（11）实现对生产车报表、胶料、药品、炭黑、油消耗等的统计分析，并支持导出Excel。

（12）通过条码扫描，控制物料使用正确性，防止误用物料造成质量事故，并对物料使用过程建立工艺追溯。

5）自动配料上位机网络系统

（1）通过对控制系统的改造，实现小料配料生产过程的自动化工艺控制。

（2）通过管理系统维护小料生产工艺，实现小料配方的统一维护和配置。

（3）实现小料生产计划的编制和灵活调整，计划由网络统一制订下发，对小料计划完成情况进行实时的反馈，实时掌握计划完成率，对物料进行预算，并对生产过程进行监控。

（4）实现小料生产过程的实时监控和数据采集分析。

（5）通过对数据分析，实现各种生产报表的统计和导出，称量报表、产量报表、消耗报表、操作日志和条码扫描信息。

（6）实现对系统运行的关键参数进行维护，包括：班次时间、单机/网络切换、PLC 参数设置、画面组态设置、设备器件控制、地址设置以及用户权限管理。

（7）通过扫描原材料条码控制投料过程，并可以记录原材料批次信息，为工艺追溯提供数据。

（8）对称量完成的小料进行条码管理，为胶料使用过程提供追溯数据。

6）人工配料上位机网络系统

（1）实现对每次称量重量的自动采集，实现物料消耗和投入的自动统计。

（2）根据称量工艺设定重量和误差范围，在称量完成时对超差的物料进行自动报警。

（3）实现对每台人工称称量计划进行分配。

（4）可维护每班的小料生产计划，并进行计划下达控制；对物料进行预算，并对生产过程进行监控。

（5）实现统计分析：称量报表、产量报表、消耗报表、操作日志和条码扫描信息。

（6）通过称量过程扫描原材料批次条码，记录原材料使用信息，并可对称量完成的小料打印条码卡片，为后工序使用建立追溯提供数据。

7）气力输送上位机网络系统

（1）实现对系统运行的关键参数进行维护，包括：班次时间、单机/网络切换、PLC 参数设置、画面组态设置、设备器件控制、地址设置以及用户权限管理。

（2）可维护料仓设置、输送工艺信息，并与密炼车间管控网络系统接口进行料仓物料设置参数同步。

（3）实现输送条码扫描，完成过程防误控制，对输送投料和料仓设定物料进行判断，不符时给出提示。

8）实验室信息管理系统

（1）数据同步模块：同步服务端的检验标准和物料信息，检验结果即时判级。

（2）数据上传模块：采集到设备原始数据后，进行解析保存到服务端原始数据表。

（3）数据采集模块：检验设备数据采集并保存。

（4）系统配置模块：根据检验设备情况，配置一种适合本检验设备的采集模式，实现系统的一致性，可维护性高。

（5）数据快速发布：即时检验结果发布到现场对应生产的机台，提醒操作工监控工艺生产的质量。

（6）数据统计分析：SPC 分析各质量指标及曲线趋势。

（7）仪器设备管理：建立设备档案，提供仪器监控、运行记录，对设备状态和运行记录提供查询分析功能。

（8）检测项自定义功能，满足不同检测标准要求，对检测标准进行自定义。

9）胶料出库管理系统

通过条码扫描出库，实时记录胶料出库信息，使车间胶料库存得到实时管理。

10）密炼网络管理系统

（1）基础管理模块。

原料、胶料、单位等基础数据信息的维护。

（2）计划管理模块。

① 实现班次信息维护，设定各工序的换班方式。包括班次设定、初始周期设定、批量自动生成班次、班次查询和修改等内容

② 可维护每班的生产计划，并根据需要进行计划的调整；对计划进行下达管理。

③ 实现对计划的执行进度进行监控，掌握实时生产信息。可以查看计划数量与实际完成数量的对比，实际重量和计划重量的对比，并以绿色进度条表示计划的完成进度。

④ 实现实时监控各机台的运行状态，包括胶料、炭黑、粉料、油料的称量信息、混炼信息以及密炼曲线。

⑤ 可统计班组、机台的计划完成率，统计结果包括各班组各机台每天生产的车数、重量及计划完成率，并显示计划车数和重量方便数据对比。

⑥ 可维护用于自动排产所需要的基本信息，包括：基本配方比例信息维护、每车重量维护、机台生产能力基础维护。

⑦ 实现根据终炼胶计划生产车数或者重量，系统自动计算出对应母炼胶、塑炼胶的车数、重量的需求量，同时可以对生成的数据进行修改。

（3）工艺管理模块。

① 实现对料仓存储的物料名称进行设定，包括炭黑、油、小料、粉料的料仓设置。

② 可建立混炼步骤模板，方便工艺配方的维护操作。

③ 实现录入或编辑生产所需的工艺配方，配方分机台、物料、版本等内容，并且提供配方的复制功能。

④ 实现在线实时查询密炼工艺曲线信息。

⑤ 实现由胶料生产追溯到生产过程中的称量、混炼、密炼曲线等信息，条码追溯的主界面包括每车基本信息、每车明细信息两个页面。

⑥ 可查询工艺配方修改日志，比较不同版本间的修改记录。

⑦ 实现密炼过程关键工艺参数的统计分析。

⑧ 实现对生产过程的车报表和批报表的查询。

（4）原料质检模块。

① 实现原材料检验项目定义。

② 实现原材料检验标准定义。

③ 实现原材料检验数据录入、判级。

④ 实现原材料检验数据的分析。

（5）胶料质检模块。

① 实现维护检验项目，包括检验项目分类和检验项目代码两个部分。

② 实现维护质检标准，明确检验项目的合格等标准。

③ 实现检验数据通过自动采集、录入或者 Excel 导入实现数据的采集。

④ 实现对胶料质量的合格率情况和相关日报、月报的统计。

⑤ 实现对胶料质量的正态分布趋势图分析。

⑥ 实现对胶料质量的特性分布趋势图分析。

⑦ 实现对胶料质量的 SPC 分析。

（6）设备管理模块。

① 对设备的维修部位、维修周期等维修信息进行定义和维护，并对设备的维修计划进行维护并就维修反馈信息进行记录。

② 定义润滑油品和润滑的标准，根据标准进行润滑计划的下达和执行。

③ 定义记录器具和校准标准，根据校准标准进行校准计划的下达和执行。

④ 定义停机原因，自动记录停机时间，根据维护的停机原因进行停机的分析，停机时间和频率两种分析方法。

⑤ 维护备件信息，维护备件采购计划，管理备件的出入库记录，按照时间统计备件的库存信息。

⑥ 记录日常检修的信息。

（7）原料管理模块。

① 实现自动统计原料的使用记录。

② 可统计原料的结存和盘点数据。

③ 统计原料使用料仓的投料记录和统计料仓的结存报表信息。

④ 可以查看每个原料批次的实时库存信息。

⑤ 以图形化的方式直观地显示原料的库存货位情况。

（8）胶料管理模块。

① 实现自动统计小料的使用情况，记录小料的领用和退料信息。

② 根据日期、月份统计小料的盘存数量和重量。

③ 可维护胶料调拨的记录。

④ 统计车间生产过程中耗用的胶料数量和重量。

⑤ 根据日期、月份统计车间胶料的盘存数量和重量。

⑥ 维护胶料的出入库信息记录。

⑦ 实现出库胶料的重量采集和条码扫描记录。

⑧ 根据日期、月份统计胶料仓库的盘存数量和重量。

⑨ 统计不合格胶料记录和不合格胶料的结存信息报表。

⑩ 以图形化的方式直观地显示胶料的库存货位情况。

(9) 成本管理模块。

① 定义成本项目和原料参考价格。

② 统计原料仓库和原料耗用核算报表。

③ 统计产成品使用报表、产成品检验报表和胶料仓库统计报表。

④ 根据分布法统计物料的结存信息和耗用原料的明细信息。

⑤ 统计胶料生产耗用的人工工时。

⑥ 维护胶料的配方以及原料的比例关系。

⑦ 根据还原法统计胶料还原到原材料的重量、百分比等信息。

(10) 接口管理模块。

① 与 ERP 系统接口内容，包括原材料入库、出库数据的接口信息，以及密炼投入、产量等数据和 ERP 接口内容。

② 与 PDM 系统接口内容，包括工艺配方数据的接口信息。

(11) 系统管理模块。

① 与上辅机智能密炼系统、与智能配料系统接口，实现物料、混炼条件动作、计划、工艺、条码防误、生产数据、设备监控等数据和功能接口统一，满足数据交互要求。

② 与下工序 MES 接口，实现物料使用计划、胶料发到下工序的出库信息以及从下工序返回密炼车间的胶料信息交互。

9.1.3　轮胎条码物流系统

轮胎条码物流系统是以条码物流管理系统为核心，各生产车间的基础信息数据来源于条码物流系统的管理系统，采集的生产过程数据由生产系统反馈给管理系统，使得管理系统能够对全厂所有车间所有机台进行统一管理；各仓库发生的出入库业务指令来源于管理系统的销售模块，仓库管理人员负责记录每笔业务的明细信息、管理本仓库的库存信息，系统实现出入库汇总信息与管理系统的实时交互；理赔政策、标准由管理系统的三包理赔模块维护，理赔的历史追溯数据来源于硫化、质检工序的生产系统和物流系统，理赔的业务处理根据历史数据及理赔标准开展；以生产系统和管理系统中的销售、物流、三包理赔数据为基础，为企业决策层搭建起具有商业智能的综合信息决策支持平台，最终以条码信息为载体，完善轮胎条码物流系统中的成型智能终端系统、硫化生产系统、质检管理系统、销售管理系统、仓储物流系统、三包理赔系统和决策支持系统等模块，搭建企业整体 IT 信息架构，实现公司物流、信息流、资金流的集成统一管理。

　　条码物流系统解决方案主要包括硫化生产系统、仓储物流管理系统、成品质检管理系统、销售管理系统、三包理赔管理系统、成型智能终端系统、决策支持系统。仓储物流系统主要功能是条码标签的补打以及出入库信息的记录和统计等;硫化系统、成品质检系统及成型智能终端系统通过条码枪来扫描采集生产现场的相关信息(规格信息、质检过程中的品级信息等),同时接收来自管理系统的作业指令并执行;销售管理系统的主要功能是处理销售订单、托运计划、客户合同和发货计划等信息,以便为仓储物流系统的出入库操作提供依据;轮胎三包理赔管理系统功能是对理赔业务进行分析、记录、处理,为顺利开展理赔业务提供完整的信息支持;决策支持系统的主要功能是整合系统内部的各种信息资源,对各种不同信息源传递来的数据进行多维综合分析,为企业的经营管理决策提供定量信息支持。

9.1.3.1　系统框架

　　系统框架图如图 9.6 所示。

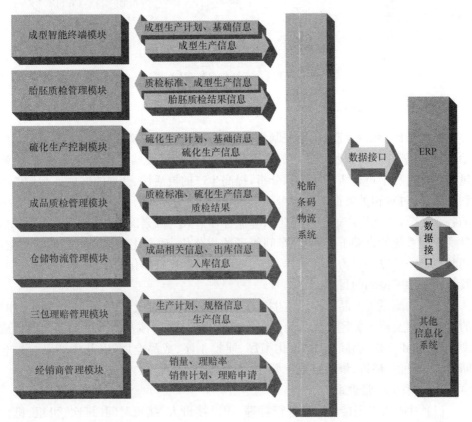

图 9.6　系统框架图

9.1.3.2 系统信息流程

系统信息流程图如图 9.7 所示。

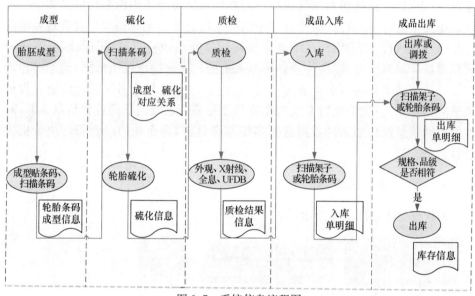

图 9.7 系统信息流程图

9.1.3.3 系统功能简介

轮胎条码物流系统将质量控制集成到生产过程中,以实现质量分析;通过对轮胎进行条码管理,控制胎胚使用的先进先出,保证胎胚规格使用符合工艺要求;通过在生产过程中进行实时管理和分析,提高生产的灵活性、计划的准确性和设备的利用率;通过对相关数据的实时自动采集,能够及时、准确、真实地反映生产过程中的各个环节,实现生产过程可视化来降低各环节人为因素的干扰;通过实现管理信息到控制系统的自动下传,实现车间管理的规范化、动态化和生产过程的合理化。同时也是一个以条码为信息载体,实现炼胶车间管控一体化的系统,达到炼胶车间胶料质量跟踪追溯的目的。

条码物流系统产品范围涵盖生产线从成型工序往后所有工序(包含成型工序)的生产控制及整个胎坯和成品胎条码物流管理业务,所涉及的工序和部门包括成型工序、胎胚质检、胎胚仓库、硫化工序、质检工序、成品仓库,以及生产、质量、仓储、技术、设备、销售、售后服务及 IT 等管理部门,各系统功能如下。

1) 成型生产管理系统

(1) 对成型工序接班信息进行管理,记录接班人、接班时间、班次、班组、机台等信息,并与生产信息进行关联。

（2）接收管理系统维护的成型计划信息，执行相应的计划，对计划完成情况进行实时反馈。

（3）接收管理系统维护的施工表信息，根据计划进行展示，为生产人员提供生产指导，可实现施工表的无纸化管理。

（4）对生产的胎胚进行管理，胎胚生产完毕后，扫描并粘贴成型条码，记录操作工、生产时间、班次、班组、机台、条码等信息。

（5）对产量进行统计分析，生产机台别、日期别的产量统计分析报表。

（6）胎胚成型作为库存的入口信息，对胎胚库存统计的入口进行管理。

（7）对使用胎体、带束层、胎面、内衬层、胎圈、垫胶等半部件的流转卡片进行扫描，建立胎胚产成品和使用各半部件的追溯关系，记录半部件的消耗信息。

（8）对使用半部件的流转卡片进行扫描，根据施工标准验证半部件规格使用的准确性，同时建立胎胚产成品和各半部件的追溯关系，记录各半部件的消耗信息。

（9）成型扫描消耗作为半部件库存的出库信息，对半部件库存统计的出口进行管理。

（10）对成型工序接班信息进行管理，记录接班人、接班时间、班次、班组、机台等信息，并与生产信息进行关联。

2）胎胚质检管理系统

（1）对胎胚质检品级进行定义。

（2）对胎胚质检病疵进行定义。

（3）胎胚质检人员接班时录入质检员信息，记录接班信息，质检时与条码进行绑定。

（4）胎胚质检后，扫描胎胚条码，录入品级代码、病疵代码信息，记录质检信息。

（5）待修胎胚，维修合格后，重新扫描判级，可统计返修胎胚信息，统计返修工作量，对返修胎胚进行持续的质量跟踪。

（6）对扒胎、实验胎进行记录，跟踪胎胚的物流状态。

（7）不合格的胎胚，硫化工序扫描时进行提示，避免不合格胎胚的使用，造成废胎。

（8）不合格的胎胚，质检记录时将检测结果实时通知到生产机台，防止批量不合格轮胎的产生。

3）胎胚出入库管理系统

（1）实现成型生产完成后作为胎胚入库信息的记录。

（2）实现胎胚出库扫描或者硫化作为出库信息的记录。

（3）实现胎胚库存的实时统计查询，为计划排产提供基础数据。

（4）实现超期存放胎胚的报警，避免胎胚存放过期的现象发生。

（5）实现胎胚库的盘点。

（6）实现胎胚库按照先进先出的原则进行管理，符合工艺管理的要求。

（7）领用胎胚时，指导拉胎工拉取指定胎胚。

（8）胎胚入库上架管理。

4）硫化生产管理系统

（1）实现硫化生产计划管理准确、有效，实时反馈执行情况。保证生产计划下达不变形，执行不变形，生产计划管理准确、有效，实时反馈执行情况。

（2）实现通过信息化手段规范硫化工序生产人员操作流程，保证产品质量。

（3）实现胎坯使用信息验证，轮胎生产信息条码化管理，追溯、跟踪快速准确，对不符合工艺要求的胎胚进行报警，避免用错胎胚的现象发生。

（4）实现对胎胚出库验证、重复胎号验证、重复成型工号验证、质检不合格信息验证，保证硫化胎胚的质量，提高产品的均一性。

（5）实现一套轮胎硫化网络系统与控制系统的结合，满足统一操作、工艺安全、管理等要求。

（6）通过管理系统统一维护硫化工艺配方，并进行严格的权限控制，实现硫化过程工艺配方执行准确，确保实际生产参数处于标准范围内。

（7）实现设备运行状态实时监控，故障申报信息化，使处置及时，提高设备开机率。

（8）实现硫化温度、压力参数的实时采集，按照报警标准对不合格的轮胎进行报警。

（9）实现对硫化机的控制，对不符合工艺条件的轮胎进行报警并控制硫化机不能继续硫化，避免批量产生不合格品的现象。

（10）实现对延时硫化的现象进行监控，对欠硫、过硫的轮胎进行报警和控制。根据工艺要求可对操作时间过长的轮胎硫化过程自动延时，保证轮胎的质量。

（11）实现对轮胎首件胎的控制，机台换模后第一锅轮胎默认为首件胎，首件胎生产完毕后如果质检不合格系统自动控制硫化机不能继续硫化，避免批量产生不合格品的现象。

5）外观质检管理系统

（1）外观质检品级进行统一定义。

（2）外观质检病疵进行统一定义。

（3）实现对成品胎的外观质量信息进行记录，绑定胎号记录品级、病疵、质检时间、人员、轮胎规格等信息。

（4）实现对外观质检的综合报表分析，质检合格率等报表的统计。

（5）实现质量问题的追溯，原因分析。

（6）成品胎返修信息进行记录，入库时禁止返修品入库。

（7）实现不合格质检信息及时发布到前工序，避免批量产生不合格品的现象。

6）X 射线质检管理系统

（1）X 射线质检品级进行统一定义。

（2）X 射线质检病疵进行统一定义。

（3）实现对成品胎的 X 射线质检信息进行记录，记录每一轮胎的品级、病疵、质检时间、人员、轮胎规格等信息。

（4）实现对质检的综合报表分析，质检合格率等报表的统计。

（5）实现质量问题的追溯，原因分析。

（6）绑定胎号记录每一轮胎的 X 射线图片。

（7）实现对 X 射线检测轮胎重量的记录，并对重量进行合格率、正态分布、极差分布等报表分析。

（8）实现不合格质检及时发布到前工序，避免批量产生不合格品的现象。

7）气泡质检管理系统

（1）气泡质检品级进行统一定义。

（2）气泡质检病疵进行统一定义。

（3）实现对成品胎的气泡质检信息进行记录，记录每一轮胎的品级、病疵、质检时间、人员、轮胎规格等信息。

（4）实现对气泡质检的综合报表分析，质检合格率等报表的统计。

（5）实现质量问题的追溯，原因分析。

（6）绑定胎号记录每一轮胎气泡图片。

（7）实现不合格质检及时发布到前工序，避免批量产生不合格品的现象。

8）动平衡质检管理系统

（1）动平衡质检品级的定义。

（2）动平衡质检病疵的定义。

（3）手动扫描动平衡不合格轮胎的胎号，并判定品级、病疵信息。

（4）实现动平衡检测合格率等报表的统计。

（5）实现质量问题的追溯，原因分析。

（6）实现不合格质检及时发布到前工序，避免批量产生不合格品的现象。

（7）轮胎条码自动扫描，自动记录轮胎条码信息。

（8）通过和检测上位机系统连接，实现对成品胎的动平衡检测数据等进行记录，绑定胎号记录被检轮胎的测试值、质检时间、人员、轮胎规格等信息。

（9）实现动平衡检测数据综合报表分析。

9）均匀性质检管理系统。

（1）均匀性质检品级的定义。

（2）均匀性质检病疵的定义。

（3）实现均匀性检测合格率等报表的统计。

（4）实现质量问题的追溯，原因分析。

（5）实现不合格质检及时发布到前工序，避免批量产生不合格品的现象。

（6）轮胎条码自动扫描，自动记录轮胎条码信息。

（7）通过和检测上位机系统连接，实现对成品胎的均匀性检测数据等进行记录，绑定胎号记录被检轮胎的测试值、质检时间、人员、轮胎规格等信息。

（8）实现均匀性检测数据综合报表分析。

10）轮胎入库管理系统

（1）轮胎入库时，制定入库单据，通过对入库轮胎进行逐条扫描，记录轮胎的入库信息，包括入库单号、入库规格、数量、入库人、入库时间等。

（2）根据每天扫描入库轮胎信息，生成轮胎入库日报表。

（3）对每条入库轮胎信息进行查询。

（4）轮胎入库时，扫描轮胎条码，记录轮胎的入库信息。

（5）扫描轮胎时，验证是否重复扫描、该轮胎是否已入库、品级是否相符、是否符合入库要求等。

（6）轮胎入库上架扫描。

（7）货架入库库位指引。

11）轮胎出库管理系统

（1）轮胎出库时，和销售管理系统关联，下载出库单据，通过对出库轮胎进行逐条扫描，记录轮胎的出库信息，包括出库单号、客户、日期、规格、数量、出库人等。

（2）根据每天扫描出库轮胎信息，生成轮胎出库日报表。

（3）对每条出库轮胎信息进行查询。

（4）轮胎出库时，扫描轮胎条码，记录轮胎的出库信息。

（5）扫描轮胎时，验证是否重复扫描、是否符合出库规格、品级是否相符、是否符合出库要求等。

（6）出库时控制先入先出，防止轮胎库存时间过长。

（7）出库时，根据出库单信息，自动指定出库库位及货架信息。

（8）出库时通过扫描货架实现快速出库。

12）条码物流管理系统

（1）基础数据模块。

品牌、规格、层级、花纹、物料等基础信息维护。

（2）生产管理模块。

① 可维护每班各工序机台的生产计划，并根据需要进行计划的调整；对计划进行下达管理。

② 实现对计划的执行进度进行监控,掌握实时生产信息。可以查看计划数量与实际完成数量的对比,并以不同颜色进度条表示计划的完成进度。

③ 可统计班组、机台的计划完成率,统计结果包括各班组各机台每天生产的产量及计划完成率,并显示计划数量和实际数据对比。

④ 对接班信息进行管理,对接班人、接班时间、接班机台等信息进行维护,有效追溯到接班信息

⑤ 生产明细信息的查询。

(3) 质量管理模块。

① 品级、病疵等基础信息的维护。

② 外观质检信息的查询、分析。

③ X 射线质检信息的查询、分析。

④ 气泡质检信息的查询、分析。

⑤ 动平衡检测信息的查询、分析。

⑥ 均匀性检测信息的查询、分析。

⑦ 质量数据的追溯分析。

⑧ 质检信息的统计分析。

(4) 库存管理模块。

① 轮胎入库明细信息及汇总信息的查询。

② 轮胎入库日报、周报、月报等报表的统计分析。

③ 轮胎出库明细信息及汇总信息的查询。

④ 轮胎出库日报、周报、月报等报表的统计分析。

⑤ 轮胎库存信息的分析、实时库存数据的统计。

⑥ 计算并显示胎胚库存,库存异常数据必须及时进行纠正,对扒胎、错误数据及时进行修正,保证库存数据的准确性。

(5) 设备管理模块。

① 设备台账信息的维护、查询。

② 设备状态的实时监控。

③ 设备停机信息的分析、设备停机率的统计分析。

④ 设备维修信息的记录、设备故障率的统计分析。

⑤ 备件库存的管理和维护。

⑥ 设备状态通过终端手工进行维护。

(6) 技术管理模块。

① 对施工表进行维护,现场可查看施工表信息,可实现施工表管理的无纸化。

② 轮胎胎胚对应关系的维护。

③ 胎胚重量标准的维护。

④ 成品胎重量标准的维护。

(7) 销售管理模块。

① 订单信息的网上录入、取消、修改,并进行审核、发货确认和收货确认。

② 对销售订单信息的汇总、维护、查询及分析。

③ 手工维护付款信息,并实时更新客户付款状态、系统提供根据日期、客户查询条件查询付款信息。

④ 维护发票明细信息,对发票的录入、寄出、收票等状态进行维护,发票信息查询,维护发票对应账款信息。

⑤ 维护返利计提公式、销售返利的计算、返利冲销信息的维护。

⑥ 销售计划的维护和审核、查询、统计分析。

⑦ 客户合同信息的维护,提供根据客户查询合同信息。

(8) 三包管理模块。

① 理赔单据及理赔信息的维护、查询和统计分析,验证重复理赔、异地理赔胎,录入时给出提示。

② 维护三包理赔胎返厂信息,记录返厂时间。

③ 维护三包复检信息,记录复检人员、复检时间、及复检病疵。

④ 不三包理赔胎信息的维护,并对不三包胎进行验证提示。

⑤ 配套胎信息维护,验证并提示配套胎信息。

⑥ 三包理赔胎统计分析报表。

(9) 系统管理模块。

① 系统使用人员的维护。

② 人员权限的维护。

③ 提供公告编辑、审核、发布功能。

④ 提供客户留言、在线沟通和交流功能,并保存交流记录,便与查询。

(10) 接口管理模块。

与 ERP 系统接口,包括基础数据接口、生产数据接口、质检数据接口、入库数据接口、出库数据接口等。

9.1.4　轮胎生产计划调度一体化系统

9.1.4.1　轮胎行业计划调度现状

轮胎行业是典型的生产制造行业,从原材料采购到半成品、成品的加工制造,直至最后的成品发货销售和后续的三包理赔,包括了生产制造的全部环节。计划调度是生产制造企业的核心管理功能之一,贯穿生产制造的始终。

轮胎企业,尤其是中国的轮胎企业,传统以来一般采用粗放的管理方式,极少关注敏捷制造、精益生产等先进的生产管理方式。近几年来,随着计算机技术、信息技术、网络技术的高速发展和日益普及,加之行业竞争压力加剧,轮胎企业开始重视计算机软件在生产管理上的应用,并取得了显著的成绩。

计划调度存在于轮胎企业的生产运作实践之中,在企业信息化的各级软件中亦有不同层次的体现,但纵观大多数轮胎企业对计划调度的操作仍然停留在手工方式上,借助于 Microsoft Office 软件进行记录和下发,缺乏专业的、进行管理和优化的软件工具。极少数企业可以借助 ERP 系统生成一定周期内的物料需求计划和成品制造计划,但到了生产车间层面仍然需要进行人工排产,而且 ERP 生成的计划大多缺乏准确性,最后退化成人工排产,手动录入 ERP 系统,再下发车间进行详细排程和工单下达。所有这些情况极大地制约了轮胎企业对市场反应的敏捷性,在一定程度上也影响订单交付的及时性。为了应付这种状况,轮胎企业大多采用扩大产能、加大成品库存囤积等消极手段来解决问题,但是这种处理方式造成了投资浪费和资金积压的后果,妨碍了企业的健康发展,容易给企业造成尾大不掉的局面,使企业在市场的大潮中无法做到轻装上阵,灵活应对。

9.1.4.2　轮胎行业的生产特点

轮胎的生产制造流程十分负责,要经过十几道工序,才能完成一条轮胎的制作,而单工序所涉及的生产设备数量也是不等的,有的需要数十上百台的设备辅助加工,而有的只需要一台设备。图9.8给出了轮胎生产的详细过程。

我们从生产工艺流程角度进行分析,轮胎生产前工序的炼胶、压延、裁断环节属于流程型,后工序的成型、压出、硫化环节属于离散型,整体综合分析轮胎生产的加工制造特点属于混合型。

从生产规模角度分析,现代轮胎生产不属于三大模式(单件制造、大批量生产和多品种小批量)中的任何一种。传统轮胎生产是大批量的生产模式,但随着时代的进步,市场需求瞬息万变,个性化要求不断提高,轮胎生产模式已经逐渐转变为多品种小批量生产和大批量生产的混合体。

综上所述,轮胎行业的生产特点具有一定的独特性。其独特的生产特点,给生产调度带来了一定的难度,使之没有前车之辙可以借鉴,但同时也伴随着巨大的管理优化空间,新的发展契机和经济增长点。

9.1.4.3　APS 系统功能

1) 软件架构

轮胎企业计划调度一体化系统提供基于 Web 开发的 B/S 架构和三层 C/S 架构。针对在排程算法运行过程中,B/S 架构效率低于 C/S 架构系统的问题,采用算法封装的模式,将智能排程算法封装到 C++语言编写的 DLL 中,由排程模块进行调用,输入算法所需参数,获取排程结果。

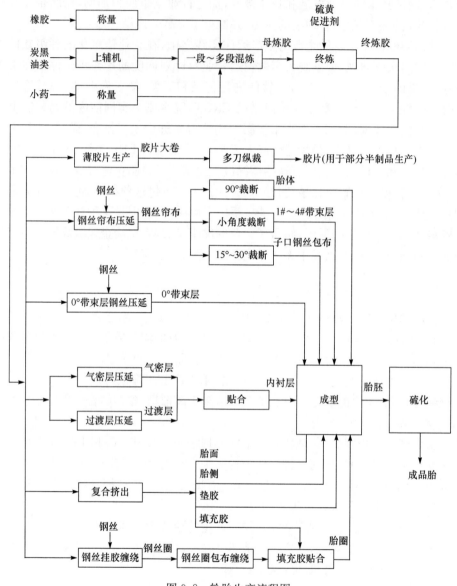

图 9.8 轮胎生产流程图

此架构的优势在于兼具 B/S 架构的方便易用和 C/S 架构的效率,在保证计划调度系统易用性和稳定性的同时,充分利用高性能服务器资源,从根本上提高自动排程的速度。

轮胎企业计划调度一体化系统的特点是,可以与轮胎行业 MES 无缝集成,企业生产数据为计划调度所用,最大限度发挥企业现有信息化系统的作用,让 MES

中的数据及蕴含的信息成为企业排程的有力支撑。

2）核心功能

系统包含轮胎制造全工序的计划调度业务,同时具有订单管理的功能,以及生产数据的分析业务模块。主要用户群是计划人员、调度人员、生产管理层、销售人员等。系统的核心功能如图 9.9 所示。

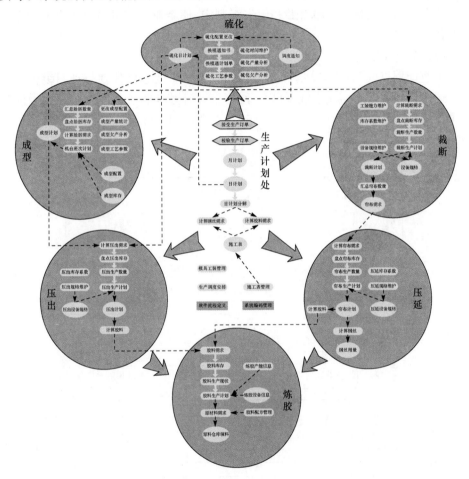

图 9.9　系统核心功能架构

（1）订单管理。

商业订单按照产品和模具分类进行合并后产生新的生产订单,而新的生产订单的因为可能涉及多个商业订单而难以确定优先级,若优先级过高,会产生大量的库存囤积,若优先级过低,会导致订单发货期的延迟,所以,合理的生产订单优先级算法,会考虑多方面因素,保持订单发货的持续性和均衡性,尽量降低库存持有量和换模次数。

生产订单的优先级算法根据市场需求和生产限制,基本可以分为以下几种:

① 换模次数最少;

② 订单交付日期最优;

③ 产能最大化。

订单的优先级合并算法本身并无优劣之分,但是可以根据市场销售的要求,选择更为合适的算法进行订单合并和优先级判定,使企业能够更好地适应市场需求的变化。

(2) 企业计划。

企业计划集成 ERP 与 PCS 的生产计划,串联企业总体计划与车间级生产计划。运用计划调度一体化系统制订企业的月生产计划,根据生产扰动因素,及时进行重计划,最终实现企业计划的自动排产。企业计划制订流程如图 9.10 所示。

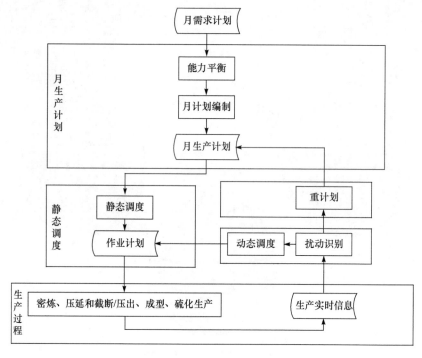

图 9.10　企业计划制订流程

最短的时间内,在最优的成本下生产出相应数量、相应规格的轮胎是轮胎生产计划调度的最终目的。具体可以表现在几个方面,如工序脱节率、设备负荷率、交货准时率等。

在轮胎制造工序一体化模型的建立过程中,可以采用周期计划驱动,三大工序(硫化成型、半制品、炼胶)相对独立,中间代理协调的方式。

（3）成型硫化计划。

成型与硫化计划互为约束关系，在制订企业成型计划过程中，需要统一考虑成型与硫化的生产安排。在制订成型硫化计划时，成型机台与硫化机台保持一定配比，根据所生产轮胎的种类不同而有差异。

系统为用户提供信息化排产平台，整合现有 MES，分析订单、库存、机台、模具等生产约束因素，运用成熟而高效的智能排产算法，为企业提供至少三种合理的排产预案，最终制订准确、有效的、符合生产现状且最优化的生产计划。

系统运用基于经验的先进算法理论，通过对生产现状的分析，实现适合企业生产的最佳计划制订流程，降低生产过程中的欠产数量，提高生产计划对订单变化的反应速度，准确把握市场动向，推动企业向最强轮胎制造迈进。

由于硫化与成型计划紧密相连、互为约束，因此两个工序必须同时进行排程，无论是先排成型还是先排硫化都将降低企业计划的准确性和可行性。

硫化、成型工序排产包含较多的规则和约束条件，计划调度一体化系统能够根据不同客户的需求，自定义规则及约束。如图 9.11 所示，举例说明如下。

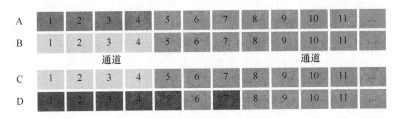

硫化机台相邻示意图

图 9.11　成型硫化计划示意图

示意图中除 DT 外，其他的机台均可以看做相邻机台。

特殊说明：

B2 与 C2 中间有通道相隔，也认为是相邻机台；

同排硫化机为相邻关系，D5 和 D7 之间间隔机台少也可定义为相邻机台；

A1 与 B1 如果有通道相同，可以定为相邻，否则为不相邻机台。

不同企业对于硫化机台相邻的定义可能有所差别，系统需要支持用户对于相邻机台规则的自定义，其他的约束因素和排产规则也是如此。

（4）制品计划。

① 制品施工标准。

根据轮胎生产 BOM，制定半制品的分解施工标准。

分解施工标准包含胶料、钢丝、帘布等物料的重量、型号等信息，主要用于由轮胎计划到制品计划的分解。

制品分解施工表模块的存在,可以满足部分企业对轮胎生产保密性的要求,在对轮胎生产 BOM 进行保密的前提下,系统可以根据制品的分解施工表进行物料分解,制订胶料和钢丝需求计划。

② 制品计划制订。

根据硫化、成型生产计划,制订制品的生产计划,包含压延、压出和裁断工序,压延工序的产品主要用于满足裁断工序的需要。

制品计划制订的重要因素。

(a) 物料通用性。多种轮胎对应的制品物料具有通用性,靠人工很难进行准确分别,系统借助施工标准,比对通用物料,确定合并生产计划。

(b) 停放时间要求。不同种类的制品有各自的停放时间要求,且停放时间并不相同,系统提供停放时间设置功能,支持用户自定义制品的停放时间,并在排产过程中给予提示。

(c) 内外部工序衔接。压延与裁断之间,压出与成型,裁断与成型之间的物料衔接紧密,生产计划安排合理有序,降低因计划制订不当而导致的物料脱节时间。

③ 胶料需求汇总。

根据制品生产计划,运用分解施工表,系统自动计算胶料和钢丝需求。炼胶工序的需求来源于制品分厂提供的胶料需求计划,分解计划的准确与否,直接关系到炼胶工序的生产以及与制品工序的物料衔接。

(5) 炼胶计划。

从生产流程角度分析,胶料密炼生产属于宏观流程微观离散的间歇式生产过程。从原材料投入到成品终炼胶的产出,中间需要若干不等的几道工序。这几道工序之间存在一定的时间间隔,对连续性要求不严格,但在制品也不是可以无限期停放的。

胶料生产环环相扣,各段胶料之间后道工序的生产安排受前道工序在制品库存的制约,都涉及一个生产提前量的问题,企业为了避免生产脱节情况的发生,一般通过加大在制品库存量的方式来保证生产的连续性。

轮胎行业炼胶工序自动排程的总体目标是要使企业胶料产能最大;充分满足后续工序对胶料的需求;缩短胶料生产的准备期;减少混炼胶库存;实现精益生产、敏捷制造。

炼胶自动排程系统架构如图 9.12 所示。

9.1.5　轮胎企业能源管理系统

9.1.5.1　概述

过去的三十年间世界目睹了中国经济的持续快速增长,在 1980～2000 年间中国有四亿人口摆脱了贫困,为消除贫困的全球发展目标做出了巨大贡献。与此同

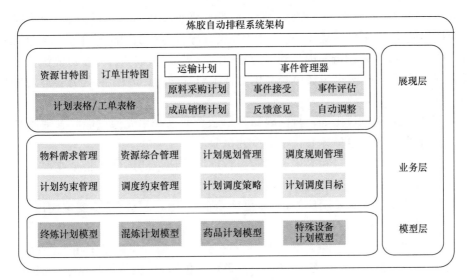

图 9.12　炼胶自动排程系统架构

时人均 GDP 自 1981 年增加了五倍多(世界银行 2004)。伴随着经济持续高速增长,我们也付出了资源环境方面的巨大代价。长期以来我国的经济发展都在走一条依靠资源的大量投入、过低的人力资源成本以及先污染再治理的严重环境污染为代价的粗放型经济发展道路。高能源消耗、低利用率、低附加值、污染和浪费现象十分严重。随着人口增加,工业和城市化进程的加快,经济与发展、与资源环境的矛盾日趋尖锐。全面深入开展节能降耗,建设资源节约型、环境友好型社会成为中国可持续发展的必然选择,是转变增长方式的必由之路,是应对未来能源危机的需要,是应对全球气候变化的迫切需要,是每个社会成员共同承担的责任。

工业是我国最大的终端能源消费部门。多年来,我国工业能源消费总量占全国能源消费总量的比重一直维持在 70% 左右。随着我国经济的快速发展和世界范围能源危机的不断加剧,一方面,我国将进一步加强能源消耗管理,采取一系列措施限制高能耗产业,这无疑会增加轮胎企业的生产成本;另一方面,国内轮胎行业为了在激烈的市场竞争中获胜,需要进一步降低生产成本。企业领导近年来逐步认识到,以节能降耗为切入点,发挥测控与信息技术在经济发展方式转变中将发挥重要作用。要让信息成为生产要素,以测控与信息技术作为科学、有效的技术手段,在高能耗、高物耗、高污染的橡胶轮胎行业节能降耗中发挥重要作用。

9.1.5.2　我国轮胎企业能源管理现状

随着我国经济的高速发展,能源短缺、能源成本上升逐渐成为制约制造行业发展的瓶颈。"十一五"期间,国家加大节能减排推进力度,先后出台了一系列节能减排方针、政策及法规,进一步加剧了轮胎制造企业面临能源成本的压力,为了提高能源使用效率、降低能源成本,轮胎企业高层领导普遍意识到能源管理在企业管理过程中的重要性,要在行业内达到能源管理的领先地位,需要进一步对能源管理手段和方式进行变革,充分发挥测控与信息技术对管理的促进作用,提升管理的深度和广度。

风神轮胎、固铂成山等一批国内知名轮胎企业已经率先通过能源管理体系认证,成为轮胎行业通过该体系认证的少数企业。

然而,国内目前通过和尚未通过能源管理体系认证的国内轮胎企业都还普遍存在以下问题,是制约企业进一步提升能源管理水平的主要因素。

第一,除新建扩建轮胎厂外,大多数轮胎企业计量器具配备不到位,有些计量仪表早已超过使用年限,造成计量准确性大大降低,对数据分析造成干扰。

第二,对于规模以上的大型企业,计量统计的测控点主要集中在Ⅰ、Ⅱ级计量点,统计和分析局限于分厂级别以及少数重点耗能设备,分析大多基于厂级、车间级较为粗犷的用能成本核算的层面。由于缺乏准确的三级计量数据作为支撑,虽然推行了能源绩效考核制度,但效果不佳,往往是公司考核分厂,分厂缺因没有技术和数据支撑无从下手查找问题所在,造成考核归考核,问题还常年存在。

第三,一些企业在建设配变电站时由电表厂家局部实施了电表自动采集系统,但该系统往往用于保护装置数据监控,虽然通用性强,但统计分析功能很弱,很难与生产管理系统和 ERP 系统结合。随着时间推移,这些系统往往缺少后续的技术支持,数据要么不准确,要么残缺不全,难以利用。几乎全部采用人工抄表和数据统计分析,工作量大且数据不及时、不准确。

第四,蒸汽、压缩空气由于介质特性以及工艺用能特点,造成该介质计量相当不准确。其主要表现在能源平衡率低。

9.1.5.3　能源管理系统预期目标

能源管理系统(EMS)是轮胎企业信息化系统的一个重要组成部分,它运用了成熟的计算机通信技术及软件开发技术,将先进的能源管理体系思想及能源管理手段融入整个系统平台中,实现能源系统分散的数据自动采集和控制、集中管理调度。能源管理层次图如图 9.13 所示。

针对轮胎行业用能特点,本系统抓住主要耗能工序和关键设备进行高频次在线监控和数据采集。例如,电力主要是针对炼胶工序的密炼机、开炼机、压出等设备进行监控;蒸汽主要对硫化工序进行监控;压缩空气主要针对上顶栓气缸、气力输送、定型等重点耗能设备监控。

EMS 通过遍布全厂的三级计量网络,在"科学预测、优化调度层"(第三层),主要实现炼胶工序中各种胶料耗能特性分析,采取削峰填谷方式为企业节约生产用

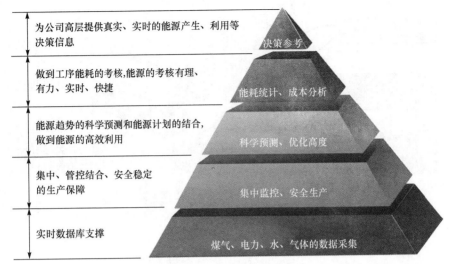

图 9.13　能源管理层次图

电成本。与 MES 生产计划接口,可以有效预测能源消耗计划,分析实际耗能与能源计划的偏离度,有利于深层次发现用能问题(即预测值与实际值的比对分析)。

　　在"能耗统计、成本分析层"(第四层),EMS 实现能源绩效管理功能,细致到机台、设备的计量数据,确保能源绩效评估的科学性、准确性、公正性,有利于能源绩效管理方式的推行。同时,实时的数据自动采集与汇总,实现车间、班组、机台等维度的产量、能耗、单耗统计,日清日结,当班当结,及时传达到现场的能源运行信息(通过现场 LED 屏幕),增强了信息的透明度,有利于调动全员节能的积极性、提升全员节能意识,同时也提升了企业在节能管理方面的企业形象。

　　在"决策参考层"(第五层),EMS 实现对能源结构、节能空间的分析,通过重点设备能效评估、能源转换率对标等能源诊断功能,为企业实施节能技术改造项目、优化工艺、淘汰落后设备提供科学准确的决策支持。

9.1.5.4　解决方案

1)系统模型

系统模型图如图 9.14 所示。

2)系统组成

能源管理系统由通信网络、主站系统、集中器、采集终端(计量仪表)四部分构成,如图 9.15 所示。

(1)通信网络。

通信网络是主站系统与集中器、集中器与计量仪表进行数据交换的物理网络。系统中用于传输数据的通信网络也称为信道,即信号(数据)传输的媒体,如无线电波、专线、电力线等。

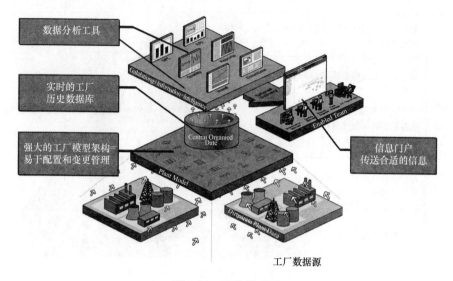

图 9.14　系统模型图

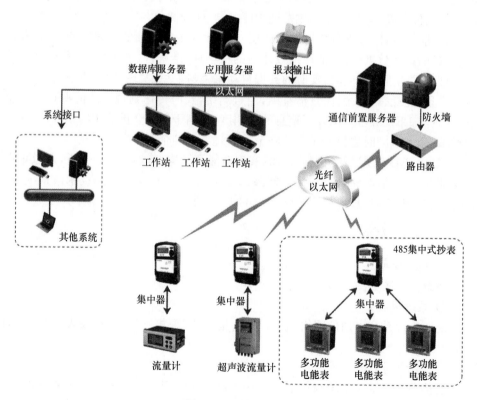

图 9.15　系统架构图

（2）主站系统。

主站系统包括系统软件、与其他系统的接口、应用服务器、数据库服务器、通信前置服务器、防火墙以及相关的网络设备。

（3）集中器。

集中器是用于收集各种采集终端或采集模块的数据的嵌入式设备。它是连接主站系统与终端设备（计量仪表）的枢纽。集中器具备多种通信接口：RS-232、RS-485、GPRS 通信、光纤、电力线载波等。

（4）采集终端（计量仪表）。

采集终端是指从用户耗能管路中采集并转换为可读取信息的计量设备，如电能表、流量器、采集器等。构成系统的采集终端应该具备数字信息输出功能。

3）系统功能

（1）系统功能结构图如图 9.16 所示。

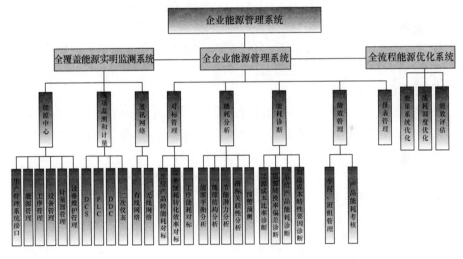

图 9.16　功能结构图

（2）功能描述。

① 数据采集与存储。

集中器根据设定的采集时间间隔，主动将数据上传到主站系统。采样间隔等参数可以由主站远程下达给集中器设备。

电力：电流、电压、有功、无功、峰、平、谷、功率因数。

蒸汽：温度、压力、瞬时流量、累积流量、瞬时热量、累计热量。

压缩空气：压力、瞬时流量、累计流量。

采样间隔：10s～60min 可设置。

② 历史数据查询。

根据灵活多样的(组合)查询条件,查询以往历史数据。查询结果可进行过滤、分组、排序显示、导出、图表显示。

③ 历史数据查询。

根据灵活多样的(组合)查询条件,查询以往历史数据。查询结果可进行过滤、分组、排序显示、导出、图表显示。

④ 表计故障在线监测。

可以对电能表、流量计、巡检仪、无纸记录仪等二次仪表的故障进行远程在线监测,并对电表接线、计量方式发生变化、线路故障发出告警提示。

⑤ 能源绩效管理。

通过蒸汽能源绩效管理功能,企业可以针对自身能源管理情况,确定作为比较基础的能源消耗、能源利用效率的水平。对其能源因素进行管理,取得可测量的结果,从而持续推进企业持续降低能源消耗、提高能源利用效率。

⑥ 能量平衡和损耗分析。

通过计量与测试手段,对供热设备的蒸汽能源所提供的能量的使用情况,如利用与损失,分布与流向等进行定量分析。

⑦ 能源信息分发模块。

依据权限及用户所能关心的能源信息需求,系统自动生成信息表,以电子邮件形式定期(每天/每周/每月)向相关用户发送一封邮件,数据以 Excel 附件形式绑定在附件中,极大地方便了用户及时读取有用信息。

⑧ 报表输出。

蒸汽日报表、周报表、月报表、年报表。

蒸汽日环比、月环比、月同比曲线分析。

重点工序蒸汽消耗统计报表。

用户自定义条件查询报表。

⑨ 运行状况异常报警。

压力(高、超高、低、超低)报警。

温度(高、超高、低、超低)报警。

通过压力、温度监控工艺参数,越限报警。

通过压力、温度、瞬时流量判断计量特性,越限报警。

9.1.6　轮胎翻新生产管理系统

随着国家"十二五"规划政策的出台,提出了建设资源节约型、环境友好型社会的宏伟目标。政府相继出台一系列政策,旨在降低橡胶资源消耗量,推进废旧轮胎资源的二次利用,调整资源供需平衡。如何最大限度地提高其无害化利用率,并进一步做好综合利用的工作,是建立资源节约型、环境友好型社会的一个集中体现,是功在当代、利在千秋的系统工程,也是我国"十二五"规划需重点解决的问题之一。

目前轮胎翻新还是以手工作坊较多,基本的自动化水平不具备,更谈不上实现设备级别的信息化。大多数轮胎翻新企业生产车间现场的数据缺乏实时采集的工具和手段,对于项目准时交付率仍然不能准确的统计和分析,仍需要各级基层管理人员手工汇总各种生产数据,造成数据的失真和信息不对称,严重制约管理的快速、准确的决策,各种管理问题长期不能有效解决,也容易形成项目交付的恶性循环。同时轮胎作为安全产品,翻新轮胎的质量越来越被大众所关注,在没有信息化工具的条件下要做到对每一条翻新轮胎的质量跟踪是很难做到的。行业竞争日趋激烈的大环境下,对轮胎翻新生产过程各个环节进行有效的信息化管理显得越来越迫切与重要。

9.1.6.1　系统介绍

为了帮助轮胎翻新企业提升生产管理水平,实现生产数据的实时采集、设备的动态监控,帮助企业及时发现翻新各个工序中存在的问题,提高业务处理的速度与精度,软控股份有限公司为轮胎翻新企业量身打造了以条码(RFID)为载体,用信息技术管理翻新生产业务的解决方案。该解决方案涵盖了翻新生产、质量管理、设备管理、仓储管理、客户管理等多方面的业务,系统整体架构如图 9.17 所示。

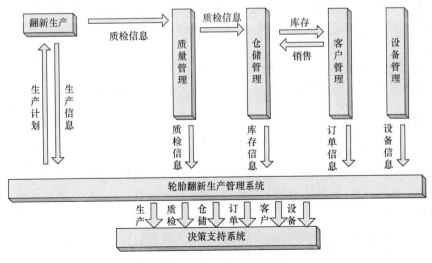

图 9.17　系统总体架构图

1) 翻新生产管理系统

根据轮胎翻新标准工艺,对翻新各工序进行数据记录,硫化工序通过 PLC 读取各时间点温度、压力数据并记录,用于后期追溯及质量分析。翻新生产数据是轮胎翻新数据追溯的基础,为销售、理赔系统提供执行依据。翻新生产系统与管理系统实现无缝连接,为建立生产、质检、物流信息之间的关联关系和实时动态跟踪与追溯打下基础。

2）设备管理系统

设备运行状况是保证正常生产的根本,设备运行状况的实时监控,对设备保养维修统一调度具有极大的指导意义,保证设备管理部门对保养维修人员做出统一调配,避免因设备故障问题导致生产、质量异常。

3）质量管理系统

对翻新轮胎初检、终检、过程互检数据信息进行记录,并根据条码（RFID）对产品进行质量追溯。对于售后客户反馈的不合格产品,可以查询到其生产时的质检数据记录,为返修、理赔等工作提供数据依据。

4）仓储管理系统

仓储管理系统通过标准的接口链接翻新生产系统和管理系统,构成统一的物流协同作业平台,从而加快整个物流的速度,提高工作效率,降低物流成本,提高企业的竞争能力。实现相关系统的数据交互,并对基本信息进行定义和对仓库管理信息、管理系统数据、生产系统的数据挖掘分析,为经营决策提供支持,为生产计划制订提供依据。

5）客户管理系统

对翻新客户与翻新轮胎信息进行关联,保证客户轮胎翻新后准确返还;协助销售管理人员合理制订发货计划,减少因计划制订不合理导致的延误发货、错发货等现象。

6）数据查询系统

对各系统记录数据进行分类统计,为各层级管理者提供所需的数据报表。

9.1.6.2　功能介绍

1）生产管理系统

（1）人员管理:人员班次信息的下载维护,交接班信息的记录。

（2）生产管理:生产计划的下载执行,翻新过程信息记录,翻新过程互检记录,采集硫化温压数据。

（3）设备管理:设备维护、保养及停机计划下载和执行,设备故障申报管理,设备报警记录。

（4）系统管理:操作日志详细记录及查询。

2）设备管理系统

（1）设备检查:记录设备点检信息,记录设备异常信息,记录设备运行时间,运行状态。

（2）设备维修：根据设备点检状况或异常状况，下达维修保养计划，记录维修保养信息，对维修保养计划进行反馈。

（3）设备监控：对设备正常运转、故障维修、停机等状态及时反馈到管理系统并显示。

3）质量管理系统

（1）外观检测：轮胎翻新前后钉眼数量记录，轮胎外观病疵记录，轮胎外观质检信息查询、统计。

（2）气泡（全息）检测：气泡检测图片自动压缩、保存，记录气泡检测的病疵、品级信息，气泡检测记录的查询、统计。

（3）高气压检测：高压检测信息记录（记录钉眼数量、使用压强值），轮胎高压检测记录的查询、统计。

（4）工序互检：翻新各工序互检信息记录，翻新各工序互检信息查询，翻新各工序互检考核计算。

4）仓储管理系统

（1）入库管理：实现对不同客户区分放置翻新轮胎，实现根据生产、质检系统实际情况灵活配置进行数据验证的入库流程处理，实现不同品级分别入库，防止库存中合格品与废品混乱的情况发生。

（2）出库管理：实现对翻新轮胎出库的管理，记录出库轮胎的编号、客户、发货时间等，实现出库信息与入库信息的验证，保证出入库及库存信息的准确性。

（3）库存管理：实现库存盘点业务的处理，实现出入库信息追溯功能。

5）客户管理系统

（1）基础信息：基础代码定义，物流基础信息定义。

（2）销售业务：发货计划管理，客户回执管理。

（3）客户管理：销售合同管理，客户信息管理。

6）数据查询系统

（1）基础信息数据查询：对人员信息进行查询、维护。

（2）生产信息查询：查询翻新工序的生产信息，并根据产品、规格、班次等进行统计分析；查询翻新轮胎外观、高压、全息检测信息，查看全息检测图片；查询工序互检信息；根据时间、工序、病疵等统计质检信息；查询翻新轮胎出入库明细信息；对库存进行实时盘点；详细查看库内各客户待翻新、已翻新轮胎数量。

（3）客户系统数据信息查询：查询基础各客户基础信息，对客户区域、公司状况、合同签订数量等信息进行查询统计，根据客户翻新订单记录，对客户翻新胎数量、厂家、规格等进行统计分析，结合翻新质检信息，可统计各厂家各规格轮胎病疵出现率。

（4）设备信息查询：查询设备台账，对生产过程中设备进行统一管理，根据时间、机台、故障进行设备维护情况查询，对各种故障出现频率、各机台使用率进行统计分析。

9.1.6.3　实施策略

1）系统实施的关键因素

为达到循环利用翻新系统的目标，必须注意以下成功的关键因素：

（1）更新传统的观念和意识，按照系统上线后的新的工作流程思路进行工作。

（2）高级管理人员的积极参与和大力配合。

（3）建立明确的阶段目标和业务处理需求。

（4）深入贯彻执行新的操作规程的执行力度。

（5）明确实施过程也是技术转移和交流的过程，因此实施将采用双方合作的方式。

（6）明确项目的成功实施是双方的共同利益和责任。

（7）建立层次结构合理，功能齐全，职责明确的项目组织结构。

（8）按照各自的职责，及时解决实施过程中出现的问题。

（9）严格控制项目范围。

（10）实施小组和应用小组要保证工作的连续性。

（11）及时审阅和响应实施小组和应用小组提交的各类相关文件。

（12）定期检查项目进度与阶段目标及阶段成果。

2）系统实施特点

（1）成立项目小组。

为了保证项目的成功，双方要各成立一个项目小组，并赋予该项目小组足够的权力，以确保在实施过程中可以解决随时出现的问题。建议由翻新工厂（或循环利用部门）主要负责人担任项目小组的总负责人，并由计划、生产、仓储、设备、质检等部门的领导或业务骨干组成。

（2）系统试点。

① 试点方法是大多数成功的用户在实施项目过程中使用的方法。这种方法是通过一系列步骤来验证软件系统能正常地工作而用户人员也真正理解系统。

② 检验各管理环节的标准是否符合各个单位的实际要求，提出对标准的改进意见。

③ 为下一步全面推广、应用信息管理系统积累经验、指出问题，做好各方面的准备工作。

④ 试点工作是全方位的。不能将管理信息系统的建设单纯看作软件的问题，更重要的是它是一种管理思想的体现。

⑤ 试点工作既是管理信息系统软件的试点,也是管理标准的试点,是管理标准在软件中的功能实现,是企业实现整体管理的依据和基础。

(3) 系统培训。

教育和培训的是十分重要的。如果教育和培训的工作做得不好,其他部分的投资都将是浪费。因此,教育和培训的投资是项目投资中最具有杠杆作用的部分。培训作用有二:一是继续造就专家的队伍,继续强化专家对项目理解与认识,让他们进一步明确自身在实施过程中的职责;二是教育"广大员工"(这里的"广大员工"也包括部门的高层领导在内),项目实施一定要改变人们的工作方式,首当其冲就是改变高层领导的工作方式。所以高层领导人员要和普通员工一样,也是需要时时刻刻学习的。当然培训的重点还是管理员培训和应用操作培训。

9.1.6.4　系统应用目标

轮胎翻新生产管理系统以条码(RFID)为载体,实现生产、质检、仓储、销售各环节信息化管理;实现生产的可监控、可管理、可预测,翻新业务全过程数据追溯;帮助企业提升轮胎翻新质量、售后三包服务水平;为各层管理者提供决策分析数据支持。系统应用目标分析如下:

1) 提高作业运转效率

(1) 通过轮胎翻新生产管理系统可大大提高生产、物流和管理效率。

(2) 在生产环节,通过对设备运行情况及对应产量,统计出各班组生产效率。

(3) 在设备管理方面,通过对设备点检状况及故障及时申报,提高设备检修效率,防止由于设备异常耽误生产。

2) 减少劳动力成本

(1) 在生产环节,采用条码(RFID)管理通过对质检信息的采集、分析、追溯,实现对硫化、翻新工序按照病疵类别、机台、班组、人员进行处理。

(2) 在生产的翻新工序,互检记录为考核提供依据。

(3) 减少各工序统计工作量,自动统计代替手工统计。

(4) 动态和实时的绩效考核,使员工可以自助查询各自绩效和奖惩情况。

3) 消除工作误差

(1) 防止手工抄录信息由于字迹模糊等造成其他工序的误读。

(2) 在物流环节,有效根据客户管理入库翻新胎位置等,防止不同客户的轮胎混放。

4) 提高产品质量

(1) 在生产作业环节,通过生产系统的有效控制和管理,保证硫化工艺信息的稳定,而且可通过管理系统远程实时监控现场的生产情况达到工艺抽查的目的。

(2) 在质量检测环节,如出现某一台硫化设备上产生病疵,及时反馈同设备同批次硫化的翻新轮胎质量情况,有效防止不合格翻新轮胎流出。

5) 提高客户满意度

通过翻新系统可以查询到任何一条轮胎翻新生产状况,做到翻新生产全程追溯,使客户对自己委托翻新的轮胎满意放心。

9.2　MES 的创新与发展

轮胎行业是传统的制造行业,有着悠久的历史,但随着时代的进步,一些传统的管理方法和技术手段已经不能满足当前的需求。日益复杂的市场环境、变化多样的客户需求、不断缩短的产品周期都对轮胎制造业提出了严峻挑战。制造业信息化是国家工业发展的推动力,也是当前两化融合的关键,我国部分先进的科研机构和高新企业吸取国外先进制造思想和技术,开展了以计算机集成制造和捷制造等为代表的制造业信息化相关技术的研究与应用。20 世纪 80 年代以来,信息技术的发展不断帮助轮胎制造行业提升生产效率和管理水平。而如今,以面向服务的,融合现在信息化制造技术、云技术、物联网等技术的云计算模式掀起了新一轮轮胎工业信息化的革命。

9.2.1　轮胎企业信息化的发展现状及现场部署问题

随着新技术、新工艺的不断应用,尤其是在信息控制技术飞速发展的推动下,世界轮胎工业发生了前所未有的技术革命。面对日益激烈的市场竞争,轮胎企业对信息化技术的需求也越来越强烈。信息化控制技术在企业生产管理中的作用愈来愈重要,不仅能够大大提高生产效率,而且也能够保证轮胎的均一性和稳定性,减少生产过程中的资源浪费,降低产品退赔率。国内一批轮胎生产制造企业通过成功实施信息化系统,利用信息化手段在保障产品质量的前提下提高企业的生产效率并降低成本,在业内保持着领先的市场地位。

生产现场的信息化管理系统在轮胎生产过程中可以有效地把上层的管理系统跟下层的控制系统连接起来,下达任务并及时做出反馈,集成上层管理系统和底层控制系统的信息,辅助实现轮胎制造过程的实时监控、动态调度和质量追溯,不仅能够提高轮胎的生产效率,而且能够减少生产过程中的资源浪费,保证轮胎产品的均一性和稳定性,这对于轮胎生产效率和产品品质的提升都有重要的意义,是轮胎企业信息化战略的重要组成部分。

但随着轮胎企业生产管理系统在现场的部署和应用,愈来愈多的问题开始暴露出来。由于生产车间大多使用传统的 PC 终端,现场环境高温、高灰尘,比一般使用环境恶劣得多。PC 终端经常出现出现死机、蓝屏、硬盘损坏等现象,客户端系统维护量巨大且影响了车间的正常生产,终端 PC 难以避免的出现故障率高,修复时间周期长等问题,而一旦出现此类问题会直接影响到轮胎企业的生产,进而影响到整个企业正常运转。除此以外,生产管理系统的大量数据是对于企业长期经营活动是具有非凡的指导意义,对于数据的保护和科学管理对于企业长期发展战略规划是非常重要的,而目前的系统现场部署方案在数据的保护上是缺乏安全性的。

9.2.2　云计算介绍

在以云计算(cloud computing)为代表的新一代信息技术出现以前,国内企业信息化建设通常是建一个应用系统就买一套服务器,随着应用系统的不断增多,服务器也不断地进行扩容、改造和更新,而企业应用的特性导致运行中的服务器资源利用率并不高,服务器长期低效运转,系统资源不能随应用的变化而灵活调整。

新一代信息技术"云计算"的出现,为我们提供了相应的技术手段与解决思路,云计算代表着一种新型的 IT 服务模式,其优势在于对资源的集约利用及强大的动态运算能力。对于已拥有庞大计算机资源的大型集团公司而言,云计算的引入将更有利于提高资源利用率。

云计算是继 20 世纪 80 年代大型计算机到客户端-服务器的大转变之后的又一种巨变。云计算(Cloud Computing)是网格计算(Grid Computing)、分布式计算(Distributed Computing)、并行计算(Parallel Computing)、效用计算(Utility Computing)、网络存储(Network Storage Technologies)、虚拟化(Virtualization)、负载均衡(Load Balance)等传统计算机和网络技术发展融合的产物。

1) 云计算定义

云计算是基于互联网的相关服务的增加、使用和交付模式,通常涉及通过互联网来提供动态易扩展且经常是虚拟化的资源。云是网络、互联网的一种比喻说法。过去在图中往往用云来表示电信网,后来也用来表示互联网和底层基础设施的抽象。狭义云计算指 IT 基础设施的交付和使用模式,指通过网络以按需、易扩展的方式获得所需资源;广义云计算指服务的交付和使用模式,指通过网络以按需、易扩展的方式获得所需服务。这种服务可以是 IT 和软件、互联网相关,也可是其他服务。它意味着计算能力也可作为一种商品通过互联网进行流通。

2) 云计算服务模式

云计算可以认为包括以下几个层次的服务:基础设施即服务(IaaS),平台即服务(PaaS)和软件即服务(SaaS),如图 9.18 所示。

(1) IaaS:基础设施即服务。

IaaS(Infrastructure-as-a-Service):基础设施即服务。消费者通过 Internet 可以从完善的计算机基础设施获得服务。

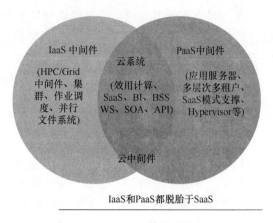

图 9.18　云计算三个层次服务的关系

（2）PaaS：平台即服务。

PaaS（Platform-as-a-Service）：平台即服务。PaaS 实际上是指将软件研发的平台作为一种服务，以 SaaS 的模式提交给用户。因此，PaaS 也是 SaaS 模式的一种应用。但是，PaaS 的出现可以加快 SaaS 的发展，尤其是加快 SaaS 应用的开发速度。

（3）SaaS：软件即服务。

PaaS（Platform-as-a-Service）：平台即服务。PaaS 实际上是指将软件研发的平台作为一种服务，以 SaaS 的模式提交给用户。因此，PaaS 也是 SaaS 模式的一种应用。但是，PaaS 的出现可以加快 SaaS 的发展，尤其是加快 SaaS 应用的开发速度。

3）云计算的优势

随着云计算慢慢从概念转向产品，企业部署云计算开始提上日程。据调查，在亚太地区，大约有三分之二的企业 2012 年计划增加云计算预算。当然，理智的决策源于辩证地看待事物的利弊，云计算亦然。

（1）快速启动、搭建应用。

云计算最大的好处就是能够快速搭建我们的企业应用，例如，我们现在要开发一个网站，我们不必再花费巨资购买硬件集群、不必再耗资组建软件，只需把一切需要的搭建在云上，方便快捷还省钱，这对企业来说绝对是一个不错的选择。

（2）成本低廉、投资灵活。

因为云的规模是可以动态伸缩的，易于扩展也易于灵活处理，所以企业可以不加大硬件投资力度来满足应用以及用户的规模增长（降低成本），也无须因项目中断而沮丧（损失较少）。对大企业而言，船大有时也好调头；对中小企业来说，项目运作成本骤减，竞争大企业，可望可及。

(3) 产品研发周期压缩。

使用云计算产品,产品研发周期将大大压缩,想法可以随时更改,研发的产品亦可以随时更新。这对企业而言,减少了成本,但产品仍可以精益求精。

9.2.3 基于虚拟化技术的云计算解决方案

云计算的核心就是虚拟化技术在制造业的应用。虚拟化技术是一个广义的术语,是指计算元件在虚拟的基础上而不是真实的基础上运行,是一个为了简化管理,优化资源的解决方案。这种把有限的固定的资源根据不同需求进行重新规划以达到最大利用率的思路就叫做虚拟化技术。虚拟化技术目前主要的应用领域包括服务器虚拟化、桌面虚拟化和应用虚拟化,通过虚拟化技术在制造业现场部署应用可以从很大程度上解决制造业生产管理系统在现场部署的问题。

在基于虚拟化技术的云计算设计方案中,网络环境划分成三个部分:终端层、虚拟桌面层和后台应用层,各部分之间使用防火墙严格隔离,只开放访问必需的端口。将用户终端隔离后可以对后台应用服务器起到很好的保护作用,用户所有的个人桌面、应用和文档被集中控制在虚拟桌面层。

用户使用各种终端设备连接入口服务器(Web Interface),通过域控制器验证身份,在基础架构服务器集群的调控下,访问分配给他的虚拟桌面,透过该桌面访问后台系统。从服务器网段到终端网段所有的通信都被安全接入网关设备封装在加密通道中,这样的架构既保证了网络层的传输安全,又保护了企业的数据安全。架构图如图 9.19 所示。

1) 集中管理

虚拟化的集中部署模式将企业应用部署在数据中心,而客户端和服务器位于同一局域网内,因此系统应用的性能和安全性得到提升,用户可以通过任意终端和任意网络进行访问数据中心。而系统管理人员只需对局域网内的数据中心进行管理,实现了管理维护的简化,应用软件的安装及配置变化,均可以在服务器端集中进行,大大简化了业务环境的配置和部署。

2) 应用发布

应用虚拟化技术可以为用户提供基于服务器的计算模式(Server-based Computing),实现虚拟化应用发布。通过特殊的网络传输协议对服务器上的应用进程和远端客户端设备进行连接,将运行在中心服务器上的应用进程的输入输出数据重新定向到远端客户端机器的输入输出设备上,因此虽然应用客户端软件并没有运行在客户端设备上,但是用户使用起来和在客户端安装运行客户端软件相比,没有感觉任何操作上的改变。这种模式使得企业应用部署架构上发生变化,从一种分布式部署变成了大集中的应用部署,因而带来了应用访问、性能及安全等各个方面的提升。

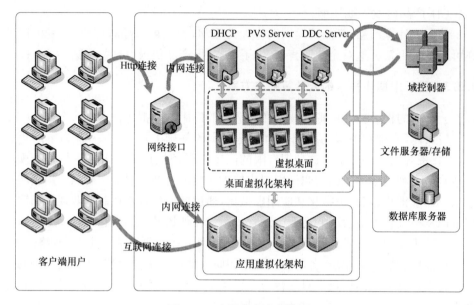

图 9.19　虚拟化方案架构图

3) 终端标准化

瘦客户机(Thin Client)是使用专业嵌入式处理器、小型本地闪存、精简版操作系统的基于 PC 工业标准设计的小型行业专用商用 PC。配置包含专业的低功耗、高运算功能的嵌入式处理器。不可移除地用于存储操作系统的本地闪存,以及本地系统内存、网络适配器、显卡和其他外设的标配输入/输出选件。瘦客户机没有可移除的部件,可以提供比普通 PC 更加安全可靠的使用环境,以及更低的功耗,更高的安全性。为满足工厂级应用,瘦客户机采用防腐、耐高温、防潮等处理,对硬件设备进行保护。在系统部署的现场可以采用瘦客户机进行安装,降低成本,延长设备使用寿命,简化终端设备的配置和部署,减少 IT 人员的维护工作量。从安全性上还可以减少病毒和恶意代码漏洞,降低系统运行的风险。并且瘦终端的能源消耗要远低于 PC 机,从而可以降低终端设备能耗,达到安全节能的目的。

4) 数据保护

传统模式应用分布在企业的所有客户端上,其安全要考虑各个环节,服务器、客户机和端到端的网络,其维护和安全管理范围需要涵盖企业的每一台终端设备和跨广域网段。因为客户端直接访问后台时,之间传输的数据是真实的企业应用数据,该数据会被缓存在用户本地或在传输中被截获,这些都是不安全因素。而利用虚拟化技术进行部署时,瘦终端和数据中心之间传输的是屏幕增量变化信息和鼠标键盘变化信息,用户端无任何应用数据缓存在本地,同时中途截获这些信息然后反推出用户真正的业务操作和数据比直接截获业务数据困难很多,几乎不可实现,因而采用应用虚拟化方式可防止核心数据的外泄。而且通过对客户端使用权限的控制,可以对每一个用户的操作进行管理。客户端的操作感觉虽然就像在本机操作一样,但未经权限许可,不得擅自修改、备份、拷盘、打印等,可有效的对用户操作权限进行管理。

5) 离线访问

因为虚拟化方案对于网络环境的要求非常高,一旦网络环境出现问题,数据的传输和管理将发生中断,甚至造成数据遗失。为解决这个问题,虚拟化方案还采用了流技术来实现离线应用访问,在这种方式中,即使是在断开网络的情况下也能将应用交付到终端设备,以方便使用流技术将应用和集成服务交付给用户的桌面。应用和服务都经过虚拟化,无需在隔离的环境中安装、运行,可避免应用和系统冲突。

9.2.4　基于 Citrix 技术的轮胎企业应用方案

目前主流的虚拟化厂商包括 Citrix、IBM、VMware、微软等 IT 厂商。其中 Citrix 公司是近两年增长非常快的一家公司,其应用方案包括服务器虚拟化 XenServer、应用虚拟化 XenAPP 和桌面虚拟化 Xendesktop。结合 Citrix 虚拟化技术和 MES,可以组成有效的针对轮胎企业的云计算解决方案,解决轮胎企业生产现场系统实施和应用过程中的各种问题,如图 9.20 所示。

整个云计算系统架构可以整合为四层,以实现数据的集中存储、统一计算和应用程序的分布式部署。第一层为存储,整个系统的数据都在存储中存放着,有存储本身的高冗余、高可靠性来保证数据不会因为磁盘的随坏而丢失,另外通过构建分层存储(系统自动将访问频繁的数据放到 IO 性能高的磁盘上,访问不频繁的数据放到 IO 差点的磁盘上)来保证满足应用系统对于 IO 的访问要求。第二层为网络层,该层负责连接上下两层,为上下两层的设备扩展提供了灵活性。第三层为计算层,整个虚拟化系统的服务器和客户端,其运算都有该层完成。第四层为现场瘦客户端,该层主要是应用系统界面的展示功能,瘦客户端通过 XenDesktop 程序连接到第三层内的虚拟桌面上。

由于 Citrix 环境基于 Windows 身份验证,因此,用户权限决定了系统安全性,对于 Citrix 用户,需按照部门在域控制器上建立 OU,仅赋予 OU 中用户最基本的用户权限,使用组策略隐藏服务器系统盘符,使用登录脚本在文件服务器上为 Citrix 用户创建可读写的个人文件夹,用户个人数据仅允许保存在该目录,此文件夹存放于文件服务器。

使用 Citrix 控制台为用户配置访问策略,是否允许用户使用本地设备(硬盘、光驱、打印机等),不允许使用本地硬盘的用户登录到 Citrix 使用相关应用的时候,则无法将数据保存到本地,确保公司核心数据的安全。

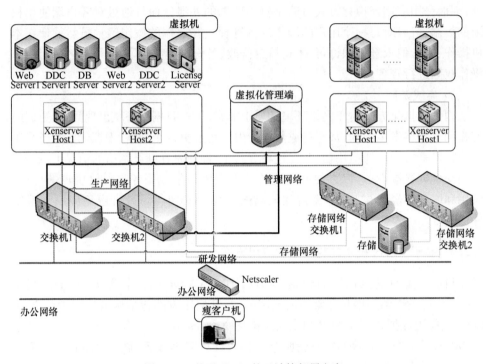

图 9.20　基于 Citrix 的云计算部署方案

　　通过 Citrix 发布应用，对应用的后台服务器系统不做任何改动，只是在用户客户端和后台服务器之间增加了 Citrix 服务器群，原先需要安装在用户 PC 机上的客户端软件现在只在 Citrix 服务器上安装一次，多用户同时访问时，Citrix 服务器管理和运行客户端软件的多进程运行，由运行在 Citrix 服务器上的客户端访问后台服务器，Citrix 服务器通过虚拟化技术将运算结果和用户输入输出向授权用户发布。

　　通过这样的部署结构，最终用户访问应用的性能依赖于服务器计算能力和数据中心内部网络，不再依赖于广域网和终端设备，因此通过配置高性能的中心服务器，可以使得远程用户像在局域网内一样使用应用系统。

　　Citrix 服务器集群会自动实现负载均衡，在 Citrix 服务器配置中集群称之为一个 Farm，Citrix 服务器的"Data Collector"负载均衡调度服务器负责收集每一台服务器里面的一些动态信息，并与之进行交流，当有应用请求时，自动将请求转到负载最轻的服务器上运行。

　　在传统的实现方式下，轮胎企业开发部署生产管理系统存在一定的风险。购买服务器的数量不好确定，数量太多造成浪费，数量太少影响系统的应用。而通过云计算解决方案可以有效地利用软硬件资源，动态的增加或减少软硬件投资而不影响应用系统的总体实施方案。通过部署基于虚拟化技术的系统架构，终端 PC

将被低成本、低功耗、低故障率的瘦客户机取代,大大地减少以前传统 PC 所面临的种种问题。而所有的虚拟桌面保存在物理环境非常理想的数据中心机房,即使终端系统偶尔出现问题 IT 管理员也可在远程快速地对虚拟桌面进行恢复,数据的安全性也可以最大程度的得到保障。

参 考 文 献

陈峰,杨殿才,朱可辉,等.2010. 基于 MES 的轮胎成型和硫化生产调度系统[J].计算机与应用化学,27(1):108-112.

高彦臣,杨殿才,焦清国,等.2009. 轮胎全生命数据追溯的企业信息化管理[J].轮胎工业,29(4):244-247.

高彦臣,杨殿才,王海清.2004. 橡胶智能密炼系统的构建及实现策略[J].橡塑技术与装备,30(7):46-49.

高彦臣,赵瑾峰.2008. 国内外橡胶机械自控技术发展[J].橡塑技术与装备,34(1):25-31.

高彦臣.2010. 两化融合技术在橡胶轮胎行业的应用实践[J].橡塑技术与装备,36(11):15-20.

韩晓山.2012. 运用 Citrix 实现桌面虚拟化管理[J].中国科技信息,(22):72,75.

李伯虎,张霖,任磊,等.2012. 云制造典型特征、关键技术与应用[J].计算机集成制造系统,18(7):1345-1356.

石家亮.2010. 基于虚拟化技术的数据中心解决方案[J].电脑知识与技术,06(21):5667-5669.

曾赛峰,朱立谷,李强,等. 2010. 企业级私有云中的虚拟化实现[J].计算机工程与应用,46(36):70-73.

第 10 章 软控 MES 中关键技术实现及示范应用案例

10.1 在线建模技术在软控 MES 中的实现与示范应用

软控 MES 利用在线建模技术在轮胎行业进行了突出性的应用。对各个工序的进行了建模,利用先进的信息技术对生产工艺预测,极大地提高了产品的质量。其中一个突出性的应用是在轮胎胶料密炼过程中。通过在线建模技术创建了橡胶智能化系统,通过该系统来提高胶料的生产质量,稳定质量指标的波动性,减少炼胶过程的故障处理时间,提高炼胶效率。

通过分析多变量回归算法、PLS 算法和历史生产数据,建立了质量预测模型的理论依据;根据炼胶过程的关键实时参数结合模型来确定了质量指标在线预测的方案;通过对在线预测质量数据和实际质量数据的比对,探索出在达到各指标预测效果的情况下,直接参与炼胶生产过程的控制的方法,形成了整个生产体系的闭环控制。

本系统在充分理解行业内关键知识经验采集的方法和理论的基础上;设计并实现了基于采集的经验进行故障诊断及故障预测的推导方法,以及在整个推理过程中对中间结果和矛盾结果的处理方法。

根据各种方式对所开发的功能进行了全方位的模拟运行测试。从测试环境的建立、测试方法的选择和测试结果的对比等方面,描述了软件测试在工业控制软件开发过程中的重要性;并通过对实际模拟测试的数据和实际的生产结果数据的对比分析,得到了良好的测试结论。

本系统为整个橡塑行业炼胶工序正确合理的处理各种故障和改进工艺生产提供了一套系统的解决方案,通过本系统的实施可以为企业本身提高生产效率,带来非常可观的经济利益和形象收益。

橡塑行业炼胶智能化系统是由人的历史积累的行业思想、经验,软件运行过程中数据的历史积累,通过数据模型建立,数据知识推理,数据推理结果在实际生产中进行实际运行的一套经验积累、分析、推理、执行、优化的生产执行系统。系统能够根据历史中人为的、软件的优秀经验来预测未来的数据,从组织全局出发辅助生产决策,利用模型分析控制生产行为,帮助橡塑企业实现炼胶的质量目标和产量目标。随着计算机行业各方向技术的日新月异,橡塑行业炼胶智能化系统也逐渐的从原来的假想阶段到科学实现阶段,它的一个基本的出发点就是对现有数据和信息进行适当的处理,以辅助进行适当的生产决策。

橡塑行业炼胶智能化系统的各种要素按照一定的结构组织在一起形成一个完整的系统,软件处理的核心是对各要素进行关联和实现。从这一点出发,系统的概念如图 10.1 所示。

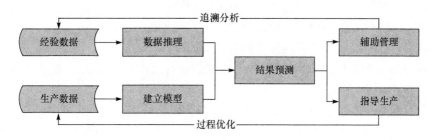

图 10.1　系统概念结构图

其中各部分的作用如下。

(1) 经验数据行业内实际生产中人的多年经验。

(2) 生产数据原始信息的产生地,它来自实际的生产一线、历史的生产过程。

(3) 数据推理对经验数据的推理分析。

(4) 模型建立从统计学的角度对历史的大规模生产数据建立模型,分析规律。

(5) 结果预测对实际生产过程中生产数据预期达到的结果进行提前预测。

(6) 辅助管理对实际生产过程中业务数据结果进行预判。

(7) 指导生产生产数据预测的结果参与生产控制指导生产。

(8) 追溯分析对已经出现的业务结果进行原因分析。

(9) 过程优化对实际生产过程进行逐步优化。

橡塑行业炼胶智能化系统的核心是一个立体完整的软件系统,涉及软件方面的多方向、多学科技术,其结构如图 10.2 所示。

其中各部分的功能和基本要求如下。

(1) 系统应用系统输入、输出数据、报表,生产的执行结果。

(2) 输入、输出界面友好的系统操作界面以及各种应用功能,为用户提供方便的应用接口。

(3) 应用层次程序用以存储各个层次的数据,应用数据库管理系统实现数据的管理。

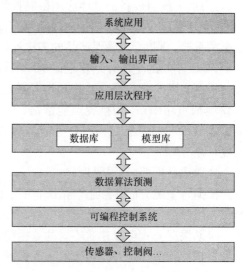

图 10.2　系统结构图

（4）数据库提供数据库维护、系统操作用户和管理员的设置、权限分配和管理等功能。

（5）模型库用于实现质量预测功能的应用。

（6）数据预测根据模型进行未来数据的预测。

（7）可编程控制系统预测的数据参与到控制系统。

（8）传感器等工控元件的通、断等指令动作。

根据以上对系统的分析，同时结合橡塑行业炼胶的目前现状，系统将给客户和使用者提供如下功能。

（1）混炼胶质量实时预报采用多变量参数回归方法，根据客户以前的生产数据和质量情况建立生产模型数据库，根据在线生产数据参数和模型库，综合多种因素自动确定排胶点，确保混炼产品质量的稳定性与均一性。

（2）根据预报的质量指标进行生产控制根据在线质量预测的指标，将通过工业现场 Profibus 总线技术，PLC 可编程控制器技术，软件上位机的 RS232 或者 RS485 串口通信技术，结合实际的炼胶生产工艺，对生产进行控制。

（3）密炼专家知识库将利用数据存取，数据压缩与特征提取技术，建立炼胶过程工艺专家知识数据库和生产数据历史数据库。

（4）系统故障原因追溯和故障预警根据密炼专家数据库知识，利用数据库知识挖掘等智能数据分析功能，实现系统故障原因追溯和故障预警功能。

影响混炼胶门尼黏度的因素很多，包括原胶的质量（主要是门尼黏度的均一性）、各种配合剂的性能，炼胶设备的参数等。虽然理论上原胶和配合剂的性能的变动是可以通过一定的方法测得，但由于原胶和配合剂的用量大；产地、品种变动频繁，再加上投料设备的具体应用限制使得这些参数基本上是不可测或者不可预知的。因此混炼过程基本上可看做是具有不可测扰动的时变过程，模型的在线更新至关重要。同时，为确保产品的多样性，每个橡胶厂的生产品种一般都在一百种以上，炼胶车间的生产计划要根据全厂的计划或市场需求随时调整。

根据实际的橡胶理论经验和收集到的数据进行大量分析后所选控制变量为：x_1 为排胶点功率；x_2 为排胶点能量；x_3 为排胶点时间；x_4 为加油点功率；x_5 为加油点能量；x_6 为加油点时间；x_7 为投炭黑点能量；x_8 为投炭黑温度；x_9 为混炼初始温度。

选取质量指标（门尼黏度）为参数 y。

根据每个配方的实际生产情况，在历史生产数据中可选取每 200 条样本以上形成一组数据，每组数据可以建立该配方的一个数据模型，同一个配方根据不同的历史时期根据公式可以建立不同的数据模型。

根据多变量回归算法和偏最小二乘法 PLCS，设计出系统设计流程图如图 10.3 所示。

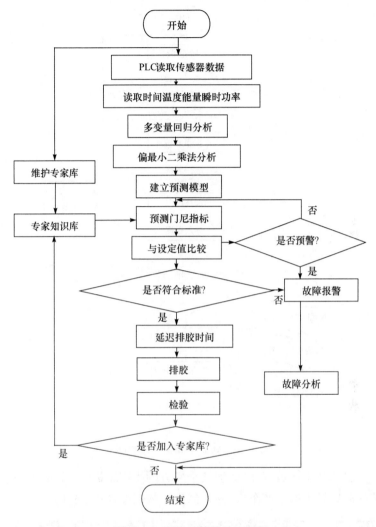

图 10.3　系统总体设计流程图

生产数据是用来记录不同配方下已有的生产消息,包括工艺曲线和相应的质检数据。这些录入的数据就是系统进行预报、排胶建模和控制的主要依据。该系统支持选择查看不同配方下的不同数据组的数据,其中主要包括了该混炼车次的排胶点的工艺曲线、工艺参数信息,以及该车次混炼胶的质检参数。想要实现数据的共享与重复使用可以在同一配方下的不同数据组之间复制数据(图 10.4)。

当工艺人员对某一感兴趣的配方的混炼生产情况进行了门尼质检后,就可以将这些生产信息记录到本系统中,然后进行深入的分析、优化和排胶控制等高级应用。

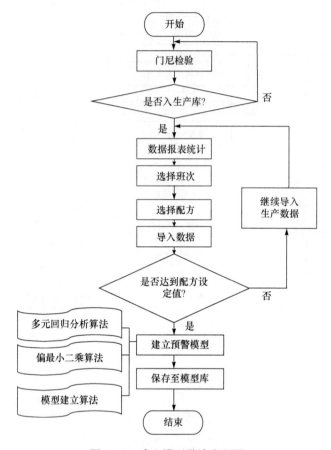

图 10.4　建立模型设计流程图

当工艺人员向"生产数据库"添加某个配方的生产数据时,通过图中的"数据报表统计"选择需要导入的生产车次,导入到生产数据库即可(图 10.5)。

图 10.5　选择可以建模的生产数据

对一个特定的配方,当导入的生产原始数据达到一定数量时候,就可以运用

3.1～3.3 节中提到的算法进行模型的建立,模型建立的过程就是确定反馈系数矩阵和噪声的过程,建模获取的数据保存在模型库中。

模型库是智能密炼核心组成部分之一,用于为优化和排胶等高级应用提供模型信息的支持,同时用于保存建立完毕的数据模型。模型库在排胶控制时主要是为"补偿排胶"方式提供支持。

门尼预报主要是依据工厂通过长期的积累产生的大量生产数据,然后灵活结合前面提及的数据挖掘技术和统计学习理论,建立具有足够精度的门尼黏度预测模型;利用在线采集的混炼过程信息(如顶栓压力、时间、瞬时功率、能量、主机转速、温度等),来预测胶料的门尼黏度,并且动态地测算显示质量指标的变化趋势。这样就可以十分有效地弥补快检滞后带来的影响,使得工艺人员能够及时掌握混炼进行情况成为可能,如图 10.6 所示。

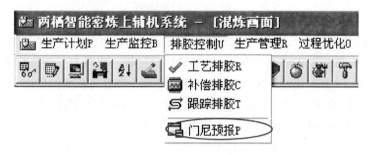

图 10.6　系统中门尼预报的实现

系统可以进行门尼曲线预报方式的选择,通过"曲线显示"和/或"数值显示"的选择,来选择客户自己喜爱的门尼预报显示方式,如图 10.7 所示。

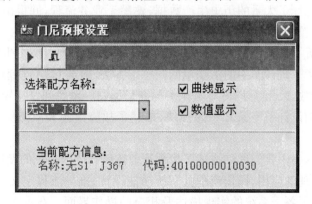

图 10.7　门尼预报方式的设置

门尼预报显示窗口如图 10.8 所示(默认波动区间为建模样本均值±3ML),配方若在模型库中建立的预报模型的话,则生产进行过程中,系统会自动启动该预报窗口。

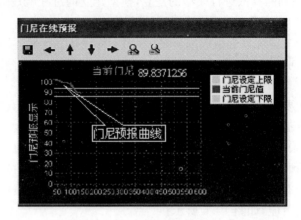

图 10.8　门尼预报

橡塑行业炼胶在长期的行业知识积累过程当中,知识经验多存在于人的脑子里,一直没有形成知识理论体系,另外整个炼胶过程一直没有质量指标来进行生产过程的干预,没有形成整个生产过程的闭环控制。为提高胶料的生产合格率,降低胶料质量指标的波动,减少炼胶过程的故障处理时间,提高炼胶效率,本文提出了智能化炼胶的解决措施,提供了完整的解决方案并给予了实现。

首先,我们考虑到炼胶智能化系统是面向于一个专业性很强的应用,涉及橡塑行业专业知识领域,特别是橡胶混炼的有关知识,并且不能出现任何差错,因此在设计分析时要考虑周全,特别是要注重系统的实时性、准确性和安全性和有效性。对于这样一个和工业生产实时相关的系统,我们通过到全国知名代表企业了解专业专家知识,统计了大量的历史生产数据,熟悉了业务流程,并得出系统的详细研发需求和一个较完整的系统设计与实现方案。

其次,分析了工业控制架构和整个系统架构。考虑到对历史生产数据的统计分析,我们参考了统计学中的多变量回归思想方法,确定了实际炼胶生产中的输入参数和输出参数,采用了 PLS 算法来参与变量回归。考虑到专家知识库数据的推导和应用,我们设计了专家知识库模块,描述了故障追溯和故障原因分析的推理流程。

最后,在本书中我们详细描述了橡塑行业炼胶智能化系统的设计实现过程,包括对算法和原理的应用、操作流程及系统功能设计、推导流程定义等,并根据系统功能设计给出了各子系统的实现描述及相应的操作界面。在本文的最后环节,描述了系统在实际应用中给企业带来的效果和效益。

总的来说,橡塑行业炼胶智能化系统是一个系统、实用、工业化的完整项目工程。开发过程中不仅涉及软件系统开发的知识,也涉及大量的行业业务知识,因此系统的开发是业务与技术的综合,系统的目标也是通过使用软件技术实现对实际工业生产的优化。目前,该系统已经投入了实际工业生产之中,确实起到了"信息化带动工业化"的作用。

10.2　轮胎生产调度一体化技术在软控 MES 中的实现与示范应用

计划调度一体化系统(Tyre Planing & Scheduling System)是实现时间、空间和综合一体化的轮胎行业智能排程系统(图 10.9)。计划调度系统是整个 MES 的灵魂,是连接 ERP、MES 和 PCS 的纽带。

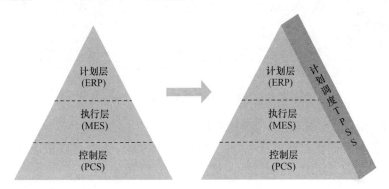

图 10.9　计划调度一体化系统

计划调度一体化系统在国内大规模的轮胎生产企业研发并实施成功,重点包含的功能如下:

(1) 订单流程管理;

(2) 企业生产计划;

(3) 硫化计划管理;

(4) 成型计划管理;

(5) 制品计划管理;

(6) 炼胶计划管理;

(7) 生产数据分析。

10.2.1　企业生产计划

企业生产计划模块主要提供月计划或阶段计划的自动排程功能,排产模式分为表格式和甘特图式两种。

1) 月/阶段计划排程——表格模式

表格模式优点是符合大多轮胎企业的计划制订方式,并且可以准确详细获取计划的数量、完成数、计划状态(等待、进行、完成等)、设备数量等信息,方便计划人员对排程结果进行调整,对排产人员的专业性要求较高,如图 10.10 所示。

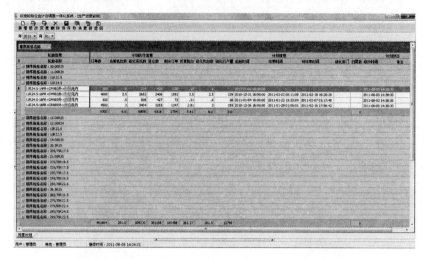

图 10.10 表格模式

2)月/阶段计划排程——甘特图模式

甘特图排程的优点是更直观,易于操作。计划制订人员可以快速掌握计划完成情况,及时对后续生产计划进行调整,如图 10.11 所示。

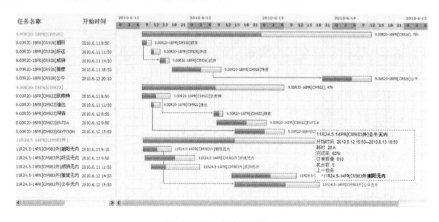

图 10.11 甘特图模式

企业生产计划模块是优化排产的切入点,通过制订阶段(月、周等)计划,制订企业后续一定阶段内的计划安排,指导硫化换模计划,规划炼胶、半制品及成型的备料周期,降低生产过程中的脱料时间,尽量降低中间库存,最终确定最合理的订单生产流程,实现企业的利润最大化。

实施企业后工序的整体计划流程如图 10.12 所示。

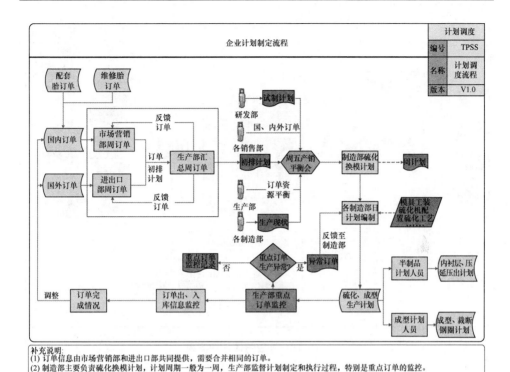

图 10.12 工序整体计划流程

在计划调度一体化系统中,炼胶工序较为独立,且单工序具备流程与离散的双重生产特点,因此使用独立的排产算法进行计划调度,同时与后工序的计划调度模块进行无缝连接。

实施企业炼胶的整体计划流程如图 10.13 所示。

10.2.2 硫化、成型计划管理

由于硫化与成型计划紧密相连、互为约束,因此两个工序必须同时进行排程,无论是先排成型还是先排硫化都将降低企业计划的准确性和可行性。

此模块根据自动排产输出的月计划或阶段计划,系统根据企业生产现状、设备情况、排产约束因素和规则,运用智能排产算法,结合硫化和成型设备配比原则,制订硫化、成型工序的机台班产计划。

10.2.3 制品计划管理

制品生产计划的制订主要参考成型、硫化工序的生产计划,利用轮胎制造BOM,分解生产需求,由于部分制品部件有一定的停放时间,因此需要结合阶段生

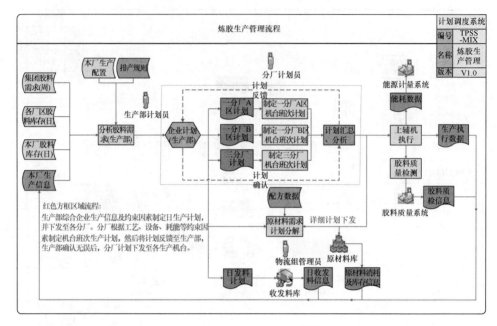

图 10.13　炼胶整体计划流程

产计划提前备料。

10.2.4　炼胶计划管理

炼胶工序是轮胎生产过程中较为独立的工序,由于兼具流程与离散的生产特点,因此,系统运用独立炼胶工序排产算法进行排产。根据半制品工序的胶料需求,结合不同胶料的工艺要求,参照炼胶工序的生产现状,制订出密炼机、自动配料设备、人工配料设备以及炼胶相关设备的生产计划,已达到合理安排炼胶生产的目的。

由于不同胶料每吨胶生产耗电存在差异,系统可以根据胶料的耗电情况,调整生产计划,将高耗能的胶料安排到用电低谷时生产,耗能低的胶料安排到用电高峰时间段生产,以此实现错峰用电(或削峰填谷)的目标。

10.2.5　生产数据分析

如图 10.14 所示,企业生产数据的获取,是为了分析生产情况,根据市场、现状及时调整生产,降低企业风险、提高利润,打造轮胎行业的智慧企业。

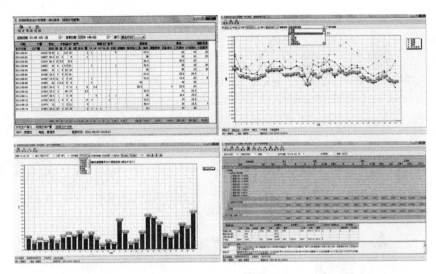

图 10.14　生产数据分析

10.3　生产全过程追溯体系在软控 MES 中的实现与示范应用

10.3.1　综述

MES 是以条形码作为信息载体（也可以 RFID 标签方式），通过各环节条形码扫描，记录并验证生产信息，建立轮胎生产全过程信息追溯（图 10.15）。

10.3.2　炼胶生产过程追溯体系

原材料入厂时，根据入库信息打印原材料的批次条码（也可以单箱或单袋一个条码），唯一标识该批次的原材料信息，该批次原材料领料出库时，扫描原材料批次条码，记录原材料的入库和出库信息（图 10.16）。

密炼和配料工序在投料或称量原材料时，扫描原材料批次条码，记录原材料批次的实际应用数据，对生产出的母炼胶或终炼胶打印流转卡片条码，建立胶料和原材料的追溯关系，并通过条码记录原材料的消耗、胶料的生产过程、并和胶料的质量数据、设备工艺参数以及密炼曲线等建立追溯关系，便于后期对生产工艺的分析、质量问题的跟踪、原因查找等（图 10.17）。

10.3.3　半制品成型生产过程追溯体系

胶料在半制品各工序使用时通过条码扫描记录并验证胶料的使用信息，对生产出的半制品通过打印流转卡片条码，记录半制品的产量，并建立半制品和胶料的追溯关系，成型使用各半制品时，扫描半制品流转卡片条码，建立胎胚和半制品的

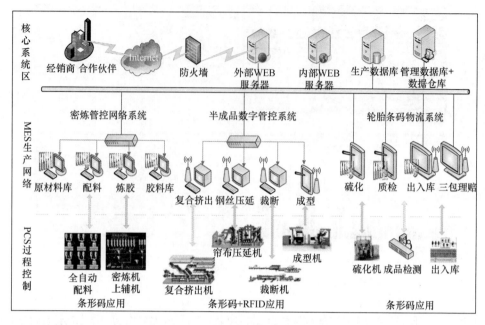

图 10.15 生产全过程信息追溯流程

追溯关系,半制品流转卡片条码及胎胚条码同时与半制品成型的生产过程、质量信息及设备运行参数建立追溯关系,便于后期对各半制品成型生产工艺的分析、质量问题的跟踪及原因分析等(图 10.18、图 10.19)。

由于半成品成型制品较多,如果靠条形码扫描的方式,一是工作量较大,二是比较容易出错,所以半制品成型也可以通过 RFID 电子标签的读取识别进行信息管理,减轻现场扫描工作量,标签编码信息唯一对应安装所在的台车编号,例如,钢丝带工序胶料台车编号为 B/T-001,则这台台车编号在物料生产使用的过程中作为索引。在生产机台卷取工位安装 RFID 天线,自动识别在此工位生产的台车,识别台车信息后保存信息,将会把物料生产相关数据关联在台车信息,在后续成型环节使用时,只需要将台车信息识别就可以关联相关物料生产信息。

10.3.4　成品生产过程追溯体系

轮胎硫化之后都有唯一的轮胎条码进行标识,通过在硫化、质检、入库、出库、及轮胎返回和三包各环节,扫描轮胎条码,记录轮胎生产信息、质检信息、出入库信息及三包返回信息,建立成品轮胎生产过程追溯关系(图 10.20、图 10.21)。

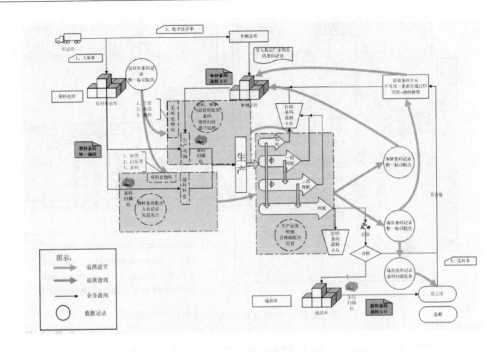

图 10.16　炼胶生产过程信息流程

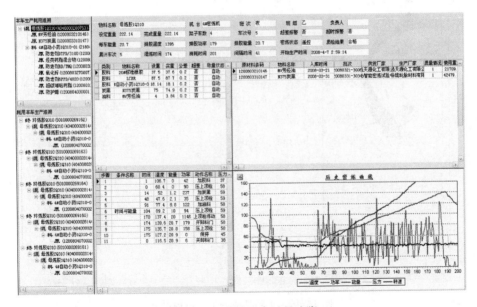

图 10.17　炼胶生产过程追溯

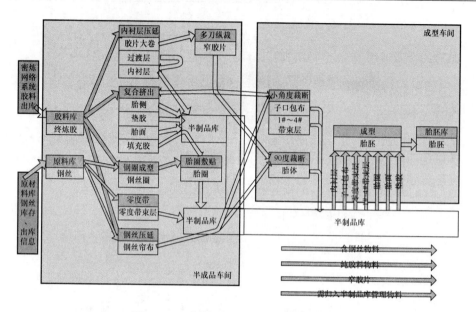

图 10.18　半制品成型生产过程信息流程

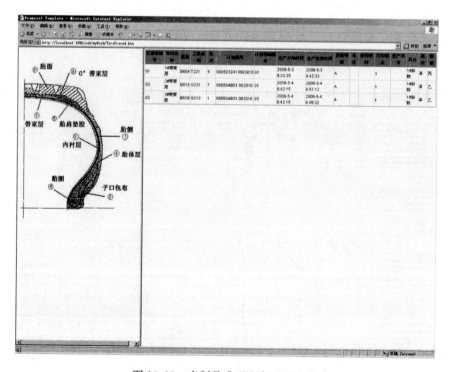

图 10.19　半制品成型生产过程追溯

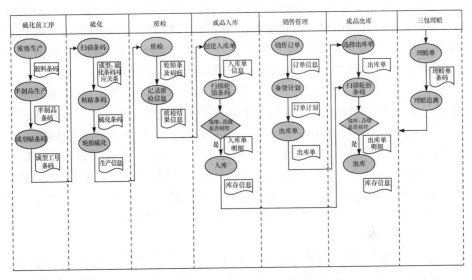

图 10.20　轮胎条码信息流程

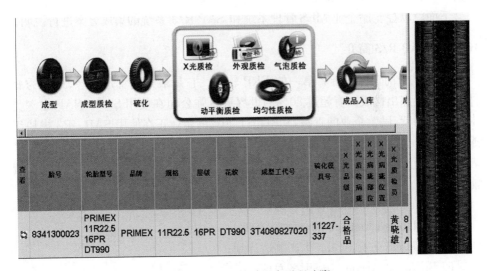

图 10.21　成品轮胎生产过程追溯

10.4　软控 MES 与 SAP ERP 集成的示范应用

10.4.1　方案概述

轮胎制造企业运营的核心几乎全部围绕生产制造为主以财务管理为指导展开企业信息化设计实施,ERP 成为企业的核心管理软件,SAP R/3 是其中的典型代表。当制造企业发展壮大,生产制造不再是其面临的主要矛盾,以市场、客户为中心,提升轮胎企业自身协同运转的能力,快速适应市场和客户需求的变化,缩短技术更新时间,及时管理企业制造方向成为决定企业发展的核心问题,轮胎企业MES管理系统就是新经济时代企业核心管理系统的基础支撑环境。

强调协同运营、实时反馈的轮胎企业管理系统和强调最优实践、精细控制的SAP R/3系统在实际企业业务中是一种互相补充的关系。在软控股份实施过的几个大型企业集团中,用户都是把ERP和软控轮胎企业MES管理系统搭配起来,一般用SAP解决那些生产模式相当成熟,管理严格规范,过程细节高度复杂的业务部分,用轮胎企业MES管理系统解决更大范围管理层面的,现场实时交互强、业务变动频繁、数据和报表展现复杂多样的全面制造管理部分,而这一部分采用SAP实施非其所长,周期长,成本高,风险大,多年来很多企业的实践证明实际效果并不好。

我们利用软控接口平台MESNACDI,访问与轮胎企业MES管理系统进行通信,获取相应的生产数据,在轮胎企业MES管理系统中灵活定制报表,同时将生产数据传递到SAP R/3系统。

下面就软控轮胎企业MES管理系统和SAP R/3系统的集成方案进行说明。

10.4.2　SAP R/3简介

SAP是目前全世界排名第一的ERP软件。它是最先进管理思想、最优秀软件设计的最杰出代表。有超过80%的世界五百强公司在使用SAP。SAP也深受中国大型国营、民营企业的青睐,其中超过90%的企业正在使用SAP。R3模块组成涵盖财务会计、采购、业务伙伴、企业管理、销售、生产管理、物料和库存管理、报表、成本会计、银行业务等。相较其他ERP软件SAP具有独一无二的优势,如智能数据导航,强大的分析工具,在线预警,开放的标准等。

SD Sales Dietribution 营销管理;

MM Material Management 物料管理;

PP Production Planning 生产制造计划;

FI Financial Accounting 财务总账;

CO Controlling 控制管理会计;

AM Asset Management 资产管理;

HR Human Resource 人力资源;

QM Quality Management 质量管理;

PM Plant Management 设备管理;

PS Project Management 项目管理。

10.4.3　SAP R/3 接口技术

作为当下 ERP 市场上最主流的应用系统之一,一直以来,在提供 API 应用编程接口和接口工具方面 SAP R/3 也同样领先于世界其他 ERP 厂商。ALE/IDocs 就是 SAP 公司专为 SAP R/3 R4.6C 版本所提供的接口机制,目前早已被广泛应用。而技术上更先进的 BAPI 也在 R4.0 以后的版本中出现了。本文作为系列介绍之一,对 ALE/IDocs,BAPI 以及其他可用的整合方式进行介绍。

10.4.3.1　ALE/IDocs

ALE 是 Application Link and Enabling 的缩写,是作为 SAP 与 SAP 之间的整合中间件被专门设计出来的。IDocs 是中介文本 (Intermediate Document)的缩写,是 SAP 提供的系统整合专用的数据/消息格式。自 SAP 3.0 版本以后 ALE 就作为 SAP 整个应用体系的一部分,为分布式的数据交换提供了安全可靠的通信机制。ALE 的设计,原本作为两个 SAP 流程之间的一种消息传递服务(Messaging Service),使 SAP 与 SAP 的业务流程之间企业数据能够有效的交换,为两个独立的 SAP 之间提供了的系统整合服务。随着应用的发展,ALE/IDocs 接口机制也已经成为其他非 SAP 系统与 SAP 的标准的整合方式。

10.4.3.2　ALE/IDocs 的消息发送接收过程

ALE 的设计结构可以分为三层,即通信层、数据/消息分配层和应用层。通信层是 SAP 整合机制的基础,它利用远程功能呼叫 RFC(Remote Function Call)调用 SAP 系统的功能模块。

数据/消息分配层,主要有三个关键服务:

(1) 消息的过滤和转换;

(2) 数据/消息的压缩,以提高传递效率;

(3) 按数据分配模型决定数据接收者。

应用层直接与 SAP 系统接口,生成或从其他系统接收含有路由信息的消息文本 IDocs,其中也包括了消息要求发送的类型、对消息进行处理的规则以及接收者的姓名。

ALE 的机制的出现代替了原有的由 SAP 所提供的批数据通信 BDC(Batch Data Communication)方式。

顾名思义,BDC 还不能作为一种中间件技术,因为它只是在系统之间提供了简单的数据批处理服务,它没有提供纠错功能、系统管理和其他一些安全措施,但这些功能正是系统之间进行无缝整合所必要的。从总体来说,使用 SAP 的 ALE 机制进行 SAP 与 SAP 或非 SAP 系统整合,会有以下几个优势。

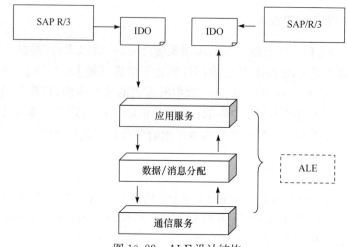

图 10.22　ALE 设计结构

ALE 提供了版本向后兼容性，即 ALE 技术不受 SAP 版本升级的影响。ALE 定义于 SAP 应用层，与 SAP 的逻辑层相对独立，整个 ALE 中间件独立于发送和接收系统。

ALE 消息设计逻辑保证消息的唯一传递，即"一次且只有一次"。ALE 采用"存储-发送"技术确保接收方没有准备接收时或消息即使系统发生故障也可以到达目的地。这样就保证接了方不会收到重复的消息。

ALE 也提供了 IDocs 管理功能。主要有文本缩减、文本版本控制以及文本数据过滤。三种控制机制使得 SAP 开发人员对 IDocs 文本在运行中进行动态处理成为可能。

ALE 提供了系统管理功能，允许对 ALE 系统进行启动/复位/恢复等一系列的系统操作，使得开发人员能够进一步加强的管理控制。

IDoc 几乎可以传带任何 SAP 应用的数据，这是一种"外围"定义格式，并不与 SAP 的应用数据定义直接相关。由于 IDocs 已经广泛应用于早期的 SAP-EDI 的数据交换，因此它的设计有点接近 EDI 标准，即 EDIFACT 标准。

IDocs 是以字符基础的，因而是可读的。它有三种记录类型，即：

（1）数据记录——含管理和实际数据部分；

（2）控制记录——含文本信息，如 IDoc 类型，发送/接收方信息以及文本标识；

（3）状态记录——用来追踪文本传递各点的状态，如状态码，系统时间，错误标识等。

下面对 ALE/IDocs 在系统整合过程中消息的实际传递进行介绍，如图 10.23 所示。

让我们首先观察发送过程。一个发送过程由事件触发，文本生成，数据打包以

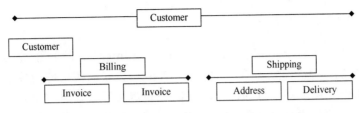

图 10.23　ALE 的机制

及交由传输媒介传递这四个步骤组成,具体如下:

(1) 应用系统事件触发。

系统目标(Objects)的状态变化,用户自主活动或其他数据库特定变化等可以启动数据表的触发程序,从而进行数据传递的初始化工作,如数据准备。

(2) 生成主 IDoc 文本(Master)。

按标准格式生成主 IDoc 文件,包含所有可以传递数据(不分接收者)。

(3) 生成通信 IDoc。

从主 IDoc 中生成只与特定接收者有关的文本,通信文本是主文本的子数据集(Subset)。

(4) Idoc 发送。

利用异步通信方式将一定版本的 IDoc 传递到接收方。

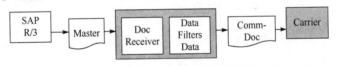

图 10.24　ALE 消息的实际传递

接下来,让我们介绍接收过程。

接收过程开始于 SAP 系统从外部收到 IDoc 文本。接收过程的优点在于,接收方既可以是 SAP 系统,也可以是第三方系统,这也作为 SAP 与第三方进行有效整合的基础存在的。接收过程共分三个步骤。

(1) 存储 IDoc——将文本存储于数据库,并进行语法校验。

(2) 邮件处理程序读取 IDoc——一个专门设计的 IDoc 处理程序读取 IDoc 并产生 SAP 或其他系统所需的系统消息。多个程序可以同时运行。

(3) 生成系统文本——处理程序进一步生成系统文本供系统使用,并在 IDoc 的状态记录中存储结果信息。

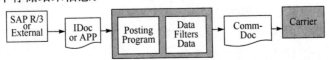

图 10.25　ALE 消息的接收过程

10.4.3.3　BAPI 简介

BAPI 是 Business Application Programming Interface 的缩写,是 SAP 为 3.0 版本以上提供的基于业务对象(Business Object)技术的接口应用界面。SAP 在 3.0 版本以上采用了 Object-oriented 技术,逻辑定义了 SAP R/3 系统的所有功能目标,并且将所有的对象(Objects)和 BAPIs 存储于业务对象库 BOR(Business Objects Repository)。SAP R/3 业务对象的对象类型(Object Type)相当于对象设计语言中类(Class)的概念,其定义结构由以下几部分组成:

(1) 关键域(Key Fields)——供 BOR 中目标检索使用;

(2) 基本数据——所有对象类的通用属性,如目标标识和默认方法(Method);

(3) 事件(Events)——触发以改变对象状态;

(4) 接口界——对象的方法(Method),事件(Event),特征(Attributes);

(5) 特征(Attibutes)——描述对象特征;

(6) 方法(Methods)——对对象进行所要求的各种操作;

利用 BAPI,开发人员可以实现对 BOR 进行实时访问,从而实现应用系统(SAP-SAP)之间在数据/逻辑层上的有效整合。

10.4.3.4　应用 SAP-DCOM 接口

SAP 于 1998 首次提供 SAP-DCOM 接口,旨在满足不同种类桌面应用开发的要求。合理利用 DCOM 连接端口,开发人员可以利用 VB、C++,以 DCOM 对象方式访问 SAP 数据。在 Web 应用上,可以用 VBScript、JavaScript,以 DHTML 方式访问,也可以用 ASP 进行访问。

另外,利用 DCOM 也可以通过间接访问的方式访问 SAP 的业务对象库 BOR。我们在上面提到 BAPI 是 SAP 系统上专用的,而在实际的应用中并不如 DCOM 使用得更加广泛。DCOM 端口主要有两个技术模块组成,一个是管理模块,另一个模块生成 SAP BO 的 DCOM 代理组件(Proxy Components),生成的 DCOM 组件存放于 C++。代理组件有以下属性:

(1) Client——要访问的 R/3 客户系统;

(2) Password——用户密码;

(3) UserID——R/3 用户;

(4) Destination——预先定义的目标名称;

(5) Language——系统语言。

另外,每个组件具有以下方法:

(1) PutSeesionInfo()——设定系统一次调用的目标参数;

（2）DimAs()——返回 Microsoft ADO(Advanced Data Object)记录集(支持游标控制)；

（3）CommitWork()——用于数据更新，无 implicit commit 的场合；

（4）其他从 R/3 BO 定义中继承的方法；

（5）AdviceRfcGuiSink()——用于需要 SAPGUI 或 dubugging 的场合；

（6）InitKeys()——DCOM 目标键初始化。

总体来说，SAP R/3 作为 ERP 系统，依靠其灵活性以及利用上述的各种整合技术，能够全面实现实现 SAP 系统之间以及与其他费 ERP 系统之间的数据/过程整合。当然，如果一个应用系统已经高度客户化，则可能直接导致系统整合难度增加。随着系统功能的增加，有必要提供更多种的整合技术。而对于 SAP R/3 用户来说，实现成功系统整合的关键就是正确选择适用的整合技术。

10.4.4　MESNACDI 接口平台简介

轮胎 MES 管理系统和 SAP 之间通信采用 JDBC(即中间表)异步方式，系统结构如图所示，接口内容包括客户主数据、供应商主数据、物料主数据、物料移动、成本中心领用、生产订单下达、生产订单报工、生产订单收货、交货单下传(图 10.26)。

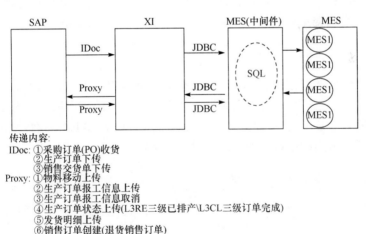

图 10.26　MESNAC 接口平台 1

MESNACDI 采用了最流行的 SOA/MVC 架构模式，采用了大量先进的诸如 Ajax、RSS 等 Web 2.0 的技术，可根据客户需求进行个性化二次开发，并全部采用 .net 开发，充分考虑了系统的柔性和开放性。整个平台以 SOA 集成架构设计，主要分为基础框架层，系统组件层，业务应用层，门户表现层四大部分(图 10.27)。

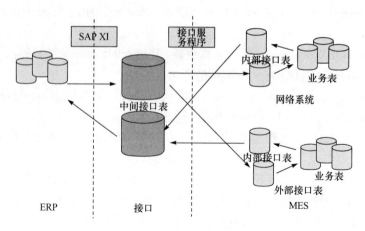

图 10.27　MESNAC 接口平台 2

10.4.4.1　基础框架层

基础框架层是整个系统构建的基础,由 NHibernate、Log4net、Spring. Net 等组成。提供一系列规范、约定和支撑类库、服务和功能等,保证系统的可维护性、可重用性、可升级、可扩展性,层次清晰简洁、遵循高内聚和低耦合,通过数据访问服务与数据库系统交互数据。

10.4.4.2　系统组件层

系统组件层通过应用服务总线插入在基础框架层之上。包括消息服务组件,任务管理组件,服务设置组件,定时事务处理服务程序等多个服务组及程序组成。组件层的特点是标准化,可独立配置,自包容,易更换,严格封装,可以被复合使用,提供了一系列可用的接口与平台及应用进行交互。

10.4.4.3　业务应用层

业务应用层是各种业务模块功能业务逻辑的具体实现,是在各种组件的基础上开发而来。

10.4.4.4　门户表现层

工作台与门户是系统的表现层,用户自己也可以根据需要将接口业务系统(包括第三方系统)的业务整合到自己的工作台。不同身份不同角色的用户进入系统会看到不同的界面。与他功能无关的功能操作自动屏蔽,充分地体现了以人为核心的设计思想,简化了应用难度,提高了工作效率。

软控 MES 创新性的以工艺为主线,实现轮胎生产过程的"在线闭环优化控制",集成国家 863 项目"混炼胶门尼黏度在线测量关键技术研究（课题编号：2009AA04Z126)"成果,建立集中统一的工艺、生产过程和质量的闭环优化管理平台。系统以工艺参数研究为基础,模型算法为工具,充分利用 MES 信息集成平台,协调人机交互操作,解决炼胶产品质量的一致性和均一性问题,实现炼胶过程的质量预报和自动优化控制。

以计划为主线,开发针对轮胎生产全工序的"计划调度及优化系统",解决了大规模生产的计划排产、调度、优化、物料和设备平衡等难题。建立覆盖配料—密炼—压延—裁断—成型—硫化—检测七个关键工序的模型体系,通过从计划层、执行层到控制层的一体化控制,满足多目标、多条件下的计划排产、调度和优化要求,实现企业物流、控制流、信息流和价值流的闭环控制。通过多个项目的实施应用,企业在优化库存、提高产能、减少生产脱节时间等关键指标方面提升显著。

软控 MES 是在结合国际 ISA-95 标准和多年的项目开发实施经验,采用先进的自动控制技术、条形码技术、RFID 设备技术和先进的车间生产管理理念,覆盖了轮胎企业生产的全工序,实现了轮胎全生命周期的信息化管理以及工艺设计、生产制造、质量控制的闭环优化控制；创新性的把 RFID 技术应用在轮胎生产物流环节,实现"人工物流"到"自动物流"的转变,大幅度提高生产效率,减轻劳动者工作量,简化工作流程,实现企业生产的可视化管理,促进企业生产向精益生产以及敏捷制造的柔性化生产模式转变。

索　引

结　　语

　　信息化是全球发展趋势,对人类社会产生深远影响。世界各国工业化并没有统一的模式,发展中国家的工业化要借鉴先行工业化国家的成功经验和失败教训,充分利用后发优势。信息化、全球化为发展中国家提供了一个新的发展机遇,使之有可能通过采取工业化与信息化相融合的战略,加快经济的发展。

　　在市场竞争的不断加剧的情况下,国内一批轮胎生产制造企业利用信息化手段在保障产品质量的前提下提高企业的生产效率并降低成本,在业内保持着领先的市场地位。轮胎是一个安全系数要求很高的产品,它未来的发展方向是安全、环保、节能,信息化能够促进企业向这个方向的生产发展。部分轮胎企业信息化建设由于企业高层管理者高度重视、思路清晰、组织严密、措施得当,在信息化建设的过程中有效地规避了一些不利因素产生的风险,确保了信息化建设项目的成功,以信息化建设促进企业管理进步,最终形成各管理业务之间的有机联系和协作,促进了企业管理的科学化、规范化,为企业高层管理者决策提供强有力的支持,创造了可观的管理效益和经济效益,增强了企业的综合竞争能力,赢得了企业可持续发展的机会。

　　虽然,很多轮胎企业在信息化建设过程取得了成功,但是,也有一部分企业由于多种因素影响,导致信息化项目迟滞不前,项目上了线却未真正用起来,或是宣告项目终止,极少数企业甚至把信息化当做"面子工程"、"政绩工程",最终导致了信息化建设的失败。正如国内某知名轮胎企业负责信息化的副总经理所言:"信息化能够促进企业向健康的方向发展,但要明确信息化建设只是企业健康发展的必要条件而不是充分条件。"

　　信息化已经成为一种管理发展的趋势和潮流,是参与国际竞争与合作的重要条件,也是应对加入世界贸易组织挑战的迫切需要,大多数轮胎企业已经意识到进行信息化建设的必要性,认为信息化对于提高企业管理水平,促进管理现代化,转换经营机制,建立现代企业制度,有效降低成本,加快技术进步,增强市场竞争力,提高经济效益等方面都有着现实和深远的意义,是带动企业各项工作创新和升级的重要突破口。